凤园清声

FENG YUAN QING SHENG

洛阳市第二中学十年教育文化风采

胡玉敏 主编

安徽师范大学出版社
ANHUI NORMAL UNIVERSITY PRESS

责任编辑:潘　安　辛新新
装帧设计:刘利峰
责任印制:郭行洲

图书在版编目(CIP)数据

凤园清声:洛阳市第二中学十年教育文化风采/胡玉敏主编. —芜湖:安徽师范大学出版社,2015.8
ISBN 978-7-5676-2093-3

Ⅰ. ①凤… Ⅱ. ①胡… Ⅲ. ①中学-教学经验-洛阳市 Ⅳ. ①G632

中国版本图书馆CIP数据核字(2015)第175689号

凤园清声:洛阳市第二中学十年教育文化风采
胡玉敏　主编

出版发行:安徽师范大学出版社
芜湖市九华南路189号安徽师范大学花津校区　邮政编码:241002
网　　址:http://www.ahnupress.com/
发 行 部:0553-3883578 5910327 5910310(传真) E-mail:asdcbsfxb@126.com
印　　刷:洛阳市天彩印刷有限公司
版　　次:2015年8月第1版
印　　次:2015年8月第1次印刷
规　　格:710 mm×1000 mm　1/16
印　　张:17.5
字　　数:345千字
书　　号:ISBN 978-7-5676-2093-3
定　　价:30.80元

编　委　会

主　编　胡玉敏

副主编　聂建萍　李焕有　孙来红　梁金贵　裴雪松

编　委　李功明　张中立　李　宁　徐　磊　李保国

杨启松　杨启阳　张守明　董玉强　杭行云

钟　阳　魏建党　孙英伟　王敏楠　郭颖辉

尤晓娟　李　曼　姜伊昌　杨鲜霞

序　言

栉风沐雨六十年

2015 年，洛阳市第二中学走过了六十个春秋。六十年，在人类历史的长河中不过是短暂的一瞬，但对于洛阳二中来说，却是风雨沧桑的一个甲子的轮回。经过几代教师的辛勤耕耘，二中的事业逐渐壮大；经过几十届学子的刻苦学习，二中的精彩日渐纷呈。回首过去，六十年栉风沐雨，春华秋实，有鲜花和阳光，也有荆棘和坎坷，但我们昂首面对，从未停下前进的脚步，留下了一串串难忘的足迹。

六十年弹指一挥间。曾记否？二十世纪五十年代，伴随着飘扬的五星红旗，洛阳二中在涧西这片土地上安家；七八十年代，二中人创造了高考升学率全市数一数二的辉煌；世纪之交，二中陷入了发展的低谷；近十年来，二中又重新踏上了复兴的征途，渐渐成了远近闻名的优质高中。

一代人有一代人的历史使命。我们不改写历史，但是我们可以书写历史。一代人有一代人的责任，我们不矜夸前代人创造的辉煌，但也不会逃避我辈应有的社会责任。

2006年8月,新一届领导班子成立,我和聂建萍书记一同来到了这所美丽的学校,与凤园结下了不解的情缘。十年前,校园的景物还历历在目。2006年的高考一本上线人数寥寥无几,原本落后于我们的几所学校也都跑到了我们前面。二中昔日的赫赫声名早已远去,老师们脸上的自信似乎再难找回。二中将向何处去?能否重振雄风,是我们新一届领导班子无法回避的难题,更是百余位教职工心头的期盼。面对困难,我们二中人没有退缩,而是在思考……

在思考中我想到了一个故事:

哲学家苏格拉底的父亲是一个著名的石雕师傅。在苏格拉底很小的时候,有一次他的父亲正在雕刻一只石狮子,小苏格拉底观察了好一阵子,问父亲:“怎样才能成为一个好的雕刻师?”“看!”父亲说,“以这只石狮子来说吧,我并不是在雕刻这只石狮子,我只是在唤醒它!”“唤醒?”“狮子本来就沉睡在石块中,我只是将它从石头监牢里解救出来而已。”于是,苏格拉底长大后也成了一个雕刻师,他雕塑的是那个时代人们的心灵。

其实,每个学生都是石块里的狮子,关键是我们教育工作者如何给予“激励、唤醒和鼓舞”。

于是,在学校领导班子的带领下,随着“更新教育观念大讨论”活动的开展,老师们逐渐树立了信心。首先是大家集思广益,为二中的发展建言献策;然后是励精图治,卧薪尝胆。我们的心血没有白费,我们逐一实现了三个“三年发展规划”,高考成绩连年攀升,实现了跨越式、内涵式的发展目标。

2011年,我们在多年探索的基础上,提出了我校的主打教学模式——“2+3”高效课堂模式。同时计划从2012年起,高考一本上线人数要逐年达到50人、80人和100人的目标。

教育改革的真谛是什么?全国人大代表、现任北京大学校长林建华引用著名教育家叶圣陶的话说,教育不是工业,把产品以固定的模式和流程批量生产出来;教育是农业,给予作物适当的土壤、养分和阳光,它们就能自己成长。这样的概括与我们学校近十年的办学理念不谋而合。

十年来,校园面貌焕然一新:新大门建成,操场铺上塑胶,教学楼、宿舍楼旧貌换新颜;十年来,学生规模由27个班增至42个班,教职工由103人增至162人;十年来,“精神立校,文化育人”成为我们的校园风气和校园文化……我们尽力给学生提供适宜成长的“土壤”。终身学习的理念,大胆实践有效的教学模式,使教师紧跟教育改革的步伐,给学生提供充足的、健康成长的“养分”。“一个人的阳光心态,比一百种智慧都更有力量!”我们的教职工尽力打造阳光心态,用爱的教育呵护学生,使学生在“阳光”的温暖下更阳光地成长。正是我们如园丁一般培养着莘莘学子,我校的事业才芝麻开花节节高,尤其是成为河南省文明单位,我们感受到了社会对我校工作的全面肯定和褒奖。

中国是一个注重记录历史的国度,所谓“以古为镜,可以知兴替”。国家如此,一所学校也应如此。二中十年来辉煌的成绩是老师们智慧和汗水的结晶。这本书记录我们十年来在教育改革中的文化探索,是十年来师生奋斗的掠影,其目的是总结经验与反思得失。

“凤园”是我们美丽校园的雅称。“凤园清声”寓意取自李商隐的诗句“桐花万里丹山路,雏凤清于老凤声”。我们把学生比作年轻的凤凰,希望他们青出于蓝而胜于蓝,一代更比一代强。

对于一个人来说,60 岁已为花甲之年。然而,对于我们的学校而言,60 岁时,他仍然是一位翩翩少年。少年会焕发出勃勃生机。我们相信,学校会发展得更加强大,洛阳二中的明天会更加美好。

是为序。

主编　胡玉敏

二〇一五年三月三十一日

目 录

总 论

“二中现象”扫描

十年来，洛阳市第二中学（以下简称“洛阳二中”）的声誉一年比一年好，慕名求学者络绎不绝。该校被誉为“一所校风正、学风浓、管理严、质量高，教师勤奋敬业，校长务实创新的学校”。家长们说，让孩子到这个学校上学，有利于孩子的健康成长和长远发展。教育理论工作者把洛阳二中近几年的发展历程称为“洛阳二中现象”。

洛阳二中创建于 1955 年，位于洛阳市涧西区牡丹广场南侧。学校现有 42 个教学班，2 260名学生。拥有 162 名教师，其中特级教师 3 名，高级教师 71 名，中级教师 61 名；教育硕士 22 名，在读硕士研究生 34 名；国家级和省级骨干教师 16 名，省学术技术带头人 4 人，市级骨干教师 12 人。洛阳二中获得“河南省教育变革榜样学校”“河南省教育系统先进集体”“河南省文明单位”等众多荣誉。

翻阅有关工具书，有关“现象”的解释为：人或事物在发展、变化中所表现出来的外部形态。它们是存在于人们身体以外的行为方式、思维方式和感觉方式。构成社会现象的是集体性的信仰、倾向和守则。洛阳市基础教育的高中段，具有教育资源竞争激烈的特点。省级示范高中 5 所，附近几个郊县的高中也办得有声有色，吸引着本县或者邻县的学子前往。从地域上看，洛阳二中方圆 3 千米内就有两所声誉非常好的省级示范高中。处在“夹缝”中的洛阳二中靠什么让师生的“行为方式、思维方式和感觉方式”产生正能量的“集体性的信仰、倾向和守则”呢？“洛阳二中现象”自有其根源。

一、洛阳二中成绩扫描

洛阳二中一直恪守办人民满意的教育的原则。这里的“满意”，主要包含两个方面:孩子成人，然后成才。所谓成人，就是对父母知道感恩，心存敬畏，做事讲诚信;所谓成才，就是努力学习文化知识，做社会需要的有用之才。关于高中教育，学校采用了诸多有效方法，在后面的叙述中将会逐渐呈现，这里仅仅通过学生近几年的高考成绩，来让大家体会“满意”的内涵。

洛阳二中 2010—2014 年高考成绩对比如下:

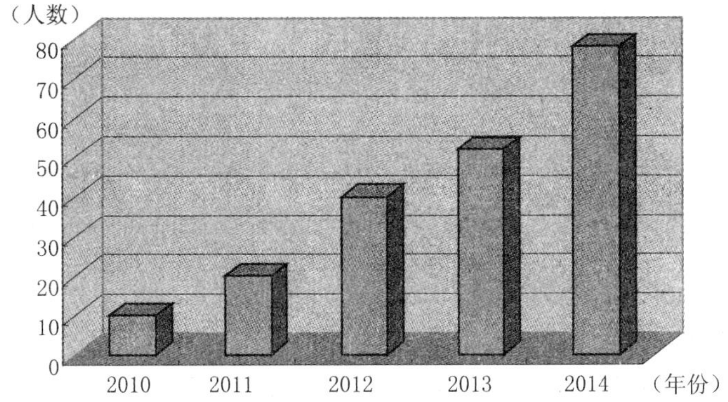

a. 2010—2014年一本上线人数分布图

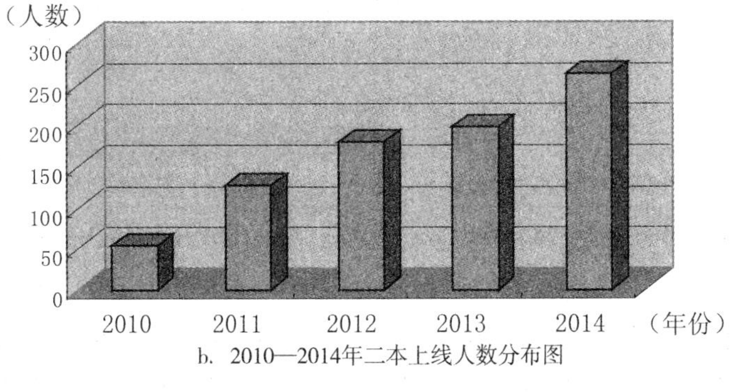

b. 2010—2014年二本上线人数分布图

图 1　洛阳二中高考文化课上线人数统计

数据最有说服力。高考的竞争是残酷的。按照常理，在学生总数基本不变的前提下某个学校高考达线人数的年度分布呈现波动状态是正常的，但洛阳二中的高考成绩无论是一本上线人数还是二本上线人数基本属于可喜的 $y=kx(k>0)$ 式的分布。在这个分布中，从 2010 年到 2014 年，学生班级数基本没有变化，上线人数则呈上升状态分布,这不是侥幸,不是冒撞,而是学校管理、教师教学硬功夫的体现。

教师、学生是构成学校的重要因素。师生的共同努力才能让学校在社会的评价中得到肯定。得到肯定的表现形式之一就是在各项评比中获得的奖励。据不完全统计,2006—2014 年学校集体获得市级(含市级)以上的奖励近 60 项,2008—2014 年教师个人获得市级(含市级)以上的奖励超过 110 项。其中 2014 年被河南省政府评为“河南省文明单位”。荣誉的获得,是辛勤付出的结果,是上级对学校工作的肯定,也是师生责任心的显现。

二、亲身感受洛阳二中

洛阳二中面积虽然不大,但每一处的设计都匠心独运,充满文化气息。植物郁郁葱葱,修剪整齐;文化墙、作品走廊内容丰富;班级的誓言、宣传展板,彰显着学生们的青春活力。特别是墙上的标语最吸引人:“心态决定命运,自信走向成功”“奋斗才有尊严,进步就是成功”“优秀是一种习惯,素质不用提醒”“不怕慢,就怕站;不偷懒,敢亮剑”……校园文化,潜移默化地影响着教师、学生的行为。

胡玉敏,洛阳二中的校长。在他不大的办公室里,最显眼的是一排书架,国学经典、教育理论、管理理论方面的书挤得满满的。他勤奋好学,上进务实。获得双学士学位,又进修研究生课程。他常说读书是一个人成长进步的动力源,校长要成为终身学习的榜样。鉴于工作成绩、教育思想和积极进取的学习态度,胡玉敏校长成为洛阳市教育界公认的学者型校长。

聂建萍,洛阳二中党总支书记。她总是用微笑和大家打招呼。说起她的工作,她总是谦虚地说:“我就是做好校长的参谋,给老师们做好服务。”聂书记深深明白学校发展的一盘棋思想:既各司其职,又互相补台。

一个篱笆三个桩,一个好汉三人帮。洛阳二中的三位副校长,都具有敏锐的思想和卓越的执行能力。

孙来红副校长,主抓后勤管理。学校硬件设施一年一个样,校园环境清洁而美丽,显示了他的管理水平和执行能力。孙副校长很幽默,也善于思考,针对后勤人员点多面广的现实,他把员工分为四种类型,并且在管理上对症下药:对待有能力又尽心的,授权大胆干;对待有能力但态度不端正的,沟通思想,引导着干;对待能力有限但态度端正的,帮着干;对能力不强又作风散漫的,亲自到场带着干。在工作中,他把和员工的沟通放在首位。他幽默地说:人生不沟通,到头一场空;沟通不到位,工夫就白费。他给自己的定位是:赢在执行,精彩一生。

梁金贵副校长，主抓教学管理。洛阳二中之所以有如此的吸引力，显性表现的就是教学质量被社会认可，高考成绩被社会赞扬。梁副校长思维敏捷而清晰。面对众多的教师，他恪守“求大同、存小异、生合力”的管理原则。把教学质量的提升作为自己的工作重心，把人情和管理恰当地结合到能产生正能量的尺度上，让老师累并快乐着。在谈到给班级下高考指标的敏感问题时，他坦诚地说，老师心里都清楚，不下指标不等于没有指标，即使确定指标，也是根据学生学习成绩的实际综合分析之后而制定出来的，不是盲目夸大和强迫。

裴雪松副校长，主抓学生管理。“磨刀不误砍柴工，学生思想端正了，体内充满了正能量，就不需要刻意去管理了。”裴副校长高大帅气，说话声音不高但句句有思想，他说：“我们主要从爱心、孝心、责任感、集体荣誉感、好习惯等方面着手，探索出了一条以‘习惯养成，心灵教育，快乐学习’为主线的非智力因素开发路子。”因此，洛阳二中请知名专家李旭坤做感恩演讲，现场两千多名学生热泪盈眶，面对老师立下誓言；请残疾人艺术团到校演出，激励了无数学子奋发图强的斗志；疯狂英语进校园，学生超越自我的热情被高高燃起。

难怪，校长胡玉敏在接受《东方今报》采访时会说：“如果我们只盯住学习，只抓智力因素，肯定是不行的。一个人成功，情商的因素占了80%，智商仅仅占20%。所以，开发学生的情商要比开发智商更重要。”原来，教育理念从校长到副校长是一致的。

和几位副校长的座谈，明显地感觉到学校领导层的工作理念中有一种共同心态在支撑。这种心态到底是什么？大家可以思考。

学校中层干部，处在管理岗位的前沿，和教师、学生接触最多，谈起学校发展，他们最有发言权。

李宁，教导处主任。他先用生活例子做了开场白：从养孩子的过程中我们明白，只有孩子真正地独立“吃饭和行走”时，才意味着“妈妈”的解放。同样，教会了学生学习，“授之以渔”，不但能提升学生的能力，更是真正意义上的解放老师。这是他在阐述洛阳二中实施的“‘2+3’课堂模式”核心理念时做的比喻。他接着说，在课堂教学中，有一个课堂效益公式，即“1×？ =效益”。“1”即是教师，“？”代表学生课堂投入的量，学生在课堂中投入的量越大，课堂的效益就越大。所以在课堂上教师必须落实“三讲、三不讲”原则：只讲“易混点、易错点、易漏点”，对那些“学生已经学会的”“自己能学会的”“老师讲了也学不会的”坚决不讲。显然，理念中透着科学。

徐磊，政教处主任。他讲起德育工作的“六步教育法”如数家珍，围绕“精神扶贫、习惯补差、心灵环保、方法优化”的十六字方针，实现“育人为本、追求卓越”的办学理念，在学生管理上做领跑人，不做执法队。很有意思的是，在“六步教育法”中，有唱好《国际歌》《敢问路在何方》《感恩的心》三支歌的内容。他解释说：“唱《国际歌》提醒学生，成长需要靠自己；唱《敢问路在何方》提醒学生，成长需要勇敢奋斗；唱《感恩的心》提醒学生，成长需要用心感恩。”很显然，教育中透着细化思维和智慧。

张中立，办公室主任。年轻有为，学校“大管家”的操劳写在脸上。他轻言轻语，但条理清晰，显示着办公室主任的沉稳。他谈的是教职工评价机制的改革和创新。他说：“新的教师评价制度是以教师的自我发展为动力，以学生的全面成长为目标，它激发了教职工的工作活力，提高了我校的教育教学质量，在促进学校跨越式发展上起着不可估量的作用。在评价过程中，突出评价主体的多元化，让更多的教职工参与；评价内容的多样化，让工作的各个方面都显现；评价方法的科学化，减少人为因素介入。”理念中透着公平。

杨启松，总务处主任。精明能干，没有多余的话语，说话总是开门见山：“后勤就是服务，少说多做，既注重过程，更注重效果。做到问题不隔夜，服务没有‘差不多’思想。”在办公楼，在教学楼，都能看到后勤服务的公开电话，印证了“问题不隔夜”的服务理念。理念中透着付出。

工会、团委等部门的领导也都切合实际地谈了工作的具体做法，话语中透着豁达，透着共赢，透着协作……

在我们召开的主任级的座谈会中，有的主任抢着发言，他们不是没有礼貌，而是因为马上有课需要离开。有的主任姗姗来迟，不是没有纪律性，而是因为在教室上课无法按时到来。在我们学校，不仅主任，就是几位副校长，都有繁重的教学任务。比如，杭行云，政教处副主任，又是电教中心主任，还是班主任，并且还教两个班的物理课。管理者的工作量可见一斑。

洛阳二中的干部，既做管理，又亲临教学一线，能体会教师教学的甘苦，能和教师产生有效的沟通。这样的管理接地气，能让教师心服口服。

教师是学校发展的主人。他们对学校的成长过程感受最深，他们最有发言权。在教师座谈会上，教师们根据自己的成长经历谈“2 + 3”课堂模式，谈学生适应教学改革尝到的甜头，谈校本课程的开发，谈学习共同体的构建，谈学生学习知识和可持续发展之间的关系……

班主任在班级管理中，各有绝招。有的搞好与家长的沟通，化解矛盾；有的通过和同学交朋友，让学生珍惜“朋友情谊”；有的通过建立快乐班级，让学生在快乐中学习;有的通过培养社会人的思路,带学生去参加社会服务,让学生在活动中历练……

教学的老师,管理班级的班主任,他们脸上写着阳光,言语中透着自信和谦虚。那么,洛阳二中人到底有一种什么样的心态?模糊中有了隐隐约约的线索……

离退休老师说起学校这几年的发展问题,他们异口同声地说,这任领导把心用在了学校的发展上,校长、书记每天总是提前就出现在教学楼里。他们出去办事,都很自豪地说:“我们是洛阳二中的。”原校长李书高说:“胡校长来到二中之后,深入老领导、老教师家中座谈,听取有关学校发展的意见,进而制定切实可行的政策,唤醒老师心中的希望,增强老师的凝聚力。”原校长唐家彬动情地朗读了自己创作的《赞二中》:“洛阳二中,育才摇篮,又展雄风。看今年高考,三标夺冠,名扬全市,全校光荣。喜报传来,扬眉吐气,全校师生心沸腾。真不易,靠卧薪尝胆,奋勇拼争。三年汗水结晶,赖团结拧成一股绳。作名师强将,育人为本,善教善导,业务精通。培育栋梁,精雕细刻,北大南大录精英。齐努力,祝园丁学子,再建新功。”魏俊仪老师动情地说:“这届领导善于发现老师们的优点,做事总能将心比心。领导都把心掏出来了,老师肯定会加倍‘卖命’。”说完,哈哈大笑起来。这届领导班子非常关心退休老教师的业余生活,给老教师提供活动场所,经常组织老教师进行集体活动。老教师说,这些事情虽小,却温暖着他们的心。

学校是一个小社会,必然和外界发生一些联系。那么,有联系的单位怎么看待洛阳二中呢?江东社区张书记感动地说:“洛阳二中领导没有架子,非常配合社区工作。我们需要志愿者,随叫随到;我们缺少电脑等办公设备,他们无偿捐赠。近几年,由于办学水平高,好多人让孩子进二中上学呢!”很凑巧,社区里有个工作人员,是二中毕业生,他自豪地说:“我以二中为荣。”然后他回忆了在洛阳二中时亲身经历的一件事。有一学期刚开学,有位年轻老师给他们上课。这位老师由于缺乏教学经验,大家都不喜欢他的课,到学校闹着换老师。学校听取了大家的意见,安排了一位有丰富教学经验的老教师来上课。意想不到的是,那位年轻老师每天都像学生一样,按时坐在教室后面,听老教师的课,体会老教师的讲课方法。就这样,整整一个学期,年轻老师虚心求教,老教师耐心示范;年轻老师没有不好意思,老教师也没有烦躁怨言。最后,这位工作人员说:“体会到了学校对年轻教师的关心,手把手帮助年轻教师成长,这样的务实管理,必然会使学校的教学质量得到提高。”后来和胡校长谈起这件事,胡校长若有所思地说:“我们奉行的是边培养边使用的用人原则,这是对年轻教师负责,只有老师的教学能力提高了,我们才能实现对社会、对学生、对家长负责的承诺。”

兑现承诺,诚实做事。诚实是人生的命脉,是一切价值的根基。对学生负责,对家长负责,是洛阳二中办学理念的一部分,那么学生家长又是如何对二中进行评价的呢?

家长代表涵盖了公务员、教师、工人等职业群体。当问起孩子在洛阳二中感觉怎么样这个话题时,几位学生家长争先恐后地发言。“我孩子内向,平时不敢和老师说话。有一次,他来学校的路上,遇到了学校的聂书记,聂书记陪孩子走了一路,一边走,一边聊。问孩子在学校的生活,问孩子在学校的学习。孩子回家给我说:‘书记那么忙,能陪我走一路,我心里感觉暖暖的。’”“我偶尔来学校看孩子,总看到胡校长笑眯眯地和学生拉家常,还看到胡校长在食堂和学生们一块就餐,增强了学生的归属感。”“董玉强老师班的家长会让我们受益多多。他既是教导处副主任,又是班主任,但开家长会,总有课件展示,心细认真,孩子的优点、缺点都给家长说得清清楚楚。如果没有对学生的全面了解,就不会有那么多话要说,并且都能说到学生和家长的心坎上。”“学校开展的学生拓展训练,让家长体会到了学校的魅力。孩子背着家长上坡下坡,左拐右拐,让学生体会家长在抚养自己成长过程中的艰辛,我的孩子说:‘你在我背上压得我透不过气来,我也体会到了我的成长过程在你肩上的分量,我体会到了感恩二字的内涵。’”“孩子来二中,特别幸运。孩子说,每个老师,都是一个能产生正能量的好老师,连附近的省级示范高中的老师也羡慕这所学校的好风气。”“做家长看到孩子在家不看书都有这样的情感反应:一天没表情,两天脸色有点变了,三天就忍不住要说了。但你说孩子,孩子还不以为然。偶然的机会,我看到了胡校长著的有关家庭教育的书,按照胡校长的理念,和孩子沟通,孩子接受了,我心里的疙瘩也解开了。所以胡校长的书我每天都看,看了抄,抄了给同事们讲。我们的同事都说,既懂学校教育又懂家庭教育的人做二中的领导,家长放心,学生舒心。”你一言我一语,他们的话语犹如开足马力的汽车,想停也停不下来。他们的言谈中,透着对学校的信赖,透着自己孩子能在这所学校学习的庆幸。

假如,洛阳二中现象是一个几何图形“圆”,领导和师生的实践、家长和社区的评价是构成这个“圆”的点的集合的话,那么这些“点”要么产生着正能量,要么散发着赞许的光芒。一个“圆”,产生着正能量,又散发出给人激励的光芒,那是什么?那是洛阳二中人表现出来的好心态!

三、“二中现象”的动力源

心态,主要是指人们的各种修养和能力,也就是人的意识、动机、观念、情感、气质、兴趣等心理状态的总和。它的力量是隐形的、软性的,然而却是全面的、强大的。决定人生成败的因素很多,然而,心态却是其中的一条主线,任何人的得失成败,都逃不脱心态的指引和支配。成功学大师拿破仑·希尔曾说过:"积极的心态就是心灵的健康和营养,能吸引财富、成功、快乐和健康。"一个人如果心态好,积极、乐观地面对人生,平和地接受挑战和应对麻烦事,那他就成功了一半。洛阳二中的领导班子集体假如也可以归集为"一个人",那么"这个人"具有一个好心态。这种好心态传染给教师,传染给学生,继而经过全体师生的共同加工,成为一种集体的心态,形成集合的现象,即"集体现象"。这种集体现象对于二中来说,就是"洛阳二中现象"。它是公共生活的产物,是各分子彼此结合的反映。一种公共心态之所以能够触及洛阳二中这个团体中的各个分子,就是因为存在着"洛阳二中现象"的特殊力量。"洛阳二中现象"中的集体心态一旦形成并被大家接受,就会通过大家的交谈、教育以及文字的传播等发生作用。事实上,大家能够产生同样的心态,是在于个人以外的这种特别力量,使每个人不由自主地去体会、去实践,进而成为个人的自觉行动。在自觉行动形成的过程中,群体内部的传播力不可低估。

那么,这种集体的心态是什么呢?一个"圆",产生着正能量,又散发出给人激励的光芒,很显然,是太阳这个意象派生出来的——阳光心态。

阳光心态,就是"洛阳二中现象"产生的动力之源!

英国著名文豪狄更斯曾经说过:"一个健全的心态,比一百种智慧都更有力量!"

阳光富有生命力,是世间万物勃发的基础。阳光既给人以温暖,给人以爱的感觉,又给人以光明,点亮人的智慧。阳光心态是一种积极的、宽容的、开朗的、感恩的、高效的、满意的、持续的健康心态。在这种状态下,人能做出良好的反应,能充分发挥身心潜能。阳光心态是一种精神优势和无形的力量,它会激发出主动性、创造性、积极性,产生内聚力,创造和谐。同时,阳光心态又可以被认定为平常心态、积极心态、自信心态、感恩心态、包容心态、空杯心态、合作心态、主人翁心态、付出心态、坚持心态……有阳光心态,就会产生阳光教育。

阳光教育,可以诠释为一种温暖的教育、爱的教育、光明的教育、智慧的教育。在"阳光教育"的理念中,"阳光"便有了两个最基本的内涵:爱和智慧。其中,爱是基础,领导爱师生,教师爱学生,师生之间互爱,这样的爱,是教师、学生成长所需的空气。智慧是雨露,教师、学生都用智慧交往,这种智慧就是不断滋养学生的营养。正如缺少了空气和雨露植物便无法生长一样,没有了爱和智慧,"洛阳二中现象"就难以形成。

阳光教育，充满诗意和温暖，蕴含力量和希望；代表生机和多彩，彰显自信和包容；诠释师爱与责任，代表美好和理想。阳光教育下的教师，其形象，健康微笑聪慧；其胸怀，理解宽容悦纳；其行为，倾听沟通引导；其追求，热爱奉献创新。阳光教师用阳光心态面对孩子，有阳光般灿烂的笑脸；面对同事，有阳光般友好的态度；面对家长，有阳光般真诚的交流；面对教育，有阳光般温暖的心态；面对教研，有阳光般积极的热情；面对发展，有阳光般不息的能量。

那么，“洛阳二中现象”中的阳光教育，包含着洛阳二中人怎样的阳光心态呢？

积极心态　积极的人像太阳，走到哪里哪里亮。积极心态是做好一切事情的基础。一个学校是否朝气蓬勃，奋发向上，是否具有开拓创新精神，首先取决于学校师生的心态是否积极。

从前面的座谈会，深深感触到，无论是领导、教师，还是学生，都展示了积极的精神风貌，在言语之中，流露着工作学习中的快乐和思考，没有听到抱怨，没有感觉到推诿，遇到问题总是积极地想办法。这就是积极心态的体现。李保国，教导处副主任，教科室主任，又兼年级主任、班主任工作，他依然没有怨言。他每天早晨六点到校看住校生早操，晚上经常值班到十点才回家，平均每天比普通老师在学校多待四五个小时，可以说，他见证了二中每天的日出和日落。这样的积极心态，换来了全校师生的认可，换来了沉甸甸的荣誉：2000 年以来，先后七次获得洛阳市优秀共产党员称号；2009 年，获河南省最具成长力教师称号；2010 年洛阳市业务标兵、模范工作者；2011 年洛阳市优秀教师；2012 年洛阳市首届优秀名师；2013 年河南省最具影响力教师……

19 世纪美国杰出的浪漫主义小说家纳撒尼尔·霍桑，曾经有一段对人性很精彩的论述：

> 人类的心灵被喻为洞穴；在洞口，阳光普照，鲜花烂漫。
>
> 你走进洞穴，刚迈几步，就发觉自己被可怕的黑暗和各种各样的怪物所包围，洞穴俨然变成了地狱。你感到困惑和绝望，久久地在原地徘徊。
>
> 终于，一丝亮光射向了你。你朝亮光望去，隐隐约约发现自己处于这样的境地：似乎以某种形式重现入口处美丽的花束和阳光，一切显得完美无瑕。
>
> 这是心灵，或者说人类本性深处的景象，充满光明和祥和，黑暗和恐惧深藏其中，但在最深处依然是永恒的美。

在这个“洞穴”中，你是“原地徘徊”，还是向着“亮光”走去？决定于自己的心理态度是积极还是消极。李保国，面对工作的心态是积极的；洛阳二中的教师，面对工作的心态是积极的。心态决定行为，行为决定习惯，习惯决定未来。洛阳二中成绩的取得，来自洛阳二中人具有积极的心态。

感恩心态 一个懂得感恩的人，才会积极地投入工作，竭尽全力地去完成任务，在帮助学校实现最大化的社会效益的同时也实现自我价值。可以说，感恩是一个教师从优秀走向卓越的重要动力，更是一个学校走向卓越的法宝之一。当问起胡校长治校秘笈的话题时，他总是说："有一群信任我的上级领导，有一群很用心、很配合的班子成员，有一群很卖力的教师队伍，有一群知道学习的学生。我必须怀着感恩的心对待每一天的工作。"

"感恩"，就是"乐于把得到好处的感激呈现出来回馈给他人"。感恩是一种对恩惠心存感激的表达，是一种生活态度。我们生活在这个世界上，无论是谁都得到过其他人的帮助。如果人对这种"帮助"心存感激，就会从内心发出回馈他人的行动。胡校长的一番话语，以及他在学校的敬业和用心，就体现了他的感恩之心。

在记者杨寒冰采写的《张守明和他的快乐班级》报道中有这样一段叙述：

> 张同学站起来，对过生日的李同学说："在我不高兴的时候，是你陪着我说了一下午的话，今天是你的生日，我要祝你生日快乐，越长越漂亮。"
>
> 当同学们单独表达完祝福之后，开始场外连线。主持人拨通家长的电话说："叔叔(阿姨)，今天我们在学校给×××过生日，你有什么祝福，给×××说说吧。"
>
> 主持人说完后，把电话递给过生日的同学，过生日的同学听到家人的祝福时，常常是激动地哽咽流泪，直点头。
>
> 张同学对李同学的表白，表达出的是对李同学的感恩；学生听到同学的祝福，听到家长的祝福，那种感恩之情自然会油然而生。

胡校长在一篇文章中写道："我做出的点滴成绩以及我的成长，得益于我的学校和我的团队，是优秀的团队打造出了优秀的学校，是优秀的学校映衬出了我。我的很多荣誉得益于学校的成就，我的确是沾了学校的光，我很感激大家，感激洛阳市第二中学。"

滴水之恩，涌泉相报。和洛阳二中的老师沟通，好多人都是怀着一颗感恩的心在工作。你工作有成绩了，领导、同事鼓励你；你遇到困难了，领导、同事帮助你。得到的是尊重，感受到的是温暖。所以，我们用感恩的心工作，就不会有怨言；用感恩的心去工作，不会感到乏味；用感恩的心去工作，不会在困难面前退缩；用感恩的心去工作，会感觉是在为自己工作；用感恩的心去工作，才能成就我们生命和事业的辉煌。毫无疑问，每个教师、每个学生都在感恩中辉煌了，洛阳二中必然辉煌！

包容心态 胸怀有多大，成就就有多大。包容的心态可以促使一个人放下对眼前利益的计较，一心一意追求事业上的进步，最终取得更大的成就。拥有一颗包容心，会令我们与周围的关系更加和谐，会使我们的生活充满明媚的阳光。

作为领导，要使自己成为学校老师心服口服的核心，把所有的人紧紧地团结在一起，仅仅靠个人能力或者魅力是不够的，更多的时候需要有一颗包容的心。每当和聂建萍书记说起洛阳二中在社会上声誉好的时候，她总是微笑着说："我们二中的老师可好了。"当我问起老师是人肯定会有情绪这个问题时，她说："人，其实就是一块砖，就是要被镶在墙上。上压下挤，能没有情绪吗？做领导的，要体会他们被'挤压'的处境和难处，然后换位思考，就不会对教师求全责备了。"

学生的状况更是千差万别，于是洛阳二中提出了"不放弃每一个孩子"的包容理念。胡玉敏校长认为，高考成绩是学生全面素质的"副产品"，非智力因素是学生健康发展的瓶颈。他说："单纯抓高考，高考好不了；单纯抓成绩，成绩上不去。"洛阳二中秉承"育人为本、追求卓越"的办学理念，一切为了每一位学生的发展，让学生学会做人、学会学习、学会生活、学会生存，不断促进学生综合素质的提升。在教学实践中坚持"四个并重"，即"智商情商并重、知识能力并重、课内课外并重、尖子一般并重"，真正把提高学生的全面素质作为教育的航标，追求全面发展和个性发展的统一。为此，专门为学困生建立"成长档案"，跟踪教育，加强心理辅导，精心开展"励志教育"。

有一位班主任在总结中写道："苏联教育家赞可夫说：'漂亮的孩子人人喜爱，爱难看的孩子才是真正的爱。'"对约束力差的学生，在学习上要松辫子，行动上要给路子，要给他们一个转变的过程。包容是一种无声的教育。

长期以来，我们的传统教育一直是"不见树木，只见森林"，我们希望把所有的孩子都变成一样的"好学生"，让所有的孩子都走在同一条通往所谓的成功的大道上。但实际上，这棵树与那棵树并不一样，我们没有权利通过竞争淘汰任何一个孩子。于是，发现每棵树的生存需求和生存价值，就成为我们的新挑战。发现那棵树，就要为其搭建合适的成长平台，让学生自我认知、自我唤醒、自我发现，从而形成独立人格、独立思想，最终成为与众不同的自己，这才是教育的根本。洛阳二中正是具有这样的包容心态，才成就了学生的成长、成才。

包容待人，是成功者的风度，这种风度不是装出来的，而是发自灵魂深处的内在修养。法国作家雨果曾经说过："这世上最辽阔的是大海，比大海更辽阔的是天空，比天空更辽阔的是人的胸怀。"和洛阳二中人交往，你会感觉非常和善，这和善之中显现着他们包容的智慧。

自信心态　拿破仑曾说："在我的字典里，没有'不可能'。"这是自信的宣言。坚信自己能成功是取得成功的绝对条件，坚信自己是胜利者，最后才能成为胜利者。无论何时，无论从事何种工作，都要确保自己有一颗自信的心。它是最可靠、最有价值的成功资本，它将决定成就的高度。洛阳二中最近的"三年规划"中，有一个"581"高考指标计划。也就是2013年过一本线学生达到50名，2014年过一本线学生达到80名，2015年过一本线学生达到100名。从过去两年的实际成绩看，完成得比较出色。在生源相对固定的情况下，指标年年增加，靠的是什么？毫无疑问，自信是第一秘诀。

高中学校，在当前的教育大环境下，好多学校墨守成规，只求高考成绩稳定，不敢进行改革。洛阳二中却是大胆进行课堂结构改革，提出"2+3"课堂模式。这个模式的实践，是要让教师少讲，让学生多自主地学。坚持进行改革，本身就体现了决策者的自信和胆量。同时，经过实践证明，学生更多地参与课堂中来，既能亲身体会获取知识的快乐，也提升了学习动力和自信心。孙英伟老师的话语证明了这一点，她在教学反思中写道：

> 高考后，针对文综成绩，我在大脑中把学生高中三年特别是高三这一年的学习状态梳理了一遍，得出这样一个结论：在"2+3"课堂上思维活跃的、积极大胆发言的学生文综成绩尤其突出。这些学生在平时生活中也让人感觉心态较好，很阳光，社会交往多，热心做公益事业。践行"2+3"课堂教学模式既提高了学习成绩，又完善了学生人格，为他们今后走向社会打下了坚实的基础。

事实证明，当人有了工作的自信时，这种阳光心态会时时暗示着你朝这个目标前进，你的行动、感觉、信念都会往好的方面发展，从而促使你成为一个更出色、更优秀的人。对于一个人是这样，同理，对于一个学校，也是如此。

空杯心态　"一瓶子不满，半瓶子晃荡"，我们都理解其意。所谓的空杯心态，就是每一个人无论做什么事情，需要先把自己想象成"一个空着的杯子"。只有把自己清空，才能容下更多的进步。概括地讲，空杯心态就是要有终身学习思想，要有主动进取、不安于现状的思想，要有谦虚而不自满的思想，要有把自己的过去"归零"的思想。

西方白领阶层流行着这样一条知识折旧定律："一年不学习，你所拥有的全部知识就会折旧80%。你今天不懂的东西，到明天早晨就过时了。现在有关这个世界的绝大多数观念，也许在不到两年的时间里，将成为永远的过去。"洛阳二中人很赞同这样的观点,于是提出了全力打造研究型、学者型、专家型教师队伍的师资培养目标。胡校长常说,离书桌近些,离酒桌远些。离书桌近,是要提高自己。要求老师离书桌近,是为了促进教师的成长。

洛阳二中35岁以下青年教师66人,约占学校一线教师的42%。学校为了青年教师的成长,成立了青年教师成长发展学校,提出了"建学习型学校,做学习型教师"的口号,制定了"135规划"(1年站稳讲台,3年成为骨干,5年成为名师)和"2111工程"(即每天读20页书、体育锻炼1小时、和学生谈1次话、记1页读书笔记或者教学反思)。

为了使青年教师关注高考、积极学习,组织他们和高三全体老师与高三年级学生一起同卷考试,一起参加密封评卷,统计青年教师考试成绩,并作为青年教师成长发展学校评选"教坛新秀"的重要依据。

俗话说"活到老学到老",秉持这种态度和精神,孜孜不倦地提高自己,随时补充自己的储备量。班级的管理不仅是一门科学,也是一门艺术,班主任在实施工作时必须懂得一定的教育规律,认真学习研究新课程标准和教育学、心理学、班级管理学等一系列的理论知识,增强专业素养,再尝试着与教育实践工作相结合,循序渐进,教学相长。

合作心态 胡校长的话语总是充满着智慧,他在谈管理技巧时说:管理的本质是通过别人来完成任务,一定要调动别人去干。自己一个人干是"劳模",调动别人在合作中去干才叫"管理"。他的理念中,团队、合作是干好工作的核心关键词。在今天竞争日益激烈的社会中,只有懂得合作的人才是具有竞争力的人才。一个人的能力是有限的,只有通过团队的合作、交流、互助,才能使学校健康发展,使教师个人达到更高的境界。只有具备团队合作精神的教师才是学校强劲发展的原动力。

在管理中,胡校长特别注重培养、锻炼大家的合作意识。他的观点是,老师们能做好的事情,中层就不做;中层能做好的,副校长就不做;副校长能做好的,校长就不做。作为校长,"不关注正常,只关注异常","不关注例行,只关注例外"。领导大胆放手,是对下属的信任,是相信"1 +1 >2"的团队力量。他强大的团队精神,其实质就是在于强调互助协作的精神。

团队协作是一切事业成功的基础,尤其是现代社会,科技越来越发达,分工越来越细,每项工作的完成都离不开团队成员之间的互相配合。在和班主任的座谈中,听到最多的一句话就是:"千方百计密切科任教师间的关系,共同做好学生的思想工作。"班级管理,绝不是班主任一个人的事情,是全体科任老师课内外全覆盖的任务。有一位科任老师很风趣地说，人生像一枚硬币，如果正面是“选择”的话，那么背面就是“责任”。既然我们选择了教师职业，那么就会对自己负责，慢慢地，也会在合作中学会对别人负责，对班级负责，对学校负责，对社会负责。

一位班主任讲了这样一件事：

> 张毅辉同学高二质量检测时成绩相当优秀，但性格相对内向的她进入高三后压力一直很大，生怕自己从全班第一的位置上落下来。重压之下，她很快出现了睡眠不足、精神不振、成绩急剧下滑等症状。我当机立断，立即采取措施，一方面抓紧时间和她妈妈联系，提醒她关注孩子的情绪变化，一方面关照各科任课老师不要对她有太高的要求。在学生心理辅导方面经验丰富的聂书记也及时地伸出了援手，只要聂书记没有出差在外，每天都会相约见面，或者是聂书记到我们教室去给她传递一个鼓励的眼神或微笑，或者学生到聂书记办公室去听聂书记几句虽然简短却令人心安的话。在聂书记的指点下，在全体任课老师和家长的共同努力下，张毅辉同学顺利走出了困境。

一个人再完美，也就是一滴水，而一个优秀团队就是大海。作为个体，只有充分把自己融入整个组织、整个团队之中，凭借团队的力量，采用合作的方式，才能把自己单独不能完成的工作做好，才能使自己的潜能和才干得到充分的发挥，才能不断地超越自己。这位班主任用心用智慧让张毅辉同学走出了困境，得益于运用了合作技巧，得益于洛阳二中领导、教师的团队精神。

在教学上，每个年级组，每个教研组，处处体现着团队的合作精神。比如语文教研组，在组长杜全荣的带领下，注重发挥教师各自的特长。张律老师把语文 5 本书中应知应会知识点用表格的形式归纳出来，供老师们共享；曹赛男老师把学生应背诵的 64 篇古诗文中易错难写的字用空格的方式设计出来，供老师们共享；王远方老师擅长诗歌鉴赏，她就负责诗歌鉴赏部分知识点的遴选；李方老师擅长作文辅导，他就坚持给高三学生做作文辅导讲座；李莹老师参加讲课比赛，全组老师齐上阵，共同设计讲课思路，共同搜集讲课资料，共同听课提建议，共同想办法解决问题。众人添柴火焰高，一个教研组心往一处想，劲往一处使，每一位老师在共同体中实现超越。

在洛阳二中的座谈中，好多老师都很自豪地讲述学校每年教师节举行的教师文艺表演活动。在演出中，3 人以上的节目居多。校长参与了，教师导演根据角色需要，校长脸上也被画得乱七八糟。校长没有矜持地拒绝，老师笑得前仰后翻……后来谈起这些事情的时候，胡校长略带沉思地说：“这体现了领导和教师的平等，说明了老师把我当哥们儿。这样的活动，也是锻炼大家合作意识最有效、最轻松的方式。”

教师们运用合作意识成就事业，这种合作意识自然也会润物细无声地传递给学生们。2013 级 14 班闫笑寒同学在日记中写道：

> 晚上放学前，望着黑板报上自己略显稚嫩的字体，想着可能会影响明天的检查效果。我向同学发出了重写一遍的请求，当时没有一位同学响应，都在埋头写着自己的作业。我好失望，想着明天评比成绩肯定不理想。早上到校时，习惯性地望向黑板报，原来的字体已被娟秀的瘦金体代替，心中顿时充满甜蜜，是阳光那温暖而持久的馨香，加固了高中生活的友谊。

主人翁心态　主人翁心态指的是一种使命感、责任心、事业心，指的是一种大处着眼、小处着手的工作精神，指的是对效率、效果、质量等方面持续的关注与尽心尽力的工作态度。在一个学校，像校长一样思考，像校长一样行动，你就具备了主人翁的心态，你就会去认真思考学校的成长，你就会从全局的角度考虑自己的工作岗位，会把学校的事情当成自己家里的事情，你也就知道什么是自己该去做的，什么是自己不应该做的。2011 级 8 班的班主任徐长锋像洛阳二中的其他老师一样，深深理解其中的道理。他在期末总结中表白了自己的思想：

> 在分解高考指标时，学校给我们 2011 级 8 班分了比其他几个平行的宏志班要多出几人的指标。我觉得在高一分班时我们班生源质量并没有被照顾，甚至还出现女生比男生多的理科班非正常的现象。并且在随后几次的调班过程中，也从来没有出现过把较高分数段的学生调进 8 班的情况。为什么在分高考指标时，给我们分比其他班多的指标？后来想想，学校这样做，不是故意为难我，而是因为信任我以及带这个班课的老师，是为了实现学校制订的“581”三年高考奋斗目标，是为了提升学校的教学质量和办学品位，是为了提升二中的社会声誉和社会影响力。并且我们一致认为，洛阳二中是个喷薄欲出的太阳，是个让教师成就事业的圣地，所以我们必须有担当。于是，我连同我们班的老师们，又自我加压，用心在各个层次的学生中挖潜力、找苗子。心里始终想着校荣我荣、校衰我耻的主人翁思想，和太阳一起起床，陪着月亮进入梦乡……所以，在刚刚结束的 2014 年高考中，我们高三(8)班上一本线 13 人，上二本线 27 人，上三本线 15 人，圆满完成了学校下达的指标。

在胡校长的工作理念里，也贯穿了大胆培养教师们敢于担当、勇于负责的工作思想。他说:“一名卓越的领导应该点燃下属心中的火种,使他们自觉、自愿、负责任地干好工作。”领导具有重要的领导策略,老师们自然会大胆实践,进而实现自己的人生价值。

在座谈中,谈到大家都很津津乐道的“2 + 3”课堂模式,有一位老师坦诚地说:“这个模式客观地讲有利有弊。利,大家说了很多,但对于不积极、依赖性强的同学,存在弊端。同时,学科差异的存在也不能一刀切使用。针对这些弊端,我们都在思考,在探索如何把这些弊端降到最低的程度。”这些老师,在遇到前进中的问题、困难的时候,是抛开任何借口,投入自己的忠诚和责任,千方百计地想办法解决问题。这是主人翁心态。

有了主人翁心态,你就会成为一个值得信赖的人,一个学校领导乐于接受的人,从而成为一个可托付大事的人。如果学校的每一位员工都具有主人翁心态,那这个学校的发展动力将取之不尽、用之不竭,洛阳二中的成就证明了这一点。

付出心态和坚持心态 付出定律告诉我们:只要你有付出,就一定有收获。收获得不够,表示付出得不够,想要得到更多,就必须付出更多。从前面大量的事实我们可以明显地感觉到,洛阳二中的师生们,付出了心血和智慧。当谈到付出这个话题的时候,一位老师说:“我们没有认为我们的付出比获得的多。其实,我们多付出一点并不会失去什么,反而能实现从平庸到优秀的跨越。归根到底,付出的最大赢家还是我们自己。”

世上最容易的事是坚持,最难的事也是坚持。工作,一帆风顺只是美好祝愿,困难、挫折必然遇到。坚持是一种可贵的心态,能让人在面临艰难困苦时百折不挠,固守信念,相信自己。可以说,能否坚持不懈,在一定程度决定着一个人的成功与失败。2013 级 10 班的班歌《我的宏志不是梦》唱出了二中人的“坚持心态”:“……因为我不放弃,激情似烈火,我从来没有忘记我对自己的承诺, 成功属于我。我知道,我的宏志不是梦,我认真地过每一分钟。我的宏志不是梦,我的心跟着‘梦实’在动。我的宏志不是梦, 我发奋地过每一分钟。我的宏志不是梦,我的心跟着‘梦实’在动, 跟着‘梦实’在动。”

阳光心态,支撑着洛阳二中人的全面发展;阳光心态,支撑着洛阳二中事业的红红火火。阳光的热量,暖得洛阳二中人工作有劲头;阳光的光亮,让洛阳二中人在公平的环境里心情畅快……

教育与文化之间的关系十分密切。21 世纪以来,全国各地的高中都在探索有效的教育改革之路,事实表明,取得成功的教育改革都是与其社会的主流文化保持一致的。现在的学生自我意识增强,现在的教师大都在追求精神层面的满足。所以,洛阳二中的管理在师生的“心态”上做文章,跳出了长官意志的高压政策,努力让师生从内心深处感受到领导、集体送来的尊重、信任、温暖和平等。这样的阳光心态,由管理者传染给教师,教师传染给学生,最终汇成合力,铸就了学校的辉煌。

第一章 领导核心层的教育文化引领

二中领导核心层对学校教育的引领是一种“阳光引领”。“阳光”是比喻，也是一个意象。“阳光引领”表现为对师生精神的鼓舞、价值的肯定、成长的关爱和方向的指引。“阳光引领”提倡阳光的教育理念，即以人为本、以生为本。“阳光引领”是光明的引领、温暖的引领、唤醒的引领。二中的“阳光引领”具体体现在文化育人和精神引领等方面。

胡锦涛在庆祝清华大学建校 100 周年大会上指出，“要积极发挥文化育人作用”。文化是民族的血脉，是人们的精神家园，文化对人的影响无孔不入，无时不在。“文化引领”是一个极其重要的教育思想，它影响着学校里每一个成员的价值信念和个体成长，也影响着学校的发展路径和终极追求。洛阳二中采取精神引领、文化育人的办学思路，使洛阳市第二中学走上了快速发展的阳光大道。

第一节　文化育人

以文化人、以文育人是文化的基本功能，文化具有引导人、教育人、塑造人的功能。学校的“文化育人”集中体现在一所学校的文化中。

这种学校文化，是指由学校成员的价值观与行为模式形成的独特文化，是学校特有的精神环境和文化氛围。它影响着学校里每一个成员的价值信念和个体成长，也影响着学校的发展路径和终极追求。

洛阳二中在实践中逐渐形成了自己文化育人的特色，并取得了显著成绩。这些特色集中体现在学校的办学理念和二中的校训、校风、教风、学风、校歌、文化长廊、团队建设、考核评价等方面。

一、校长的办学理念

校长处于学校管理系统的核心地位、领导地位和决策地位，是学校办学方向的引导者，教育方针、政策的贯彻者，师生员工的教育者，人际关系的协调者，学校运转的组织者。要确保学校的全面、协调、可持续发展，校长的首要任务是把握正确的办学理念。

十年来，洛阳市第二中学发生了巨大的变化，一跃成为洛阳市比较知名的学校，这一切都源于胡玉敏校长办学理念的引领。胡校长的办学理念概括起来主要有如下内容：

（一）服务理念

时代的发展和学校自身的发展，催生了“教育就是服务”的观念。真正良好的教育一定是最具服务精神的教育。学校的“管理”应该很好地为学校教育服务，为教学第一线服务，为师生员工服务。

胡玉敏校长的办公室门口写着他的服务理念：心中有爱，目中有人。热情服务，主动服务。

二中服务理念的核心是“爱”。胡校长认为学校对教师和学生最有价值的服务是真爱的付出,要尽可能地为师生的发展提供机会,让师生更多地体会到被关注、被爱护的温暖与幸福,更多地体验到探索与成功的快乐和自豪。二中关注教师追求职业的幸福,提倡教师在成就学生的同时成就自己,享受做教师的快乐和幸福;二中关注学生的幸福,发出“爱是教育的最高境界”的倡导,指出只有真心地爱学生,才能挖掘他们的潜力,才是真正为学生服务。

二中服务理念的方式是“热情主动”。主要表现为三点:一是热情主动地使管理为学校服务,创设民主宽松、积极进取的校园文化氛围;二是热情主动地使管理为教师服务,为教师营造施展才华的发展空间;三是热情主动地使管理为学生服务,关注学生的终身发展、未来发展。

二中的服务理念已深入人心,上至管理人员下至教师,都在默默地贯彻着这种理念。比如魏建党老师对学生说的一句话是“我不是来管你们的,我是来为你们服务的”。在魏老师的班主任生涯中,一直扮演着服务者的角色。为他的学生服务,魏老师甘当万能“便利贴”,随叫随到,不仅成为学生的好“管家”,照顾好学生的饮食起居,还要满足学生的求知欲,做优秀的任课教师。

(二)改革创新理念

改革创新是一个国家、一个地区、一个学校发展进步的不竭动力。二中人认为,在新的历史条件下,要解决在发展中遇到的问题,就必须有改革创新的勇气和魄力,以便更好地推动学校发展。洛阳二中的改革创新一抓德育创新,二抓课堂改革,三抓考评机制。

胡玉敏校长认为教育的首要任务是立德树人。胡玉敏校长经常说,单纯抓学习,学习上不去,单纯抓高考,高考好不了。多年来,二中在德育方面形成了自己的特色品牌,胡玉敏校长命名为“心灵教育”。

胡玉敏校长认为课堂改革势在必行,不改就没有出路。胡校长认为课改的核心,应该是实现“三维目标”:一是知识与能力,二是过程与方法,三是态度、情感与价值观。实现三维目标的途径有两个:一是转变教师“教”的方式,避免满堂灌;二是转变学生“学”的方式,让学生主动快乐地学习。课堂教学要以学生为主体,以教师为主导。在这种教育观念引领下,二中走出了自己的课改之路,创设了“2+3”教学模式。在这种模式中,教师少讲,学生多练,使学生的自学能力、学习效率得到了明显提高。

胡玉敏校长非常重视建立完善的考评机制。考评机制对学校教职工的积极性、创造性时刻起着有效的调节和激励作用。他认为考核评价的结果如果做得比较科学规范、公正合理,广大教师就会欣然接受,否则,就会直接引发矛盾,影响大家的工作积极性。经过多年的探索,二中形成了定性跟定量相结合的教职工业务量化考核机制。

(三)专家办学理念

胡玉敏校长多年来一直致力于做专家型校长的实践。在他眼中,专家型校长应有以下素质:

专家型校长是优秀的管理者。校长在学校管理中应统揽而不包揽,果断而不武断,参与而不干预,既全面负责又授权分工,做到层层负责,各显其能。

专家型的校长是优秀的领导者。不仅要善于管理,更要善于领导。领导者要站得高、看得远,思考对学校的发展有全局性、战略性、前瞻性意义的问题,要经常想大事、做大事。胡玉敏认为校长就是个引路人,重在领不在管。一个好校长的首要条件就在于他有好的教育思想,进而培养一批好的老师,成就一所好学校。他常讲校长的观念不仅要先进还要适当超前,这样才能引领学校和教师的发展,引领学生家长和社会的发展。胡玉敏自 2006 年出任洛阳市第二中学校长以来,致力于精神引领、文化育人的办学思路,使校风和教学质量有了很大提升。

专家型校长是优秀的教育者。一个优秀的教育者要有底气、才气和勇气。校长首先要有知识的底气,牢固树立终身学习的理念;其次要有专业的才气,成为教育教学的行家里手;再次要有勇气,有激情,要不断更新教育观念,探索教育改革的新路子。

今年 57 岁的胡玉敏从教 34 年,当校长已有 13 个年头,长期致力于教育理论的研究和实践,在各类报纸杂志发表论文百余篇,出版过《家庭是教育的主阵地》《校长眼中的教育》等专著,曾担任洛阳电视台《成长》栏目特邀嘉宾,在《洛阳商报》曾开辟《胡言妙语说教育》《成绩背后有原因》两个专栏……他是地地道道的教育行家。

胡玉敏校长认为学习是校长教育思想的源头活水,他常说"谁爱读书谁风流",要会从"两多两少"中找回学习时间。"两多两少"即多放权,多"偷闲",少进会场,少进酒场、舞场和牌场。

胡玉敏常想的是不把校长当职业,要把校长当事业,不断引领学校改革创新。他认为校长要永葆一种执著的精神和一种虔诚敬畏的心态,锲而不舍地做下去,当个真正的好校长、名校长,当教育家型校长,在校长岗位上实现自己的人生价值。

(四)终身学习理念

在首届世界终身学习大会上,终身学习定义为"终身学习是 21 世纪的生存概念”。终身学习是一种主动、自发的学习,是谋求自我完善的过程。胡校长把终身学习作为学校长足发展的一个策略。

胡校长提倡二中教师都要做学习型教师,他努力成为一个学习型、智慧型的校长。在时间利用上,他采用“加减法”。所谓时间的“加法”,指善于挤时间,利用零碎时间、大块时间的“边角余料”,有效地过好每分钟。他除利用双休日、节假日等整块时间外,会利用会前、会后、上班前、下班后等时间。他说:“我写过的一本诗集,三分之一内容都是利用会前、会后的简短时间写的。”在时间“减法”上,他尽量减少不必要的应酬,万不得已的应酬也是尽量压缩时间。胡校长认为,当校长应该“工作一半,学习一半”。他曾说:“我常想,在洛阳的校长队伍中,能干、聪慧者不乏其人,但是在勤奋读书、不断进取这方面,我不能落后于人。我希望通过自己的带头作用,潜移默化,以身作则,让大家受益。”胡校长认为,从一定角度讲,学习力就是校长的软实力,就是校长的成长力。要管理好学校,提升学校的品位,让老师信服你,自己必须率先学习。

在胡玉敏校长的言传身教下,二中实施了“2111”工程,即教师们每天读书20页,每天找一个学生谈话1次,每天锻炼1小时,每天记1页读书笔记或者教学反思等。这一工程得到了老师们的响应,使老师们获益匪浅。

二中的一位青年教师谈到读书学习,深有感触。她说:“我试着让自己静下心来读书。后来感觉确实很有收获,读书会上的交流也让我了解了同事们的思考和进步。慢慢地,我开始喜欢读书了,教学中有什么问题也会想到找相关的书籍来学习和参考。”

学生是“2111工程”的直接受益者。老师们在传授知识的同时,不断提高教书育人的方式方法,使学生爱上了学习。如二中的李功明老师有一个笔记本,本上记录了班上每位学生在学习上和思想上的进步。学生张某,父亲蹲过监狱,母亲抛弃了他,从小跟着年迈的奶奶生活,性格孤僻。李功明老师根据他的情况,从生活上关心他,让他感受家庭的温暖。一次元旦放假,别的学生都回家了,张某孤零零地待在学校,李老师把他邀请到家里,给予他父亲般的温暖。这个学生很感动,后来不仅性格变活泼了,还爱上了学习,学习成绩提高很快。

(五)精神立校理念

学校精神决定着学校的思维方向和员工的工作态度。精神特色鲜明的学校,会从建筑布局到师生的一言一行、学校的一草一木,让人感受到魅力、魔力、生命力,令人沸腾激越,唤醒和激发崇高的情感和强烈的进取心。

对于学校来说什么最重要?胡玉敏校长认为:大楼是“体”,大师是“根”,精神是“魂”。“魂”是最重要的，没有“魂”，学校就是一副躯壳。校长对学校的领导，首先是思想的领导，其次才是行政的领导。思想领导、精神引领是校长成功的真谛。胡玉敏校长认为：“如果社会只有 GDP，没有精神和文化滋养，那就会造成物欲横流、灯红酒绿、尔虞我诈诸多现象。学校是精神和文化的发源地、辐射源，它承担着独特的社会责任。校长抓精神立校和文化育人，是一抓肯定对，不抓就错位。”

胡玉敏校长坚持“育人为本、追求卓越”的办学理念，逐步形成了“勇于拼搏、善于创新、博爱博学、自信自强、乐于奉献、追求卓越”的二中精神，形成了以“学习、拼搏、精进、包容、和谐”为特质的学校文化，并将二中精神和学校文化展现在办学目标、校训、校风、教风、学风中，展现在教师誓词、德育教育六步教育法中。

胡玉敏校长在精神立校方面，既注重对教师的精神引领，又注重对学生的精神引领。

在对教师的精神引领方面，主要采取以下做法：①倡导教师做学习型教师，让教师学习常态化，教学相长，日新月新。②有效开展校本教研，使教师“联系实际定课题，带着问题进课堂”，“教学研究重实效，墙内开花墙内香”，做到“学习研究校本化、教育问题课题化、校本教研常态化”。③确立共同愿景，善于目标激励。洛阳二中倾力打造“价值共同体，利益共同体”，使教师把个人价值实现和学校发展目标相统一。学校开启了“三年计划”工程；确立了“跨一稳四”奋斗目标；尽量满足老师们自我实现之需要；每年隆重召开教师节庆祝表彰大会，对教师进行表彰。

二中的老师说，每逢教师节等重要节日，教师都要集体宣誓教师誓词：“我热爱我的事业，我因精神富有而自豪……我热爱我的学生，我因爱心倾注而幸福。我要恪守有教无类，因材施教，博爱博学，创新发展。”二中精神深深烙入每位员工的心灵。

在对学生的精神引领方面，主要采取以下做法：①坚持“以人为本，德育为首，全面发展，注重实效”的育人工作方向不动摇，积极推进素质教育，不求做升学率最高的学校，致力于做最负责任的学校。②实施“智慧教育”和“心灵教育”。针对学困生提出转化的“十六字方针”：“精神扶贫，习惯补差，心灵环保，方法优化。”③用中国传统文化、儒家经典进行滋养，促进学生灵魂的健康发展。

现在凡二中学生都会牢记“励志教育三字歌”：“不怕慢，只怕站。说了算，定了干。不浮躁，不偷懒。遇困难，敢亮剑……”；人人会唱三首歌，《国际歌》《敢问路在何方》《感恩的心》；牢记五句话，“心静才能超越，严谨成就辉煌，舍去才能得到，拼搏才有尊严，优秀才能成功”；努力实践“六不能”，即“不能使自己的聪明用歪，不能使自己的努力打折，不能使自己的大脑偷懒，不能使自己的思维跑题，不能使自己的潜能沉睡，不能使自己的生命虚度”。二中对学生的精神引领成效卓著，连年高考丰收,其实就是对这些做法的一个很好说明。

洛阳二中为了帮助学生树立正确的价值观,养成良好的生活习惯和敦厚善良的心性,编著了《〈弟子规〉导读》一书,让学生明了在家、外出、求学和待人接物应有的礼仪和规范。

(六)开发潜能理念

教育人本论认为,教育的性质与功能归纳为"三发",即发现人的价值,发挥人的潜能,发展人的个性。一所成功的学校离不开对师生潜能的激发。

胡玉敏校长认为,教师和学生都具有发展的潜能,学校要为他们创造环境,让他们具有超越自我的可能。

1. 学校要善于开发教师潜能

开发教师潜能就是要最大限度地调动教师的积极性,做到用人所长,人尽其才。开发教师潜能的策略包括四种,即引导自我发展的策略、满足合理需要的策略、激发正确动机的策略和运用激励机制的策略。

胡玉敏校长注重引导教师的自我发展。他认为要引导教师把生命境界向上提升,把潜能开发出来,使人生光彩绚烂。学校针对年轻教师提出"135 规划",即年轻人第一年要入轨上路,要少抱怨,多听课,多向优秀老师学习;第三年要成长为骨干教师,至少成为学校的骨干教师;第五年要成为校内名师,要有个性,有自己的特点,小有名气。

胡玉敏校长比较关注教师的合理需要。学校领导班子经常深入教学第一线,了解教师需要的种类、层次、结构的特点和发展方向等。比如:政治进步表现为要求入党、入团;业务提高表现为要求掌握新知识、新信息,参加业务进修和取得学历的学习;创造的需要表现为追求教学成就、期望学生成才、获得高级职称;自尊荣誉的需要表现为希望受到社会尊重、学生和家长的尊重、领导的信任;物质生活的需要表现为改善生活条件和教学条件,解决住房,解决子女入托、入学、就业的问题等。在条件许可的情况下,二中努力满足教工的合理需要。

胡玉敏校长注意引领教师正确的动机,提倡教师转变教育教学观念,热爱学习,快乐生活。二中教师经常谈起的话题是"不当教书匠,不教糊涂书","观念比方法更重要","教好学困生是教育的更高境界","树立终身学习理念","做学习型教师","同学生一起成长","把职业当成快乐的事来做"。

胡玉敏校长注重运用激励机制。学校通过目标激励、竞赛激励、榜样激励等,促进教师自我发展、自我超越。二中制定了"三年发展计划",提出了长远性和阶段性奋斗目标。学校实行了一系列措施,制定班主任提升计划;加强年级组权威;

开展“五好教研组”创建活动:要求每个青年教师都制定自己的读书计划和成长发展规划;学校和各处室签订“目标责任书”,并加强考核。鼓励教师参加各类教学竞赛,所以二中的教师屡屡在省内、国内优质课大赛中获奖。为教师设立多种奖项,如特别贡献奖、功勋教师奖、教学管理奖、优秀教研组奖、优秀班主任奖,使教师学有榜样,赶有目标。颁奖词则以真挚的感情去温暖教师。2010—2012 年教师节对班主任的颁奖词是这样的:“这是一支挑战自我、敢打硬仗、能创佳绩的队伍,这是一支让领导信赖、让家长放心、受学生爱戴的群体。课堂上,他们是教坛的生力军;课堂外,他们是学生心灵邀约的朋友。他们教书更重育人,勤恳奉献,严爱相济。百花园中,他们用心倾听花开的声音,努力让每一个孩子的梦想之花都能绽放。”二中的激励机制使一大批青年教师迅速成长,也出现了不少教育专家式的教师。

2. 学校要善于开发学生潜能

胡玉敏校长认为,孩子的潜力是巨大的,只要用适当的方法去挖掘去培养,那么每个孩子都会成为不凡的人才。如何开发学生的潜能呢?胡玉敏校长认为,老师要致力于实现学生的三个价值。一要实现学生的生命价值,让学生们尊重生命,珍惜自己的生命和别人的生命。二要实现学生的头脑价值。学生的头脑不是容器,他的头脑要学会思维,要学会创造,他的心智能力要得到发展。不仅把知识传递给他们,还要保持学生的“好奇心”和“独立思考的能力”,要开发他们大脑的潜能。三要实现学生的灵魂价值。灵魂价值的实现要靠德育和美育,德育使人的灵魂高尚,美育使人的灵魂丰富。

胡玉敏校长在《教师节抒怀》一文中写道:“我坚信,人的潜能巨大,每个孩子都能成才;我坚信,教育的真谛在于使受教育者灵魂转向;我坚信,唤醒和鼓励是开启心灵的钥匙;我坚信,失败是成功之母。”

在胡玉敏校长开发学生潜能的理念下,实现学生的三个价值、开发学生潜能的教育理念,已经深入体现在二中的教育教学中。“为孩子一生负责”“观念比方法更重要”“做一个富有教育智慧的老师”“情商大于智商,激情大于经验”“育人大于教书,人格大于金钱”“心态决定成绩,习惯决定命运”“学会做人,走向成功”,这些励志的话语常常出现在二中教师的言行中。

老师们想方设法激发学生潜能,帮助学生成长。二中的一些班主任对学生的周记非常重视,对学生的周记予以认真点评,有的仅评语就达一页多,感动了许多学生。一个叫李博的学生在周记里写了一首藏头诗,班主任不仅给予赞许,还为他和诗《李博有志》:“李杜文诗传千古,博学才智人仰慕。有心超越潜能在,志向高远展宏图。"学生深受感动。二中的老师就是这样善于发现学生的闪光点,让学生在被赏识和激励中把潜能开发出来。

(七)和谐发展理念

和谐就是营造一种高效、宽松的环境和良好的氛围,使广大师生员工能够心平气和地干事业、求发展。和谐学校主要表现为学校组织机构的和谐、教育环境的和谐、教师间人际关系的和谐、学生间人际关系的和谐、师生关系的和谐以及学校与家庭教育的和谐等。

胡玉敏校长认为,办好一所学校,学校的组织机构要和谐,特别是领导班子要团结。他认为:"上面裂条缝,下面破个洞。""互相补台,好戏连台;互相拆台,一起垮台。""不要与天斗,不要与地斗,更不要与人斗。斗来斗去没有赢家,两败俱伤,殃及学校,三败俱伤。要求同存异。"他坚持团结班子成员,做到了"摆正位置、民主集中、互帮互学、真诚体谅""干好工作不言累,摆正位置不越位"。胡玉敏校长认为,领导班子中,正校长管思想、出点子、出思路,副校长出方案、定制度、抓考核,处室主任管住人、管住事、抓落实。校长只需关注"搭班子、带队伍,建台子,引路子"即可。

胡校长非常重视教育环境的和谐,重视校园文化建设,发挥文化育人作用。抓好"有型"文化,精心设计布置校园,建设文化长廊;抓好学校"隐形"文化,即师生精神风貌,把微笑写在脸上,把文明落实到行为上。坚信文明不是传授、说教出来的,而是示范、身教出来的。

胡校长关注人的情感管理,致力于让二中成为师生温暖的家。胡校长对自己的要求是:"做人比做事更重要,做事比做官更重要,公心比热心更重要,学习比学历更重要,身教比言教更重要。"在他的带动下,学校形成了公平、民主、进取的氛围,教职员工与学生之间关系和谐,互帮互助、团结友爱、融洽相处。

二中青年教师感触最深的是领导对青年教师的特别关注,老教师对青年教师的传帮带;二中学生感触最深的是教师对学生的关心,同学之间的互助。青年教师陈敏在教师节发言时说道:"是这样一个温暖的集体,是这样一批优秀的老教师,为我树立了榜样!是他们的细心栽培,是他们的热心帮助,让我逐步走向成熟!"

二中教师对学生的爱令学生难忘。学生索璇在毕业感言中写道:"感谢我的老师们,你们教会了我知识,教会了我在这个社会上所应具备的素质。在这个大家庭中,无论成败都会感动。我相信当初选择二中是正确的。"二中学生之间的互助同样令人难忘,学生结对子、结成学习小组,互帮互学,共同得益。

胡校长非常重视家庭教育,认为素质教育的另一个主战场是家庭,主张校内校外一起抓。为此，学校成立家长学校，组建家长委员会，经常举办一些关于家庭教育方面的讲座。学校还编写了有关家庭教育方面的校本教材。多年来，二中坚持开好家长会，办好家长学校，学校开大会，班级开小会，每学期坚持三到五次。同时通过电话、走访、校讯通等做好家长工作。平时班主任借助校讯通平台和家长沟通学习方法、思想认识、家庭教育引导等，受到了广大家长的普遍欢迎。李功明老师说，他长期坚持把校讯通作为平台，向学生介绍学习方法，对学生进行励志教育和心理辅导，向家长介绍教育经验，班主任和学生、家长的关系非常好，他们班的学生亲切地喊他“老爸”。

二、学校标识文化

校训、校风、教风、学风、学校精神、教师誓词、校歌是一所学校的标识文化，是校园文化的灵魂，集中体现了学校的教育思想、办学理念、培养方向和育人目标。它们对学校办学行为有着独到的规范作用，对校园文化建设有着显著的积极作用，对学校精神品位的提升有着巨大的激励作用，也对教师和学生有着无形的凝聚作用。为此，二中非常重视，集中了集体的智慧，提炼出自己的校训、校风、教风、学风、学校精神、教师誓词、校歌等，使学校精神面貌为之一新。

（一）校训、校风、教风、学风

校训：明志、厚德、笃行、创新

校风：高雅、严谨、活泼、精进

教风：敬业、严谨、乐教、乐群

学风：乐学、善学、缜密、高效

1. 校训“明志、厚德、笃行、创新”解读

明志：语出诸葛亮《诫子书》：“非淡泊无以明志，非宁静无以致远。”“明志”指表明志向，树立理想。只有理想远大，目标明确，才能积极进取，自强不息。

厚德：语出《易·坤卦》：“地势坤，君子以厚德载物。”“厚德”即宽厚仁爱的心性与品德，蕴含着崇高的思想境界、高尚的道德规范。引“厚德”为校训，体现了二中以德育为首的人才培养目标。教育者要师德高尚，以德施教、以德治校、以德治学；学生要以德修身，与人为善，和谐相处，学会做人。

笃行：语出《礼记·中庸》：“博学之，审问之，慎思之，明辨之，笃行之。”“笃行”，踏踏实实地行动。要求师生身体力行、学以致用、知行合一。既要追求真理、善于学习，又要勇于实践，运用所学知识解决现实问题。

创新：创新是一种积极探索、不断开拓进取的精神状态。二中大力倡导学校要

有改革创新的精神。要求教师做改革创新的促进派和实践者，不断创新教学方法、教学模式。要求学生努力养成创新意识、创新精神、创新能力。学生要培养自由精神，思维活跃，自由驰骋；要培养浓厚兴趣，凡事都想探索新思路，钻研新方法，创造新样品。

2. 校风“高雅、严谨、活泼、精进”解读

高雅：指情操高雅，举止娴雅，心存雅趣，不同流俗，富有才学，享有声望。

严谨：指严密谨慎。要求教师在工作中严谨治学，精业勤业；要求学生严谨做事，有诚实、科学的求学态度。

活泼：指自由活泼的局面。一所学校办得好不好，能不能可持续发展，就要看它是死水一团，还是生机勃勃。学校要坚持以人为本，成就学生，成就教师，使学校形成和谐生动的局面；学校要更新观念，改革创新，避免墨守成规、不思进取。

精进：指精心专一，努力上进，开拓进取，拼搏攀登，为推动社会发展做出贡献。“精”有精确、精致、精美的含义，有科学、完美的意蕴；“进”是一种发展的状态。“精”“进”两者合用表达了追求完美的价值取向。“精进”体现了二中的不断进取、超越奋进的精神状态。

3. 教风“敬业、严谨、乐教、乐群”解读

敬业：出自《礼记·学记》中的“敬业乐群”。敬业精神是做好本职工作的重要前提和可靠保障。将“敬业”作为教风的第一条，就是要求教师工作中能有极强的责任心，恪尽职守，一丝不苟，通过平凡的工作来成就终生为之奋斗的教育事业。

严谨：指科学规范，认真负责，一丝不苟，要求教师在学习、工作中有严于律己、从严治学、从严执教等职业道德。

乐教：要求教师充分认识教育在我国现代化建设中的地位和作用，深刻理解教师职业的崇高和伟大，热爱教育事业和教师职业，坚定教育信念，弘扬以教为乐、自觉奉献的敬业精神。

乐群：指乐于与他人相处，乐于融入群体，乐于融入社会。它是一种积极的人生态度，体现了二中人的集体主义观念。

4. 学风“乐学、善学、缜密、高效”解读

乐学：指以学为乐，寓学于乐。源自《论语》：“知之者不如好之者，好之者不如乐之者。”兴趣是最好的老师，只有喜欢学习，乐于学习，才能激发起更强的学习动机。

善学：指学习不仅要勤奋，还要善于学习。“善”就是要掌握好的学习方法，灵活运用，要求围绕学习中的知识多想多思、巧想妙思，提高学习质量。

缜密：指对学习、对生活、对工作要严谨细致、精益求精，包括在学习的安排上要周全有序，能妥善处理学习中的各种关系。

高效：指高效率学习。高效率学习的特征是：学习速度快，学习方法科学，学习策略适当，学习质量高，学习有乐趣。二中将“高效”确定为学风，目的在于引导师生提高学习效率，减轻学习负担，以最少的投入获得最大的收益。

（二）学校精神

自信自强、乐于奉献、追求卓越

勇于拼搏、善于创新、博爱博学

二中学校精神解读：

自信自强：“自信”指要培育阳光心态，有坚信自己的信念，这样才有战胜学习上、生活上、工作上一切困难的思想基础，才会在工作、学习和生活中有勇往直前的精神。“自强”就是自我奋发图强，努力向上。“自强”一词见于《周易》：“天行健，君子以自强不息。”

乐于奉献：奉献指不计报酬的给予。教师乐于奉献，才能无愧于“学高为师，身正为范”的古训；学生乐于奉献，才能努力做好每一件事，认真善待每一个人，使自己成为栋梁之才。乐于奉献是人类永久的精神财富。

追求卓越：“卓越”的意思是“超绝出众”。追求卓越要求做事志在一流，做人止于至善，旨在激励师生不断超越自我，成就非凡事业。

勇于拼搏：以勇于拼搏作为校训，旨在激励每位教师要永葆激情，与时俱进，不断挑战自我，超越自我；强调每位学生要志存高远，从辉煌走向新的辉煌。

善于创新：指要打破常规，摆脱条条框框的束缚，用全新的思路来创造全新的业绩。一方面，二中在发展中努力体现创新意识，在政策允许的范围内，全力实现学校的跨越式发展；另一方面，鼓励广大教师在工作中要有创新能力，不墨守成规，努力形成自己的教育风格。鼓励学生在学习中要有创新思维，敢于使用新办法解决新问题，敢于对周围的事物发表自己的意见和看法。

博爱博学：“博爱”出自儒家“仁者爱人”的论述。“博爱”指普遍地爱世间所有的人。博爱以人为本，包括爱集体、爱祖国、爱人民、爱生命、爱大自然、爱文明进步、爱一切真善美的事物。“博学”出自《论语·子张》：“博学而笃志，切问而近思。”博学指作为学者首先要广泛地猎取，其次还要有博大的胸襟，兼容并蓄。具体到教育教学工作中，就是要求师生要深入广泛地学习，要有渊博的知识，博古通今、博采众长。

（三）教师誓词

我热爱我的事业，我因精神富有而自豪。我要做到为人师表，修身正德，敬业爱生，永葆童心。我热爱我的学生，我因爱心倾注而幸福。我要恪守有教无类，因材施教，博爱博学，创新发展。为二中的辉煌，为国家的强盛，为民族的复兴，我决心做到精益求精，德艺双馨，上下求索，矢志不渝。

二中教师誓词解读：

教师誓词是教师从业的宣言，是对教育的庄严承诺，也是教师从事教育工作的准则。教师誓词承载着教师对教育的理解，其核心是教育的理想和信念、教育的责任和使命、教育的行为和规范。

“我热爱我的事业，我因精神富有而幸福。”指教师要有强烈的责任意识，教育教学工作是需要全心全意去投入，容不得三心二意。教师工作不仅是一个职业，更是一个事业，甚至是一种信仰。

“我要做到为人师表，修身正德，敬业爱生，永葆童心。我热爱我的学生，我因爱心倾注而幸福。”指教师的师表和师魂。师表体现在思想政治、道德品质、学识学风等方面，教师要做到“学高为师，德高为范”，树立良好的职业形象。师魂体现为教师对学生真挚无私的爱。因为爱才会取得事业成功的乐趣；因为爱才会独具慧眼，发现每个学生的潜能，使学生迈向成功的人生。

“我要恪守有教无类，因材施教”，有教无类，是指对各类学生平等看待，都施以教育。因材施教，是针对学生的能力、性格、志趣等具体情况施行不同的教育。有教无类是态度层面，教师在教育态度上应该平等对待任何一个有机会受教育的学生，不应该区别对待，不应该顾此失彼。因材施教是方法层面，教师施行教育时应该方法多样，根据不同的学生选取不同的方法。

“博爱博学，创新发展。”博爱要求每位教师都胸怀爱国、爱民、爱生、爱教、爱校、爱家之心；博学要求每位教师都成为热爱学习、知识渊博、善于教学的学者型教师；创新发展要求每位教师应具有时代精神，坚持终身学习，不断提高自身的思想政治素养、业务素质和创新实践能力，与时俱进，开拓创新。

“为二中的辉煌，为国家的强盛，为民族的复兴，我决心做到精益求精，德艺双馨，上下求索，矢志不渝。”这是二中崇高的理想和目标，既着眼二中的辉煌，又放眼国家的强盛和中华民族的伟大复兴，德艺双馨从我做起，从现在做起，为实现远大理想和宏伟目标奉献自己的全部智慧与力量。

二中教师誓词比较贴切地概括了教师的专业素质与价值追求，有较强的感召力，彰显了二中对教师德艺双馨的期望和追求卓越的办学宗旨。

（四）校歌、道德歌

1. 校歌

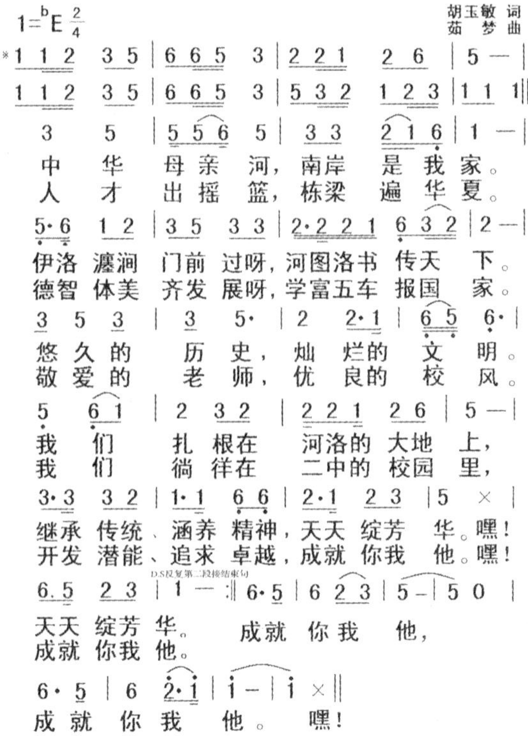

校歌解读：

校歌是校园文化的重要组成部分，是一个学校对内的号召和激励，对外的形象展示和宣言。

由胡玉敏校长作词、茹梦（本校音乐教师茹素芹的笔名）老师作曲的校歌，首先体现了二中人对家乡的热爱，对以洛阳为中心的河洛文化的热爱。在中华文明发展进程中，炎黄子孙在河洛大地上创造了辉煌的文化。河图洛书，夏商周文明，丝绸之路，隋唐大运河，以及儒、道、佛、玄学、理学，这些影响着中华文明乃至世界文明进程，是二中人的精神家园。

其次，二中校歌体现了学子对母校的热爱。母校有敬爱的老师和优良的校风，是成就学子梦想的地方，是开发学子潜能的地方，是体验成功的地方，是充满快乐温暖的地方。

再次，二中校歌体现了对学子的殷切期望。二中的学子应是德智体美素质全面的人才，应是胸怀祖国、报效国家的栋梁之才，同时也是开拓创新、生气勃勃、追求卓越的人才。

二中校歌是阳光之歌，既有果敢自信，又有温馨依恋，更有拼搏奋进，是一支凝聚正能量的自豪自强之歌。

2. 道德歌

道德歌解读：

二中道德歌对弘扬传统美德，增强道德意识，传递道德力量，倡导文明新风，展示学校精神风貌意义重大。由胡玉敏校长作词、茹梦老师作曲的道德歌，着重体现了二中人对中华传统美德的弘扬，尤其是对儒家文化“仁义礼智信、温良恭俭让”的倡导。

“仁义礼智信”为儒家“五常”，是中国儒家伦理的核心范畴，兼备了对个人心性品德与人伦关系规范的双重要求。“仁”是对各种美好的伦理道德的概括，它有一个核心，就是“爱人”，与人相处时，应做到融洽和谐。“义”，本指公正、合理而应当做的。“义”的精神，表现在为人光明磊落，公正公平，有恩必报，循理而行。

"礼"作为一种道德规范,要求人们在人际交往关系中要有恭敬、谦让的精神,保持人际关系的和谐顺畅。"智"即理智、智慧。智者不惑,就是要明辨是非,过有智慧的生活。智的道德内涵包括:知道遵道、利人利国、自知知人、慎言慎行、见微达变、好学知过、量力而行、居安思危等。"信",被儒家看做是做人的根本,是兴业之道、治世之道,强调无论上下左右关系,都要讲究诚信,言行一致,表里如一。孔子不仅提出"人而无信,不知其可"的思想,而且把"信"提到"民无信不立",以至宁死必信的高度。

"温良恭俭让",指温和、善良、恭敬、节俭、忍让这五种美德,是儒家待人接物的一种道德标准。"温","敦柔润泽谓之温",即"温和"的性格。"良","行不犯物谓之良",即"良善"的心地。"恭","和从不逆谓之恭",即"恭敬"的态度。"俭","去奢从约谓之俭",即"俭朴"的美德。"让","先人后己谓之让",即"礼让"的原则。"温良恭俭让"不仅是儒家的主张,也是我们中华民族所倡导的传统美德。古之儒者,孝敬父母,友爱兄弟,待人接物彬彬有礼,进退有度,敏于事而慎于言,就有道而正己身,孔子称他们是谦谦君子。

二中道德歌还体现了二中人建设和谐校园的思想。和谐校园有和谐的人际关系、和谐的校园文化,师生在和谐的教育氛围中愉快地工作学习、成长发展,校园就是师生幸福温暖的家。

(五)毕业歌(《凤园新歌》)

玉兰树,海棠花,凤园是我家。
老师慈爱同学亲,永远忘不下。
也有苦,也有乐,青春不蹉跎。
人生难得是缘分,珍重莫错过。
风也疾,浪也险,我们不怕难。
问君何时再相会? 高唱凯歌还。
天之涯,海之角,真情伴随我。
天涯海角隔不断,心儿永相连。

2013 届学生毕业之际,学校举行了首届毕业典礼。胡玉敏校长特意为毕业生撰写了毕业歌《凤园新歌》。学校音乐教师给歌词配上李叔同《送别》曲调,在当年毕业典礼上学生合唱。

解读:

"凤园",凤凰栖息之园。人们常说:"栽下梧桐树,自有凤凰来。"梧桐高大挺拔,为树木中的佼佼者,凤凰是鸟中之王,乐于栖息在梧桐树上。《三国演义》有这样的描述:“凤翱翔于千仞兮,非梧不栖;士伏处于一方兮,非主不依。”二中人希望将洛阳二中打造成一棵枝繁叶茂的“梧桐树”,引来优秀的教育资源,引来优秀的教师、优质的生源。二中师生犹如凤凰,将在这里涅槃重生,展翅高飞。

二中毕业歌突出了一个“家”字,这个家有人生最美的景、最纯的情、最真的爱。大家在这里相亲相爱,有苦更有乐。老师的教诲,同学的互助,是那么令人眷恋。莘莘学子在这里努力拼搏,收获的是丰富的学识、高雅的情操、进取的精神、无悔的青春。

毕业歌突出了二中精神。二中精神的精髓是不惧困难,敢于拼搏,坚忍不拔,自强不息。“风也疾,浪也险,我们不怕难。”未来的人生之路也许会遇到艰难坎坷,但二中精神将被学子们播撒到天涯海角。跌倒了,不怕,爬起来!失败了,不怕,通向成功的路千条万条!

二中毕业歌体现了母校对学子的殷切期望和对学子的牵挂,不管学子们走向何方,母校都牵挂着大家,期待着大家“高唱凯歌还”,精彩每一天,幸福每一天。

三、文化长廊

洛阳二中的校园文化长廊具有独特的育人功能,它是师生员工在生活、学习、工作中逐渐形成的,它以育人为主要目的,是二中道德情操、治学精神、文明风尚、人格力量、人际关系、文化素养和校园风貌的体现,是二中校园文化建设的重要内容。

学校无小事,事事皆育人。二中在文化长廊的布置上,注重从小处入手,从各个方位入手,让师生接受无声的熏陶。二中的标语、建筑装饰都有自己的特色。如:每座教学楼都有寓意深刻的楼名和诗意阐释;教学楼的外墙上,醒目地悬挂着胡玉敏校长等人写的励志横幅;行政楼长廊的办公室门口的标语牌体现着各个行政管理部门的工作内容和工作理念。这些都彰显着二中师生追求卓越的阳光风貌,诠释着二中拼搏进取的阳光文化。

(一)行政领导服务文化

1. 行政部门工作理念

(1)校长胡玉敏

高举服务大旗,遵循教育规律,
坚持改革创新,致力专家办学,
注重精神引领,追求内涵发展,
开发师生潜能,建设和谐校园。

(2)书记聂建萍

尽职尽责,敢于担当。
真爱至上,诚信亲和。
上善若水,润物无声。
知行合一,真善至美。
为每一位学生健康快乐的成长服务,
为每一位教职工健康幸福的工作服务,
为洛阳二中和谐快速的发展服务,
为实现中国教育梦尽自己微薄之力。

2. 教育思想理念

(1)励志三字歌

不怕慢,只怕站;说了算,定了干。
不打折,不偷懒;遇困难,敢亮剑。
好品德,做人本;好习惯,益终身。
知荣辱,知感恩;知因果,知恭谨。
讲诚实,讲责任;耍聪明,害人深。
学大忌,浮躁心;心沉下,学得进。
吃得苦,是进补;怕吃苦,一生苦。
高科技,双刃剑;用不当,害不浅。
静思专,远三闲;学一天,抵两天。
德智体,齐发展;方法对,乐无边。

(2)挖宝歌

人人都有三件宝,
时间、方法和大脑。
宝藏挖出来,人人能成才,
没有一个是草包。
觉醒吧,挖掘吧,
莫让宝藏白白浪费掉。
人人潜能无穷大,
没有一个是草包。

(二)楼名组诗

1. 励志楼名诗

齐贤楼

少年当自强，励志第一桩。
效法古先贤，囊萤凿壁光。
十年面壁苦，归梦状元郎。
近慕周总理，远学张子房。

注：“齐贤楼”典出《论语·里仁》：“见贤思齐焉，见不贤而内自省也。”

飞鸿楼

冲天一怒破长空，寒影当年锁五更。
漫道崎岖行路苦，万般磨砺玉君成。

注：“飞鸿楼”典出《吕氏春秋·士容》：“夫骥骜之气，鸿鹄之志，有谕乎人心者，诚也。”《史记·陈涉世家》：“嗟乎！燕雀安知鸿鹄之志哉！”

化育楼

最信树人陶冶功，和风细雨用柔情。
万般呵护滴滴暖，润物无声化育成。

注：“化育楼”典出《管子·心术》：“虚无无形谓之道，化育万物谓之德。”

明德楼

大学之道明明德，自古品行占首宗。
德艺双馨是渡岸，启开学海一帆风。

注：“明德楼”典出《大学》：“大学之道，在明明德，在亲民，在止于至善。”。

行知楼

摒弃惟书背记功，求学至道赖躬行。
知识能力双飞翼，实践创新事事兴。

注：“行知楼”典出曾国藩《送唐先生南归序》：“博求万物之理，以尊闻而行知。”

励志楼

自古书山只一题，三更灯火五更鸡。
悬梁刺股终须拜，侥幸成功是子虚。

注：“励志楼”典出苏轼《晁错论》：“古之立大事者，不惟有超世之才，亦必有坚忍不拔之志。”

三省楼

修身自古用三省，曾子圣言座右铭。

日日细察行语处，品学优秀自成功。

注：“励志楼”典出《论语·学而》：“吾日三省吾身。为人谋而不忠乎？与朋友交而不信乎？传不习乎？”

上述楼名诗由胡玉敏校长创作。

四、二中的团队文化

打造阳光校园，必须依靠团队的力量。因为当我们满怀真诚地去工作时，往往会碰到教育教学工作中的困惑，个人的力量是单薄的，集体作战才能攻坚。在这种理念的引导下，一个具有特色、富有活力的团队应运而生。

（一）二中团队网络

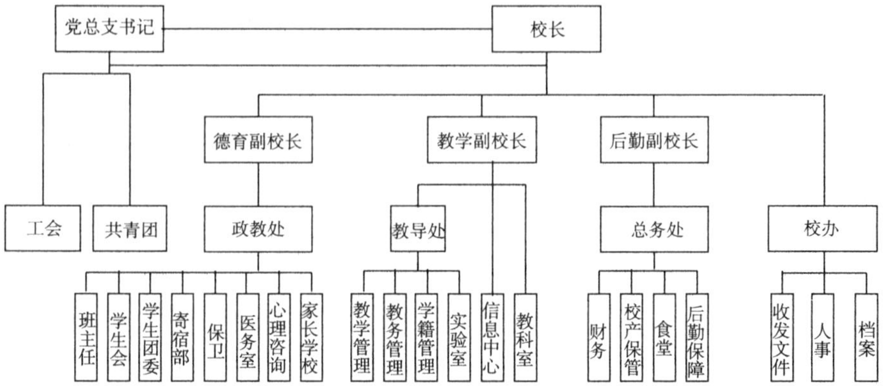

图2　二中团队网络图

从图2可以看出，从领导到各个处室，责任明确，分工合作，全校上下一盘棋。校长处于学校管理系统的核心地位、领导地位和决策地位，是学校办学方向的引导者，教育方针、政策的贯彻者，师生员工的教育者，人际关系的协调者，学校运转的组织者。党总支书记主要负责党建和工会、共青团工作等，职责主要是配合校长做好学校的各项工作，使党建和教育教学能够紧密地结合在一起。副校长具体分管一个方面，不推诿，尽职责，共同推进学校教育事业的发展。

二中一直致力于学校的民主管理，通过抓教代会的规范化、老中青教师分别进行的提合理化建议活动、校务财务的公开、教师论坛和管理制度规范化等多种形式，来推进学校民主管理。在管理中推行“阳光工程”，做到决策民主和科学。校长、书记不是高高在上，而是深入实际，积极加强与教师的对话和沟通；学校班子勤奋团结、求真务实、配合默契、关系顺畅；全体教师人人有“主人翁”感，人人关心学校发展，人人关注学校建设。二中已经形成人人为学校的发展、人人为个人事业的成功而拼搏的阳光团队。

（二）团队的文化内涵

二中注重团队的文化内涵建设，积极建设具有奋发向上、开拓创新精神的阳光团队。二中在团队内涵上追求卓越，追求精神引领。二中团队的内涵建设主要从以下几方面实现。

1. 让“办学理念”成为团队内涵发展的航标

一所学校要有好的团队，必须具有科学的办学理念。洛阳二中秉承“坚持改革创新，致力专家办学，注重精神引领，追求内涵发展，开发师生潜能，建设和谐校园”的办学理念，引导学校、教师、学生的良性发展，并体现为学校的校风、教风、学风，激励师生员工努力奋斗，从而实现“市内一流，省内知名的优质特色高中”的总体办学目标。

2. 让“文化建设”成为团队内涵发展的丰厚底蕴

文化建设是一所学校的灵魂，是学校内涵发展的本质所在，学校的高楼大厦和管理的规范化并不能体现其存在的价值，文化底蕴深厚程度及文明传承的历史才真正体现出其存在的全部意义。

综合看，二中文化建设从以下几方面实现：

（1）注重学校精神文化建设，增强学校凝聚力。精神文化建设强调要与学校办学理念相统一，大力倡导严肃认真的工作态度，敢于争先的进取意识，爱岗敬业的师德风范和艰苦创业的奋斗精神。

（2）注重制度文化建设。制度文化是学校文化的重要组成部分，是学校发展的动力系统。办学行为的规范、教育教学工作的有序运行与创新，都必须依靠较为完善的制度体系。制度文化又是学校的基础文化，也是学校内涵发展所必需的内容。二中在制度文化建设过程中追求制度要健全合理，要体现严肃性，要体现延续性，要以人为本，要因事因人而异；要善于用制度规范人，保证学校有一个健康的工作秩序；要善于用制度激励人，以调动和保护教职工的积极性；要善于用制度培育人，以增强教职工的遵纪意识、守法行为。

（3）注重环境文化。环境文化是学校文化的有形载体，是学校内涵的外在表现。二中在建设过程中坚持“以人为本”，不断对学校的环境文化进行整体规划。坚持环境文化建设的“文化品位、人文精神和时代气息”，力求“突出特色与个性，突出人文与科学”，努力融情感陶冶、人文关怀、生命价值于其中，以适应时代对学校环境文化生命性的要求。重点进行了两方面建设：一方面努力改善办学条件，建设“整洁、规范、和谐、文明”的校园；另一方面在基础设施的建设中，准确把握学校文化建设方向，坚持文化和时代性相结合，实现“让每面墙壁说话，让每个角落育人”，让“激励、关爱、和谐、文明”在整个校园里“无处不在、无时不有”，真正实现环境育人，催人奋进，鼓励创新。

（4）让“教师的成长”成为学校内涵发展的基石。教师的发展是学校内涵发展的基础，是促进学校和学生发展的关键因素，是学校内涵发展的主要积淀者。没有教师的发展，学生的发展就成了无源之水、无本之木；没有教师的发展，学校的发展也失去了有形的支撑，成了空中楼阁。

二中在教师发展方面主要从两个方面入手：

第一，加强校本培训工作。构建“2＋3”教学模式，积极推行这一高效的教学方法。采用了“抓全员培训，重骨干示范，促整体提高”的方法提高教师素质；深入调研，进一步丰富和完善“分层互动、研训一体”的校本研修模式，有效推动教师个性发展；洛阳二中引领教师读书，举办“校内百家讲坛”、青年教师成长沙龙等活动，让教师在教研中成长；创办校刊《日新》杂志，鼓励教师发表教育教学论文。二中“校内百家讲坛”已经形成了固定的组织方式，每学期学校安排骨干教师作报告，每周全体教师例会前由一位老师讲20分钟到半个小时，内容上不拘一格，可以是教育理论、班级管理经验、教学方法、学习心得等。这种方式大家喜闻乐见，比只有领导在会上讲大道理的效果要好得多。

第二，加强对骨干教师的培养工作，以不同类型的教研会及优质课评选活动为平台，以各种“教学新秀”“能手”评选活动为契机，开展卓有成效的培训提高工作，发挥骨干教师的辐射示范作用，打造名师。

第三，关注教师的快乐和幸福。提升学校品位的真正出路，就是要唤醒每一位教师的生命潜能，激活教师的个人愿景和主动发展的意识，让教师在成就学生的同时成就自我。只有当教师个体的热情被唤醒，学校教育改革才能真正实现。

洛阳二中在关注教工生活、身心健康、个人发展方面做了很多工作。为了让教师成为学习型教师，让教师养成读书的习惯，提升素质，学校给老师们统一购置了很多图书，学校团委每学期还组织两次青年教师读书会，结合某一本书或几本书谈自己的阅读体会。

3. 让“德育活动”成为学校内涵发展的活力

德育活动是推动学校内涵发展的重要途径和有效方式。二中师德教育十分注重精神引领。二中领导深知学校抓好了教师的精神引领和专业发展，学校就会健康快速地发展。在教师没有职业认同感和幸福感的校园里，学生不会好到哪里去。当学校把教师放在第一位的时候，教师也会把学生放在第一位。

洛阳二中着力引导教师把教育事业提升到这样的境界：教育本身是快乐的，这种快乐不是升官、发财，不是获得什么职称，而是真正深入孩子的心灵，收获信任、收获感情；教育是快乐的事业、有激情的事业、幸福的事业、有价值的事业。每年教师节，学校都有一个特别的庆祝主题，升华教师的职业情感，如“做一个学生喜欢的老师”“做一个富有教育智慧的老师”“做一个勇于改革和创新的老师”。在这种氛围下，二中形成了乐业敬业的氛围。

胡玉敏校长认为，很多学校都有个别老师失去工作激情：忠实地把书本知识传授给学生，不至于误人子弟就行；只在本学科内部打转，不考虑深层的教育问题；迫于生活和制度的压力，不择手段地追求学生的高分……对一个从事着塑造人这一崇高职业的教师来说，如果他的动力不是来自热爱，而仅仅是来自压力，这样的塑造，其结果肯定是十分可怕的。教育要引领唤醒教师的职业幸福，让教师把教育教学当作快乐的事来做，才能真正提高教学质量。

提升学校品位的真正出路，就是加强德育活动和精神引领，唤醒每一位教师的生命潜能，激活教师的个人愿景和主动发展的意识，让教师在成就学生的同时成就自我。正如二中一位老师所说：“我在这里教了十几年学，以前感觉累死累活、尽心尽力，可就是不出成绩，其他学校的同行问二中的高考成绩，我都不好意思说。”而现在他的感觉是“忙碌并快乐着，充实并幸福着”，每天都充满着创造的激情和对成功的期待。

4. 让“教学及科研工作”成为学校内涵发展的动力

教育教学是学校存在的基础，教育科研是学校内涵发展的不竭动力。二中在教学及科研方面主要抓了以下工作：

第一，加强对常规教学工作的过程管理：抓好备课、上课、批改、辅导、考核等工作；强化校级领导听课、评课、指导工作，要求深入教研组指导教师教研工作；强化课堂巡查，建立课堂巡查制度，制定巡查记录，确保教师正常授课；强化常规检查，包括定期和不定期检查，使教学过程得到有力保障。

第二，下大力气开展教育科研活动，为学校内涵发展提供支撑点，加强过程管理，重点做好以下工作：一是抓好课题承担教师的培训工作，提高教师课题实践能力；二是开展好“小问题、大教研”活动，建立好教科研工作的切入点；三是开好各种教研会，给教师提供展示教研成果的舞台，促进教研活动的良性发展；四是抓好教师的教研日常实践工作，并及时做好实践材料的收集整理工作、阶段总结工作，以确保实践成果的积累和完善。

魏利波老师是2007年来到洛阳二中的。他说，学校采取了种种措施“逼”你成才：学校针对青年教师的专业成长采取了很多措施，如新教师岗前培训、汇报课、展示课、演讲比赛、优质课大赛等，实行“师带徒”制，给青年教师定目标、压担子。其中，最能促进青年教师成长的是学校领导随堂听课制度。这种听课制度对青年教师帮助很大，课堂中暴露出的问题，学校领导和教研组长都会坦诚、及时地指出来，并帮助青年教师一起寻找改进的办法。

二中校领导说：“通过各项制度的实施，要让老师们感受到，学校的一切工作都是以教学为中心的，教师专业成长的途径主要在课堂上，教师职业的价值也主要体现在课堂上。”

二中的团队以塑造阳光般的心态和人生智慧为己任，以用真爱和真知为学生的幸福人生奠基为目的，构建了一支让人感到光明、温暖、健康向上的、充满希望的教育团队。在这个团队里，二中教师既有拼搏远航的斗志，又有和谐快乐的心态。

五、二中的考核评价文化

考核评价，就是通过系统的方法来测量和评定教职工在岗位上的工作行为和工作效果。考核评价不仅为教职工评优、晋级等提供了依据，同时可以让教职工了解自己的优势、不足和今后努力的方向，也可以为管理者和教职工之间架起一个正式的沟通桥梁，促进相互理解和协作。绩效考核既是一个指标体系，也是一个控制过程，最终的目的是让每个教职工有明确的工作目标和奋斗方向，能在其所处的位置上发挥出应有的作用，促进工作质量的提升，促进学校的可持续发展。二中为了发挥考核评价体系的作用，在考评原则和考评机制方面下了不少功夫。

（一）考评原则

二中的考核评价体系由教代会表决通过，着重把握了全面性、科学性、客观性、民主性几个原则。这几个原则关注评价的客观公正，关注教师的成长发展，是一种科学全面的激励评价。

1. 全面性原则

教师考评信息要从广和深的层面反映教师教育教学工作的全貌，主要考核教师履行法定的职责，以及完成学校规定的工作任务的实绩，包括教师职业道德、教育教学以及从事班主任工作等方面的实绩。

二中采取定性评价与定量评价相结合的方法，广泛地、充分地、全面地占有评价信息，对教师的基本素质、工作过程和绩效进行准确全面评价。在评价时，根据员工的总体表现，一般采用先定性后定量的方式。专职教师根据政治思想素质、师德师风、出勤、工作态度、工作能力、常规教学、教学成绩与教学效果，行政人员根据政治思想素质、师德师风、出勤、工作态度、工作能力、服务水平与工作绩效，先进行定性分析，然后进行定量分析。

2. 科学性原则

科学性指教师考评要符合教育教学规律和人才成长规律，符合素质教育要求，考评内容标准明确具体，考核指标可评可测，考核评价体系完善。二中在评价中追求准确性与可操作性、规范性与科学性相结合，努力做到对教师的评价合理全面。

3. 客观性原则

客观性要求教师考评必须符合教育教学规律和教师职业特点，实事求是。二中在考核中注重了三点：考评内容指标要求实，考评过程要求是，考评认定结果要求真。如分数统计时，考核小组参考教导处提供的期中、期末考试成绩以及相关人员平时的工作表现按照考核要求考核打分。评委数超过20人者去掉两个最高分和两个最低分，评委不足20人者去掉一个最高分和一个最低分，考核结果提交考核领导小组审核确定，以保证考核结果务真求实。又如教学成绩一项，以五校联考或全市统考为准，教导处负责成绩分析，至少提前一天提供给考核小组成员，并接受全校教师的监督和考核小组成员的咨询，切实保证教学成绩考核实事求是。

4. 民主性原则

教师考评行政化和简单化不利于学校健康发展，要建立起民主性的考评组织，注重考评透明公开、实行民主等。考核结果突出公开性。

二中为保证考核的民主性，十分注重考核时的广泛参与。首先，为此组建了业务量化考核领导小组对全校职工进行考核。考核小组由常务成员和其他成员组成。常务成员由校级领导（含党总支委员）、教导处主任（正、副）、年级主任组成。考核小组的其他成员由中层干部3人、教研组长5人、教师代表3人（每年级1人）组成，均从相关人员中抽签产生，每年抽签一次。其次，组建了过程评价小组，成员由校级领导，教导处正、副主任，年级主任组成。再次，组织了服务对象代表进行考核，服务对象代表由教研组长、年级组长、班主任、中层以上干部组成。最后，组织年级组、行政人员互评。这种考核，参与人员广泛，保证了考核的民主性。

上述四项原则具有内在的联系性和统一性，二中从实际出发，逐步完善了教师考评体系，以科学、合理的考核体系凝聚了教职工的心劲、干劲，这齐心合力的正能量促进了二中教育质量的不断提高。

（二）考评机制

二中考评机制主要包括导向机制、评价机制、奖励机制等。这些机制，关注教师成长，激励教师发展，帮助教师成功，是实施开放互动管理的动力。

1. 目标明晰的导向机制

目标导向是学校对教师所期望的努力方向、行为方式和应遵循的价值观的规定。二中《教职工业务量化考核方案》《业务量化考核加分计分标准》就起着积极的目标导向作用，它们使每一位二中人都有了清晰的发展的目标。我们以教学人员考核为例（见表1）。

表1　教学人员业务量化考核方案（提纲）

一、政治思想素质、师德师风（20分）		
二、出勤（20分）		
三、工作态度、工作能力、服务水平（20分）	学历（2分）	
	工作量（8分）	
	落实教学常规（10分）	备课与教案（2分） 听课与评课（1分） 作业布置与批改（1分） 教学过程与教学管理（4分） 培优补差与落实课改（2分）
四、教学成绩与教学效果（40分）	1. 过程考核（20分）	（1）期中考核（10分），分ABCDE五等 （2）期末考核（10分），分ABCDE五等
	2. 学期考核（20分）	分ABCDE五等。

从表1可以看出，在教师考核中，学校既注重德育，又注重教学基本素养和教学研究能力的提升，尤其注重工作成效。这样的考核内容目标明确，操作起来实际可行，对教师如何确定自己的专业发展目标会有一个非常明确的导向。

2. 公正客观的评价机制

二中的评价机制是多元评价，即把同行评价、学生评价、领导评价结合起来，使教师能从多渠道、多角度获得改进教学行为的信息，不断提高自身素质和教学水平。评价方式上既有即时性评价、形成性评价，又有终结性评价；评价内容上既有教育教学能力的评价，又有师德素养的评价。

3. 体现个体价值的奖励机制

富有激励性的教师考评机制对落实绩效工资，激发教师工作积极性和创造性，促进教育教学工作的良性循环具有重要意义。

“评优”是工作考核的延续，是促使教师自我激励与目标激励的有效方式。学校建立了《业务量化考核加分计分标准》，以体现教师的人生价值为目的，为不同层面的教师搭建成功的舞台。

参加竞赛课、公开课加分标准，实施竞赛辅导加分标准，课题研究、撰写论文论著加分标准，获得荣誉加分标准，从事班主任等学生教育管理工作加分标准，超工作量计算标准等一系列标准的制定和实施，一方面使优秀拔尖人才能够脱颖而出，使教学科研和管理骨干真正地感到“天生我材必有用”，一方面也使班主任、教学一线老师等一大批兢兢业业工作的人获得认可，使之从工作中得到成就感。

二中的教学人员业务量化考核加分计分标准，通过多种途径激励教师努力工作，对鼓励教师安心于学校生活，激励教师认真做好教学工作和提高业务水平，起到了至关重要的作用。

洛阳二中近年来在“教书育人”“管理育人”“服务育人”“环境育人”等方面取得了显著成效，这些都和文化育人分不开。人才培养的最高境界是营造一种文化，一种无处不在、润物细无声的良好文化氛围。二中的“文化育人”把学校的文化精神烙在教师和学子的心上，在师生的思想理念中注入尚德、责任、包容、感恩、进取、良知、诚信、公平、谦虚、勇敢、创新等美德，并内化为一种健康向上的意识，让人们在核心价值观的选择中有所为、有所不为，从而使个人得以成长，学校得以发展，走出了一条特色教育之路。

第二节　精神引领

一、聂建萍书记的工作感悟

洛阳二中近几年来，通过全校党员干部、广大师生的努力拼搏，学校发生了巨大的变化，教育教学质量显著提高，社会声誉与日俱增，这些成绩的取得是二中人精诚团结、永不言弃的结果，是二中人以人为本、追求卓越的智慧结晶，更是二中党总支围绕中心抓党建、求真务实促发展的有力见证。

洛阳二中为何能最大程度地调动广大教师干事创业的积极性？为何能围绕教育教学把党建工作开展得有声有色？二中书记聂建萍认为近几年二中的发展，从根本上讲是解决了人的问题。班子团结配合，中层干部认真务实，教职工积极进取。

（一）抓班子，筑建核心

首先，加强学习，用科学发展观武装头脑，统一认识，创新工作方法，提升每个成员的素质、能力。其次，加强团结，会上畅所欲言，集思广益，可谓"君子和而不同"。一旦形成决议，会下，铁板一块，一个调子唱到底。几年来，在胡玉敏校长的带领下，班子成员真正做到了相互信任与支持、相互理解与包容、相互补台与协作，赢得了教职工的高度信赖，极大地提高了班子的核心力、凝聚力和战斗力。

（二）抓人心，精神立校

"人心齐，泰山移"。对学校管理而言，精神引领远远大于制度规范，抓住了人心，就抓住了根本，我们的做法是：

第一，建设学习型党组织、学习型学校。倡导"做学习型教师，同学生一起成长""学习就是工作，学习就是生活"的理念。引导大家反复领悟"校兴我荣、校衰我耻、人以校显、校以人名"的道理。将"科学发展的创新精神、默默奉献的敬业精神、敢为人先的率先精神、荣辱与共的团队精神"作为学校党支部的主流精神。

第二，坚持以人为本。尊重教师，理解教师，信任教师，依靠教师，抓实抓好。人的因素是第一，班子的领导力、执行力取决于教职工干事创业的积极性、创新力。让教职工最大化地参与民主管理，在分房、职评、推优、评先等大事上，坚持民主、公平、公正、公开原则。

第三，坚持创建快乐二中。党总支指导工会、团委为增强教职工的工作快乐感、幸福感，减少工作怠倦情绪、释放工作压力、强身健体，从而积极开展文体活动和帮扶活动，如组织红色考察、拓展训练、运动会、元旦汇演、慰问活动等。

第四，坚持创建和谐二中。二中党总支非常善于与教师沟通，树立正气，鼓舞士气，增强斗志。“情理交融”的沟通，再难的事容易了，再复杂的事简单了。起到了事半功倍的效率，达到了密切干群关系的效果。实现了互尊互爱、互帮互助，真诚相待、体验大家庭温暖、感受团队力量的良好氛围。

（三）抓队伍，强化素质

一抓中层干部队伍。坚持中层干部竞聘上岗，坚持中层干部定期述职评议机制，充分发挥他们的聪明才智、创新精神。

二抓党员队伍。不断强化党员的模范带头作用，加强理论学习、岗位练兵，加强基层支部组织建设，坚持“三会一课”“党员评议”制度，适时评选优秀党员。

三抓教师队伍。坚持把师德师风建设作为一项重要工作来抓，向社会、家长和学生公开由每个教职工签名的师德师风承诺书，每学期组织一次师德、师风评议，并评选出师德、师风标兵。

（四）抓协调，统筹兼顾

学校工作千头万绪，党建工作就要抓协调，一项工作可以获取多项成果。比如，我们把党建工作与科学发展观相结合，与创先争优活动相结合，与廉政文化建设相结合，与师德师风活动相结合，与教师队伍建设相结合，与校本课程研发相结合，与创建文明城市活动相结合，与办特色学校相结合，获得了统筹兼顾的效果。

（五）保中心，求真务实

抓班子、抓人心、抓队伍、抓协调，一切的一切都是围绕一个中心，那就是以教学为中心。聂建萍书记在多年的工作中，体会最深的是一定要围绕教学中心开展工作，把党务工作做实、做活、做细、做到家。有为才能有位，才能保障基层党组织的核心力、战斗力、创新力和凝聚力，才能使学校更快、更好地发展。

二、人文关怀文化

教师的素质、情感、凝聚力是学校发展的核心竞争力，抓住这些方面的人文关怀，就能使教师走向成功，进而收获成功的学生、成功的学校。

聂建萍书记喜欢也善于做群众工作，常常把老师的事当作自己的事，老师们也把她当成自己的“依靠”。如何在教师工作压力大、责任大的情况下，消除教师的职业怠倦和心理焦虑？如何凝聚人心，使教师以愉悦的心情、强健的体魄愉快地投入教育教学工作中去？聂书记的体会主要有以下几点：

（一）健全评价制度，使教工在民主竞争中感受公正公平

洛阳二中让教工最大化地参与学校民主管理，通过教代会不断完善《业务考核方案》《高考奖励办法》《破格推荐优秀教师方案》《职评中的特殊加分》等规章制度。制度的健全完善使教工明确了工作目标，增强了工作动力，减少了工作中的怨气与摩擦。

学校实行中层干部竞聘上岗、班主任聘任、任课教师聘任、优化组合、层层负责的用人机制。真正打破了“铁饭碗”，出现了“事事有人干，人人有事干”的良性效应，有效地调动了教工的积极性，激发了全体教职工的使命感、责任感和危机感。

学校还建立、健全了评价机制，实行定性与定量、过程与结果、自评与互评、领导评议与核心评议相结合的评价模式，对教职工进行德、能、勤、绩的综合考核；对年级组、教研组、备课组，对班主任、任课教师，进行捆绑考核。这一改革激发了教职工的积极性、主动性和创造性。

健全的制度，使教工在民主竞争中感受到关怀，出现了教职工公平竞争、敢于竞争、善于竞争，在竞争中追求质量、追求高效、追求发展的可喜局面。

（二）关心职工生活，使教工在各类活动中感受温暖

二中党总支重视在各种活动中和教工进行情感沟通，重视对教师的真心关怀，耐心扶助，使全体教工在环境上顺心，生活上安心，业余时开心，工作上尽力。能够自觉地心往一处想，劲往一处使。班子成员天天早上班，晚下班，“走出办公室，深入教师中”，知教师之所需，急教师之所急。

在日常工作中，以文体活动为载体，为教职工做实事、做好事。积极开展教职工趣味运动会、跳绳比赛、篮球赛、冬季长跑等活动，设立团体奖和个人奖。鼓励每天积极参加活动的老师并进行奖励。每两年举办一次教职工元旦汇演。办公室贴着标语：“忙并快乐着！”“心好一切都好！”

定期对全体教师进行体检，每学期一次健康讲座，为教师购买责任保险。建立喜庆（婚庆、生子）制、生日祝贺制、有病住院慰问制、上学与工作帮助制、家庭困难补助制等制度，知教师之所需，急教师之所急。只要有教职工或亲属有困难、生病

住院、婚丧嫁娶的情况,都会第一时间去帮助、慰问或祝贺,送温暖、送关爱,解除教师后顾之忧。

二中的在校老师说,为了增强体质,每天下午,学校规定全体教工都要到操场跳舞,由专人考勤,出勤率高的老师学校还给予奖励。

二中的退休教师说,学校非常关心他们的晚年生活,组织他们旅游、参加趣味运动会,还设置专门活动室让他们开展文艺活动。现在他们每周一到学校唱歌,每周四到学校跳舞,非常开心。每逢生日,学校还会送生日蛋糕。

(三)关注教师发展,使青年教师在成长中感受关爱

一所学校要想持续发展,必须关注青年教师的成长和发展。青年教师是未来教育改革与发展的希望。青年教师的快速成长对学校、对社会的发展至关重要。聂书记认为,学校领导应该为青年教师的成长提供帮助,为青年教师持续发展提供动力,为他们搭台子、架梯子,促进他们快速成长。学校应该成为青年教师事业的加油站和助推器,成为青年教师心灵的栖居地和避风港,成为青年教师人生的幸福家园和快乐源泉。

聂书记认为,对青年教师的精神引领特别重要。她说,作为书记,自己扮演了两个角色,一是领导角色,二是知心姐姐甚至是长辈的角色。在青年教师的业务提升、理想、信念、价值观、人生观等方面对他们进行引导,在个人生活、夫妻关系、孩子教育等方面为青年教师进行辅导。青年教师遇到困难需要倾诉,遇到一些现实问题(如评先、推优、排课矛盾)需要帮助,遇到工作状态不佳、懈怠等问题需要关心,聂书记通过私下沟通,帮助青年教师排忧解惑,通过讲座、青年教师成长沙龙等形式,帮助青年教师树立远大的理想。引导大家成就学校就是成就自己,要把促进学校发展和实现个人价值相结合。引导青年教师要有高尚的道德,做阳光健康的老师。只有阳光健康的老师才有阳光健康的学生。引导青年教师要有坚定的信心、渊博的知识、强健的体魄、完整的人格,引导青年教师要勇于担当,要敢于拔尖。几次讲座对年轻人触动很大,现在年轻人的整体风貌是阳光进取。

(四)树立先进典型,使教工在激励中感受关怀

二中党总支在“和谐+竞争”的大框架下,大力实施“先锋”工程,让一批批专家、一批批名师、一批批教坛新秀在二中肥沃的土地上诞生。

为了使教师尽快地脱颖而出,学校先后出台了“校长特别奖”“功勋教师奖”“杏坛奖”“教坛新秀奖”的评选方案。每次评比,都通过平时常规检查与定期考核相结合的方式,动真碰硬、双管齐下、重视过程、更看结果,努力做到有章必循,违章

必究，奖勤罚懒，奖优罚劣，使工作勤奋、业绩突出者，有甜头、有奔头，使工作马虎、业绩平庸者，有苦头、猛回头。让他们明白不进则退、有为才能有位的道理。几年的表彰，树立了正气，鼓舞了士气，增强了斗志，呈现了比学赶超、事事争先、人人争优的势头，全体教职工干事创业的积极性空前高涨。专家型校长胡玉敏，勤政廉政、率先垂范、善于学习、敢于创新；特级教师、省教育专家程文，认真治学、锐意改革；青年教师陈敏、李凌等，朝气蓬勃，成长迅速。他们像一面面旗帜，不断激励和引领着这个优秀的团队前进。

学校党总支通过丰富的活动，，进行合理的沟通，实现互尊互爱、互帮互助、真诚相待，让教工体验大家庭的温暖，感受团队的力量。近些年，二中申请入党的教师越来越多，不仅是年轻人，中老年教师也在增多。近几年，在保证发展质量的前提下，二中每年都向机关党委申请追加入党人数，这种现象充分反映了二中党总支在群众中的威信和魅力。

三、境界提升文化

（一）走出去，阔眼界

“百年大计教育为本，教育大计教师为本”。建设一支高素质的教师队伍，是实施素质教育、培养合格人才的基本条件。随着社会的发展，教师队伍正在逐步优化，“走出去”的学习方式能增长见识、开阔视野，能将先进的教学理念和教学模式引入学校，提升教师的专业水平。

为使学校教师开阔视野、更新观念，打破传统思维模式，洛阳二中不断组织教师外出参观，交流学习。外出学习，使教师们领略了外面世界的精彩，也促进了教师的成长。

（二）让教师把工作当作快乐的事业

二中领导时常思考这样一个问题：到底什么对教师比较重要？二中领导认为，教师快乐的工作心境很重要，学校应该是精神的乐园，应该以精神引领精神，以灵魂启迪灵魂。

按照心理学家马斯洛的需要层次理论来分析，当代教师大多追求的是高层次的需要——被尊重、理解以及自我价值的实现。二中努力使全体教师体验到做教师的尊严和做优秀教师的责任，进而精神升华，享受事业的快乐。具体做法如下：

首先，通过开展各种教师群体活动，使教师体验快乐，增强凝聚力。学校定期组织教师开展各项体育活动。工会每天下午到操场上对锻炼的老师进行记录，定期对坚持锻炼的职工给予奖励。学校还定期组织教师进行排球、篮球、跳绳、拔河、踢毽子比赛等,让每一位教师都有健康的体魄和愉悦的心情。实践证明,教师愉悦的心情和快乐的生活,就是学校健康发展的第一生产力。

其次,让教师在教育教学创新中体验快乐。教师产生职业怠倦的主要原因就是工作机械重复、固步自封,教师教得苦,学生学得苦。二中推崇孔子的做人之道和做学问之道:做人的最高境界是"仁",做学问的最高境界是"乐"。二中从不提倡"苦学",而是提倡"善学""乐学";从不提倡教师苦教,而是提倡"乐教""巧教"。要实现"乐教",关键是要创新,不能墨守成规。

二中的办学目标就是把学校办成教师快乐工作、幸福成长的乐园,通过成就教师来成就学生,引导教师追求自我价值的实现,把学生成才、学校发展和教师自身发展、生活幸福结合起来。教师成长了,教学质量的提升就会顺理成章。

张守明老师倡导创建快乐班级,要求学生进教室的时候面带微笑。学生在快乐中学习,在快乐中成长。

二中的"快乐"工作理念使教师避免了职业倦息,形成了"我工作我幸福,我创造我快乐"的和谐气氛。李功明老师为此创作了两首"三句半":《快乐二中》和《全家幸福全家旺》。

快乐二中

二中今年五十八,百花园里一奇葩。久负盛名人仰慕,是我家!
快乐二中是我家,一代一代铸就她。优良校风接力赛,再出发!
快乐二中众口传,牡丹樱花广玉兰。鸟语花香人更美,春满园!
快乐二中大家建,团结拼搏讲奉献。遇到困难怎么办?敢亮剑!
快乐二中大家建,课改实践冲在前。硕果累累出新秀,不一般!
快乐二中闪光辉,百姓赞誉好口碑。高考年年创佳绩,不靠吹!
你追我赶莫等闲,敢拼敢冲不怕难。为了实现中国梦,再加鞭!
文明二中大家建,建设文明好家园。喜看桃李遍天下,笑开颜!

全家幸福全家旺

喜迎新年乐开怀,欢聚一堂怎表白,想说三句半少一人,我来!
东西南北咱不夸,单表二中一枝花,满园春色关不住,美啊!
二中校园美如画,画中走出你我他,妙手织出锦绣缎,添花!
新楼建筑要竣工,竞赛喜报满园红,人人添上一块砖,加瓦!
二中大门朝南开,优秀学子涌进来,旧貌新颜人羡慕,哇噻!
硬件软件咱都上,教学优先树榜样,走出低谷登高楼,有望!

高三调研成绩佳，高二期考魁首拿，高一突破百人关，牛哇！
师生心往一处想，党员表率示范岗，咋就不见咱的头，前方！
家长学校开课堂，讲座是咱大班长，理念更新化代沟，真棒！
教师培训出花样，理念身心都要强，精神振奋高歌唱，真爽！
二中有荣咱有光，二中强盛咱舒畅，和睦相处礼相让，缘分啊！
全家欢聚喜洋洋，心想事成福缘广，全家幸福全家旺，辉煌！

学校精神是学校整体面貌的体现，是学校生存和发展的动力源泉，也是学校成熟度和内涵的鲜明写照。一所有特色的优秀学校，总能使人感到一种奔涌着的、富有生命力的东西不断撞击着师生的心灵，二中就是这样一所学校。学校通过精神引领凝聚教师力量，引导教师快乐成长，使学校成为师生共同成长的精神家园，形成了“不用扬鞭自奋蹄”的良好氛围，从而实现了教师、学生和学校的和谐发展。

第三节　以文化人的对话

一、胡言妙语说洛阳教育

胡玉敏2006年出任洛阳市第二中学校长，他采取精神引领、文化育人的办学思路，使校风和教学质量有了很大飞跃，学生高考成绩连年提升，他自己也荣获省、市劳动模范的称号。下面是对他的一些访谈录，我们可以从中窥到他的办学理念和教育教学思想。

（一）校长胡玉敏访谈：教师关注重点应在“灵魂”

2014年9月10日，我国将迎来第30个教师节。我们拜访对“教育”有着精细研究的胡玉敏，听他详解教师“人类灵魂工程师”的职责，感受一名“全教师”的教育人生感悟。

“我认为人由两部分组成，一部分是肉体，一部分是灵魂，教师主要是对人的灵魂进行塑造、教育。教师这个职业和医生比较相似，不同的是，医生工作的重点是人的身体，而教师工作的重点是人的灵魂，对教师这么高的评价，就让教师的工作有了一个定位，就是你是教书还是育人？”胡玉敏的反问极为有力。

●教书与育人有何区别？

胡玉敏：教书是手段，育人是根本。很多教师将读书、技能放在工作的第一位，不关注学生的灵魂，这样的教师就是教书，实际他只能说是一个经师，不能算是“人师”。人师，至少关注学生的两个方面，一个是灵魂，另一个才是知识。既教知识，又教灵魂。这些观点是与中央精神相合的，“立德树人”作为教育的根本，就是让我们培养有品德、有道德的人，就是在塑造人的灵魂，我常说“把你的灵魂留下”，就是说不让学生们的灵魂和肉体分离。

我遇到过这样一个学生，他家长反映，他的孩子虽然天天来上课，但学习成绩一步步下滑，其他的东西也没有学到。我告诉这位家长，那是因为他的灵魂没有来,或者说,作为教师没有注意教育他们的灵魂。后来经过引导,这个孩子好多了,那是因为他的灵魂回来了。

●作为教师,怎么教育孩子的灵魂?

胡玉敏:这个问题,其实说的是教师工作的内容,即关注学生哪些方面灵魂的问题。不可否认,我们都见过不少学生,他们出于极端的个人目的,把文化课或者其他的知识学得非常好,但缺乏良好的道德。可以说,这样的孩子掌握的知识越多,对社会越危险。所以,教师对孩子的品德教育非常重要,人类灵魂的工程师,就应该坚持"德才兼备,以德树人,做人第一,德育为先,坚持核心价值观"的教育方式,让每一个学生知道为什么学习,学习的知识、获得的智慧用到哪里。

●什么才是真正的教育?

曾做过小学、初中、高中、中等师范学校等学校的教师,又是一名学校的管理人员,胡玉敏是如何深刻认识"教育"的呢?

翻开胡玉敏所著的《家庭是教育的主阵地》一书,一首小诗映入眼帘:"孩子问题父母造,怨及学校太荒唐……观念一新天地阔,家庭成就好儿郎。"这样的话,究竟有何深意,胡玉敏理解中的"家庭教育"会有何不同?

胡玉敏:这只是我写给家长们的一些观点。实际上,我的经历,让我对教育的认识非常多。我的经历让我明白,想把"人类灵魂工程师"干好,必须认识到,家长也是"教师",必须把"家庭教育"和学校教育结合起来。我认为,教育者最主要有两种,一种是教师,一种是孩子父母,这两者都需要加强。

对于教师来说,怎么把孩子教育好,怎么配得起"人类灵魂工程师"的称号?我认为,第一应在学校大力转变教育观念,倡导做学习型的教师,鼓励教师们及时更新观念。我们提倡不仅让学生学习,教师也要不断学习,必须做到"教学相长"。

●教师怎样和学生一同成长?

胡玉敏:以前有一种说法,说老师是蜡烛,燃烧自己照亮别人,我不同意这种说法。我们提倡的是,老师应该是电灯泡,老师更应该不断充电,才能持续发光发热,教育孩子们。还有一种说法,说老师有一桶水,才能教给学生们一碗水。我觉得老师应该是泉水,才能做到泉水常流。所以,我们必须想方设法做到教师的"为有源头活水来"。

另外,注重身教大于言传的作用。我们发现,很多教育的失败,就是处于教育者地位的父母、教师本身存在这样那样的问题，如不看书、打麻将、不讲诚信，还有闯红灯等，在这方面，家长的影响大于老师。所以，办好“家长学校”很重要。我一直认为，家庭教育在这方面大于学校教育。

两种教育的结合是富有成效的。通过近年来我们办的“家长学校”，洛阳的社会各界反映都很好，孩子们的教学质量也上升很快。所以我认为，教师节不仅是专职教师的节日，也是每一名家长的教师节。我相信，只要家庭教育和学校教育携手，一定会教育出更好的孩子。

（二）校长胡玉敏访谈：校长要做好学校发展的“引领人”

胡玉敏认为，学校的转变首要的是教育观念的转变。校长作为一个学校的“掌舵人”“领头羊”，其决策和导向直接影响一个学校的兴衰成败。校长首先要有自己的思想，才能引领老师和家长，从而带动学校更好地发展。

●一所好学校要有好理念来引领

采访者：俗话说，一个好校长就是一所好学校。能谈谈您的看法吗？

胡玉敏：2006年，我来到洛阳市第二中学，那时候学校基础设施不太好，升学率也不高，整体上很薄弱。

要带好一个学校，中间不能缺少一个环节，那就是：一个好校长要有一个好理念，有了好的理念才能引领一支好队伍；拥有一支好队伍，才能成就一个好学校。在诸多因素中，校长的办学理念先进，应该是第一位的。校长的任务不能只是简单地念文件，当传话筒、录音机，需要有自己的思想和教育观念，才能把握方向。如果自己的脑袋空空，是不可能去引领别人的。作为校长，一定要站在时代的潮头，办学理念一定要先进，不能人云亦云，不能随大流；校长的观念一定要超前，才能起到引领别人的作用。不仅要引领自己学校的发展，甚至要引领教师、家长和社会的发展。

教师水平的提升是学校的软实力，是硬道理。首先，在培训教师方面，学校要求教师树立终身学习理念，每学期给每位教师发放一到两本专业书，要求他们进行学习并书写读书笔记；其次，在自主学习的基础上经常组织专题讲座，激发教师工作热情。外出学习的教师，其心得也在不同的会议上和全体教师一起交流，共同分享学习成果。

学生的成长除了学校以外，还有家庭环境的影响。目前很多家长在教育孩子方面确实很重视，但是他们存在一些误区，把教育孩子的责任完全寄托于学校和教师，甚至校外辅导机构上，没有把自己的责任和教育主题搞清楚。教育应该有两个主战场,除了学校外,另一个主战场就是家庭教育。为此,我校成立家长学校,组建家长委员会,经常举办一些关于家庭教育方面的讲座。我还编写了有关家庭教育方面的书,里面详细分析了家长如何跟孩子建立良好的沟通,怎么去帮助孩子养成良好的习惯等。我还把自己的经验心得跟兄弟单位分享,应邀到很多学校做家庭教育报告,很受欢迎。最近,我又出版了一部家庭教育专著《家庭是教育的主阵地》。希望家长看了这些书后,有所启示和收获,能在理念上有所转变,方法上有所提高。

●“放手”:为教师成长创造好平台

采访者:一所学校是否具有竞争力,在很大程度上取决于学校的师资水平。二中在“搭班子,带队伍”方面是如何做的?

胡玉敏:事业是大家的,自己干好了那叫“劳模”,调动大家一起干才叫“管理”。办好一所学校,不仅要有一个好校长,更要有一批好教师。真正的好校长,应该重视教师的成长,并且要采取有效的措施,为教师的成长搭建平台,所以“搭好班子,带好队伍”是非常重要的。

在管理中,要善于放权,有颗包容心,很相信自己的团队,让大家充分发挥自己的积极性、主动性。我的观点是,教师们能做好的事情,中层就不做;中层能做好的事,副校长就不做;副校长能做好的,校长就不做。学校事无巨细的正常事务,都有专门的负责人来管理。作为校长,他只关注异常,不关注正常。这样,校长就能节省更多时间思考学校发展的大问题,才可能有时间去读书,更新自己的观念,引领学校的发展。

要想办好学校,不光有精神的正面引领,还需要有制度的规范,这像一枚硬币的两个面。因此,建立完善的考评机制也很重要。我校独创了定性跟定量相结合的教职工的业务量化考核机制,效果良好。

很多学校的测评标准,可能太过于重视考试成绩。我认为,对教师的工作态度、工作过程等进行评价,既能引导教师重视过程又能重视结果。我校不仅把荣誉送给优秀的学生,同时也特别关注学困生,后进生班级,讲究过程公平合理,希望以此能调动各方面的积极性。现在,我很自豪能拥有二中这样一支齐心协力的团队,大家性格互补,各有专长,很和谐、很团结。

●不断超越:把每一天都当作“礼物”

采访者:一所学校,校长的人格魅力也是一种无形的管理。能谈谈您的做法吗?

胡玉敏:教师对校长的认可,一方面是他的学识水平,另一方面就是他的人格魅力。校长应该比教师更勤奋,严于律己,要求教师不能做的,自己首先要自觉;要求教师做到的,自己首先要做好,要处处起到表率带头作用,做好"领头羊"。

我给自己制定了"2111"工程,每天要求自己读书20页,找1个学生谈话,每天锻炼1小时,每天记录一些读书笔记等,自己这样做了,其他领导及教师们也都这样做。

我坚持记日记已经有十多年了,平均每天一页半。坚持每天早上五点多起床,看一个小时的书才上班。所看之书涉猎比较宽泛,有传统的儒家经典和管理学、教育学、心理学等方面的。只有博览群书,才能在工作中产生灵感。

我不是一个很聪明、很能干的人,但是一个很勤奋的校长。在洛阳的教育队伍中,能干、勤奋的不乏其人,也许很多人都在我之上,但在学习、树立终身学习理念这方面,我认为自己走在了前列。

在学习方面,我要求自己不断提高业务水平,每一次给教师们讲话、做报告都会精心准备。我的讲话,每一次都会有新的思考。我希望通过自己的带头作用,潜移默化,言传身教,让大家受益。

要当好校长,管理好学校,提高升学率,还要潜心学习,时间安排上也许不那么容易。我认为只要合理地安排好一切时间,一切都不耽误。时间的长度是一样的,对谁都不会多一秒,少一秒,安排好时间确实需要一种智慧。我坚持利用好时间的"加减法",有效地过好每一分钟。时间就像海绵里的水,只要愿意去挤,总还是有的。我利用会前会后,等公共汽车,甚至开车等红绿灯这些零碎的时间,去看书、思考问题。我写过的一本诗集,三分之一时间都是利用会前会后简短的时间里写的,这就是时间上的"加法"。

"每一天都是上帝赐给我们的礼物,一定要利用好",我最痛恨的是浪费时间。在时间"减法"上,要尽量减少不必要的应酬。现在很多人都说没时间看书学习,我认为,"没时间"是借口,主要原因还是心离书本太远了。

当校长应该"工作一半,学习一半"。作为教师也应该如此,教学相长。如果只工作不学习,就像水桶中的水倒完了,就会枯竭。

我的成长得益于我的团队，是优秀的团队打造出了优秀的学校。我的很多荣誉得益于学校的成就，我是“沾了学校的光”，很感激大家。

（三）校长胡玉敏访谈：家风是无形却强大的教育力量

胡玉敏认为家风是无形却强大的教育力量，长期以来致力于家庭教育，希望通过家庭教育改变家长的教育观念、教育方法，惠及学生和社会。他自己也身体力行，在潜移默化中传递着自己的家风。

采访者：能介绍一下您的家风吗？

胡玉敏：家风就是一个家庭的风气和行为准则，代代相传下去，是一种无形却强大的教育力量。虽然我的父母都是农村人，但是他们身上也有很多好的品质，影响着我，传给了我。我从父亲那里学到的是待人要善良，做事要勤劳，面对困难的时候要勇敢。我也把这些东西传给了儿子，我觉得这就是我们家的家风。

●无声的身教是对子女最好的影响

采访者：刚才您谈到了您的家风，您认为好的家风如何传承下去？

胡玉敏：我家是农村的，小的时候家庭很贫寒，但是父亲从来不抱怨、不放弃，他一直在默不作声地干活，挣钱养家。他是个不怕困难、勇敢坚强的人，不向困难低头，用无声的行动迎难而上，也在无声无息之中教育、影响了我。父母很勤劳，我记得小时候，遇到下雨大家都回家休息，但是父亲仍然坚持在地里干活，当时我就很不理解。父亲每次从地里干活回来，绝不空手回家，总是捎带些柴火或是路边的石头。石头带回去，修墙、建房子时都会用得着，每次都这样，积少成多。父亲是个男人，但是他自学了裁缝，晚上帮人缝皮衣挣钱贴补家用。现在我还能够记得那些场景，我半夜醒来，看到父亲在油灯旁缝制衣服。别人有什么需要帮助的时候，父亲能帮的时候就尽量帮，因此在村里具有很高的威信，大家都很信赖和尊重他。我觉得一个人能被别人尊重和信任，是很难得的，也是很快乐的一件事。

●勤奋、善良、包容、迎难而上

采访者：在生活和工作中，家风对您有哪些影响？

胡玉敏：父亲的勤劳深深影响着我。我是恢复高考后的第一届大学生，大专毕业后教高中，我觉得自己需要再提升，于是工作之余学习，自考了两个本科学位和一个研究生学位。我几乎每天早上都会在五点半左右起床，看一个小时的书再吃饭、上班。日记写了十几年，从没间断过，即便出差也要把日记本带上。对学生,我常和老师们讲,没有爱就没有教育,对孩子一定要善良,怀有包容之心。对待他人要常换位思考,想想别人的难处,多为别人考虑。我从农村来到城市,开始时无亲无故,也会遇到很多难题,但是不能抱怨、不能埋怨,遇到问题要迎难而上,去想办法解决就是了。

●勤奋善良获得他人认可

采访者:好的家风助人成才,能谈谈您的收获吗?

胡玉敏:在报纸上有我的专栏,平时还要供稿。我自认为自己不算是个聪明的人,但是现在我的工作也得到了认可,获得过省劳模、河南省学术技术带头人、家庭教育专家、和谐洛阳建设"十佳人物"之一等荣誉称号,我觉得最主要的原因就是我比较勤奋吧,勤能补拙。常怀善良之心,人际关系就会比较融洽,每天有一个好心情,对工作、对身体都很有好处。

●家风小到影响一个人,大到改变社会风气

采访者:从您的谈话中,可以看出您对家风的重视,您觉得现在重提家风的意义在哪儿?

胡玉敏:我觉得家风有几个特点,首先是家风影响的长期性,通过代代相传,影响深远;家风的初始化,可以说每个人从出生那一刻起,就受到了家风的影响;家风的影响力是强大的,可以深入骨髓、融入血液,成为人的习惯;家风的教化又是缓慢的,通过日常点滴积累,潜移默化地传达给家庭成员。所以家风也有一定的隐蔽性,家风这个词,我们自己不会专门提起,平时也不会把家人叫到一起,来说说咱们的家风,家风是一种习惯性的思维和行为,我们每个人都不注意,但又真实存在。

家风是社会风气的组成部分,家风好了,社会风气自然就好了。家风的影响,从塑造每一个人的良好行为开始,每个人好了,大家组成的社会也就好了,我们的国家当然也就和谐进步了。所以现在重提家风,从小处着手,进而改变我们的社会风气,促进整个国家发展,是有积极意义的。

●以身作则

采访者:如何把家风传给孩子,能介绍一下您的经验吗?

胡玉敏:其实我并不刻意去教育孩子要怎么做,更多的是自己以身作则。我每天早上五点半起床。儿子看到父亲每天早起,也就不会养成懒惰的习惯。在他的意识中,早起是一件理所当然的事情。孩子自己的事情我主张让他自己完成,甚至自己做决定。我从没有给孩子报过补习班,之前他曾问我，同学报了补习班，他要不要报，我说你自己决定，后来他就没报。不过成绩依然很好。孩子22岁毕业，25岁就已是副科级干部。在他的同龄人中，还算是不错了，我也很满意。另外，我不抽烟不喝酒，看电视也主要是看一下新闻，大部分时间是看书。孩子的品行我也比较满意，我觉得算是纯正吧，他的人际关系处理得很好。

二、书记慧言话境界

聂建萍是洛阳市“十佳”青年教师之一，洛阳市“三八”红旗手，洛阳市优秀教师。她认为学校管理也是学校发展的“生产力”。抓管理的关键是抓队伍，抓精神引领，以人为本，让教师把事业当作快乐的事情做。教师是学校发展的决定因素，是办学水平的“硬指标”，好教师再加上好的管理，可以成就一所好学校。

●一靠领导人品和人格魅力，二靠评价体系

采访者：二中是如何对教师进行精神引领的？

聂建萍：哪所学校做好了教师的精神引领，哪所学校就必然健康快速发展。作为领导，要最大化地调动老师的积极性。精神引领，一靠领导人品和人格魅力，二靠健全制度（评价体系）。

领导的人品和人格魅力，是调动教工工作积极性的重要因素。作为领导，要最大化地调动老师的积极性，最大化地尊重教工、关心教工，使教工感到备受尊重，内心温暖。学校如同一盘棋，教工如同棋盘上的棋子，不管在哪个位置上，都要让教工充分感受到这个位置是不可或缺的。

领导要率先垂范，换位思考，把教工的利益、所思所想放在心上。学校是知识分子汇聚的地方，教师对面子、尊严看得重，要关注他们的精神需求。“人为知己者死”，你平时特别信任、欣赏教师，即使领导一时做错了，教师们也会包容你。

领导要有人格魅力。我认为，学校领导不是政府官员，女同志做领导要柔中有刚，刚柔相济。工作上刚性要强，处理上要以柔处理刚的问题。像邻家姐姐一样与人相处，用情感打动教工，困难问题很容易突破。我有一种最朴素的情感，“不能让大家心累”，让大家心情舒畅，有置身团队的感觉。我对自己的角色定位，不是附和，不是敲边鼓，不是不管不问。我的原则是要对学校、师生负责。有人说我好管事、好揽事，我认为这是一种责任。在校内，校长做出决定，我会质疑，但遇到难事我会和校长密切配合。在我们学校，校长和书记关系融洽，让人羡慕。

领导的人格魅力表现在点点滴滴的事情上。我比较注重细节,处理事情不是随性的,计划性比较强,善于画句号,承诺的事情一定要兑现。原则上一是一,二是二,正直公平。遇到评先等问题,教师们从不怀疑公正性。教师们的支持和信任是我提升自己的最大动力。

精神引领和评价体系密不可分。评价标准关系着能不能发挥教师的潜能。我们学校的评价体系是捆绑式的,年级组、教研组、班级捆绑在一起考核,是和谐加竞争的模式。二中就是一个团队,不是个人英雄。高考奖和过程奖的分配都是捆绑式的。二中就是一个团队,人人都不想拉团队的后腿。

二中不论资排辈,只论能力,青年人也可以承担重要的工作。2011年,二中首创精英班,精英班成就二中,也成就了一批年轻老师。陈敏,是精英班的班主任、数学老师,2004 年入校,是精英班的骨干老师。她的数学教学有“三高”,高节奏、高效率、高品质思维。她的数学课很注重学生思维品质的培养。她的班级管理注重情商的培养,注重学生长远发展,如生活能力、思维等。同等入校分数,当年精英班的高考成绩远远超出其他学校。李凌,2006 年入校,个人素质好,先后带了八年的宏志班、精英班,在英语竞赛中获全国一等奖。学校为这样的年轻人搭平台、架梯子,让他们脱颖而出。

●引领学生的精神成长

采访者:刚才谈了对教师的精神引领,二中对学生又是怎样进行精神引领的?

聂建萍:我认为对学生的精神引领是参与学生精神世界的构筑,引领学生的精神成长。

学生精神成长的历程,是学生的人生观、价值观整合成型的过程,是一个充满欢笑和烦恼的成长过程。学生在成长过程中常常会碰到许多困惑:如何在学业的沉浮中练就不馁不骄的沉稳?如何在与他人的交往中赢得普遍的赞誉?如何与父母保持顺利的沟通?如何增强对外界诱惑的抵抗力?女学生如何在青春期保护自己?如何与异性相处?这些困惑,常常会导致学生情绪失落,心智低迷。如果我们对此不加以关注,很可能引发学生情感上的挫伤,进而导致人生观、价值观的错位。我每年都会对学生进行人生观、价值观教育,进行励志教育,分批进行心理辅导和生理知识辅导,解决学生在成长过程中碰到的种种困惑。

●对老师尊重、理解、关怀，实现老师的价值追求

采访者：二中是怎样贯彻“以人为本”的教育理念的？

聂建萍：洛阳二中始终坚持“以人为本”“以教师为根”的教学管理理念。按照马斯洛的需求规律，第一、二层是生理、安全的需要，第三、四层是社会、受尊重的需要，第五层是自我实现的需要。和老师相处，对老师进行管理要符合这一理论。要让老师感到被尊重、被信任、被理解，要出台相关方案、规定来体现老师的合理需求。对拔尖老师、年龄大的老师，给予特殊加分。在岗位设置上，提出两个基本点，一要稳定，二要激活。鼓励年轻教师、优秀教师出类拔萃，敢于竞争，敢于拔尖。

工作中，领导要切实关注老师，让老师解除后顾之忧。如帮助解决老师孩子入托、上学等问题，老师有病，第一时间去看望。2011 年 5 月，政教副主任翟贵顺，突发脑溢血，失去生活能力。党总支号召老师们献爱心，老师们捐了四万元。学校还和家属签订协议，对家属进行资助。除工资外，学校每月另外给翟老师生活补贴。对翟老师的孩子，进行学习支助，直到他上完大学。另外还有奖励措施，如考上清华、北大给什么奖励，考上其他学校给予什么奖励，激励孩子学习，解除后顾之忧。

郑凌云老师的孩子得了白血病，老师们捐了两万多元，我以最快的速度赶去，把全校老师的爱心送到，让郑老师感受到学校这个大家庭的温暖。桑朝晖老师得了脑瘤，我马上带人赶到北京，以亲属的身份给予帮助。

学校在教工遇到大病、特困等问题时，领导在第一时间给予关心，并发动老师们给予帮助，这样做是为了让大家感到学校是一个温暖的大家庭，让老师们在这个家庭中感到安心、开心。

●老师要阳光健康

采访者：二中教师给人的感觉是阳光快乐、和谐进取，请谈谈您的感受。

聂建萍：我提出了两个口号：“心好一切都好”“忙并快乐着”。有的办公室把这两个口号挂在了墙上。

我认为，要培养健康阳光的学生，老师首先要阳光健康。这样的理念已经被大家接受。我们学校的教师很少有“长舌”“碎嘴”现象，老师们的心态阳光健康。我们学校的元旦汇演，有教师说比春晚好看多了。学校是人才汇聚的地方，老师们自编自演，自娱自乐，剧本、舞蹈、演唱、小品，

都出自老师之手。老师们在演出中的快乐,是回归自然的愉悦,是发自内心的快乐。2006 年第一次元旦汇演,我花了一个月时间策划,组织全校大合唱,把大家的心聚集在一起。我 34 岁走上领导岗位,走了 4 所学校,每到一处,我都要给自己定位。我刚到二中时,我认为要先合人心、聚人心,才能发挥老师们的作用。元旦汇演是凝聚人心的一个有效方法。我们每两年搞一次教工元旦联欢,每次的元旦汇演都有一个主旋律,2006 年是"感动二中十大人物",2008 年是"十大个性人物",2010 年是"时代风采",2012 年是"和谐二中一盘棋"。在联欢中让老师们感受到神圣的责任、个人的价值与团队的精神。在活动中,老师们心理上的亲近,相互间的欣赏,才华的演绎,拉近了彼此的距离。我们学校教师"活跃"的程度是很多单位没有的,从未登过场的,平时内敛的,在舞台上可以把自己演绎成一个丰厚的人。元旦汇演让老师们自信愉悦,享受到做教师的快乐,享受到干事业的快乐。

二中老师的阳光是在点点滴滴中形成的。我们学校开展了拓展训练,给大家制定目标、任务,在团队合作中,大家相互认识,相互理解,相互尊重,为感情深厚打下了基础。现在我们学校举行活动,哪怕特别搞笑的,老师们也没有一个不上的。

我认为,对青年教师的阳光引领尤其重要。作为书记,我扮演了两个角色,一是领导,二是知心姐姐,甚至是长辈。我们开办了青年教师成长沙龙,我先后做了五六次讲座,比如关于夫妻关系,夫妻关系是最远、也是最近的关系,如何处理好,关系着家庭和个人的幸福。告诫男同志在家庭生活上的智慧决定着婚姻的幸福度、工作的成就;告诫女同志不要把自己的角色定位为服务、从属。女同志应该人格独立、经济独立、生活独立。又如,在一次讲座中,我以讲故事的方式,告诉青年教师做人要敬业、忠诚、勤奋,在工作中实现自己的价值,收获人的尊严,成就学校就是成就自己。几次讲座对年轻人引导的比较好,年轻人的整体风貌是阳光进取。

学校的各种活动和举措成就了老师们的健康快乐,阳光自信,成就了教职工积极向上的精神风貌。二中凝聚人心有目共睹,2008 年至今,在洛阳市教育表彰大会上,"七一"讲话我校就讲了三次。2011 年和 2012 年全市教育系统庆"七一"大会,我校都是唯一上台发言并介绍经验的学校。

●通过成就教师来成就学生

采访者：能谈谈您对二中办学理念的理解吗？

聂建萍：把学校办成教师快乐工作、幸福成长的乐园，通过成就教师来成就学生，引导教师追求自我价值的实现，把学生成才、学校发展和教师自身发展、自身幸福结合起来。这就是我们的办学理念。

近年来，二中实现了快速跨越式发展，高考连续取得了优异成绩。这些成绩的取得，是全体教师不断进取的成果，也是二中以人为本、追求卓越的智慧结晶，更是众志成城的见证。

校长、书记是学校的最高管理者和领导者，是学校的神经中枢，是学校办学方向的引领者，两者的办学理念和办学思想是学校发展的精神动力。校长和书记在办学中如果能抓好文化育人、精神引领两项工作，学校面貌就会发生巨大的改变。因为人是教育中最核心、最能动的要素，在办学中重视人、关怀人和尊重人，一切基于人，一切依靠人，一切为了人，师生才能焕发出内在的潜能和热情，学校的办学质量才能不断提高。洛阳二中的实践充分证明了这些。

第二章 副职助推层的执行力文化

一座传世百年的高楼大厦,需要一流建筑设计师的巧妙构思、能工巧匠的精心建设、工程监理的严格把关。同样,一所优秀名校的建设,需要校长的先进办学理念、副校长的科学治校方略、中层干部的全面落实。

红花还需绿叶配。正职定好位,科学决策;副职补好位,勇担责任。副职与正职科学分工而又密切配合,就能推动事业的发展,实现既定的目标。

在洛阳二中,副职作为校长的得力助手,是校长的重要参谋和左膀右臂。他们充分领会校长的办学理念,坚持走精神引领、文化育人的道路,制定切实可行、行之有效的治校方案,引导助推层一心一意、务实进取,大力构建洛阳二中的精神文化,牢固树立品牌意识,以优良的作风和一流的执行力,把治校方案落实到位,进而实现洛阳二中的跨越式发展。

第一节 副职的智慧文化

一流学校的创办，既要有校长的科学决策，也要有助手的有力支持。名校长的背后是优秀助手，二者形成“合力”，实现学校的良好发展。洛阳二中的校长是专家型校长，为学校的发展绘就了一幅鼓舞人心的蓝图。副校长，兢兢业业，各有所长，制定出行之有效的治校方案，把校长的办学理念落到实处，推动学校稳步发展，不断取得新成就。

一、教学副校长的文化实践

俗话说，一流学校靠文化育人，二流学校靠制度管人，三流学校靠领导盯人。学校的核心工作是教学，教学管理工作不仅责任大、任务重，而且还有其自身规律的特殊性。如何做好教学管理？管理者要处处体现阳光教育的宗旨、阳光管理的智慧。既要把握教学管理的客观规律，还要拥有良好的管理能力与管理智慧。二中教学副校长梁金贵的智慧是“刚柔相济”四字真言，确保学校教学工作的规范有序和效果显著，不断促进学校的快速发展。梁副校长的“刚”是指基于管理的刚性原则，制定完善的教学管理规章制度，坚持原则，照章办事，公平公正。梁副校长的“柔”是指追求教学管理的柔性艺术，以人为本，体现人文关怀，尊重与激励教师。刚柔相济，把文化育人落到实处。

（一）管理产生制度，关键在于落实

教学管理的起点是构建规范化、系统化的管理模式与管理制度，用制度来指导、规范、评价每一位教师的教学行为，营造规范、有序、高效的教学工作环境。为此，学校制定完善了一系列教学管理制度。依据学校发展实际，制定了《教职工业务量化考核办法》《教职工业务量化加分标准》《洛阳二中班主任选聘考核方案》，对教职工工作能力和业绩进行规范考评，加大教学业绩的奖惩力度，所有评先评优都用成绩说话，充分调动教职工的工作积极性和主人翁责任感。

制定制度是管理工作的第一步，关键在于落实。规章制度的刚性特征是在执

行中得以体现的。教学管理必须依据制度，做到严格、公平、公正。管理工作要坚持原则，凡事公平公正，不因人因事随意变通规则要求，树立管理制度的权威与信任度，提高管理的执行力。制度为重点工作服务，二中把班级管理和教学教研工作视为促进学校发展的两大核心动力，在评先晋职、开展培训、福利分配等各个方面向班主任和一线教师倾斜，先后制定了《高考毕业班奖励方案》《洛阳二中教坛新秀评选办法》《洛阳二中“杏坛奖”“首席教师”评选方案》《洛阳二中“校长特别奖”推选方案》《洛阳二中关于破格推荐市级以上荣誉称号的有关规定》《洛阳二中关于低职高聘的暂行规定》《洛阳二中关于破格晋升职称的有关规定》《关于职评中特殊加分的有关规定》《洛阳市第二中学推荐教学业务优秀工作方案》等，为有能力、肯奉献的老师提供科学的发展平台。工作讲原则，是对每一位老师讲原则；对事公平公正，是对全体老师公平公正。只有如此，才能在全校营造风清气正、团结和谐的工作环境。全校上下如沐春光，形成积极进取、乐于奉献的良好风尚，奠定了学校教学质量不断提升的坚实基础。

（二）管理就是服务，服务以人为本

教师作为一个特殊群体，文化气息浓郁，对刚性管理制度表现出明显的抵触心理，他们比较适应自由、民主、人文的管理模式和工作环境。因此，重视教学管理的人文性、彰显教学管理的柔性特征十分必要。在实际教学管理中切实尊重老师的劳动、老师的人格，建立健全制度的同时，尤其要实施柔性管理，用尊重与信任、赏识与激励去充分调动广大老师的工作积极性。对于教师群体，尊重与激励是教学管理的基本手段。除奖励、激励外，赋予责任、引领参与也是激发教师工作积极性和促进教师快速成长的有效方法。

服务在尊重教师和促进教师专业成长中得以体现。学校的发展犹如一列动车，每一个教职员工都是一个动力源，需要每一个成员都提供动力，发挥正能量。学校全方位多角度的评价体系就是要关注尊重每一位教师，充分发挥每一位教师的能动性。在实际工作中，做到理解老师、尊重老师、信任老师，设身处地为一线老师考虑。把老师的切身利益和学校的发展进行有机结合，寻找工作切合点。当老师遇到困难时，要为他们排忧解难。学校女教师人数较多，面对家庭、孩子和工作，往往压力较大、力不从心，我们要在工作上尽可能提供方便；老师整体工作压力大，容易出现身体不适，我们要关心照顾，合理安排作息，组织文体活动；老师们待遇低，免不了发牢骚，我们予以宽容理解。尤其是当工作落实不好的时候，我们不是埋怨老师，而是反思自己的管理方法。作为管理者，要多琢磨如何把工作做得更细致更扎实，以便为教师提供更好的服务。

管理就是多为老师创造学习发展的机会，减少教师职业倦怠的程度。除配合上级安排教师外出培训之外，安排多样化的学习交流机会，尽可能保障教师相对平静的工作学习环境，尽量减少管理的权利因素对老师的负面心理影响。

（三）管理需要目标，目标引领方向

目标就是教师个人和学校发展，是全体老师的责任与任务，也是激发教师工作潜能的内驱力。学校发展是大目标，个人荣誉是小目标。学校教学管理既要立足现实，更要关注未来，提出发展目标和愿景。自 2007 年以来，学校开始实施三年发展规划，在每一次的三年发展规划中，从学校到年级组再到班级，都有具体的目标任务。在学校发展目标的引领下，全校教师以具体工作目标为抓手，共同努力，促进了学校稳步发展。

每年精心准备教师节表彰活动，对教师队伍进行多角度评价激励。“校长特别奖”“优秀班主任”“杏坛奖”“教坛新秀”等奖项反映了学校奖励的多角度、多层次。学校为所有获奖教师献上鲜花、颁发证书和奖金，制作光荣榜公开表彰。评选的所有优秀教师都完全依据教学业绩，公平公正，充分认可每一位老师的价值，营造敬业奉献的良好风气，激发全体老师的工作热情。

在实施目标引领的过程中，二中重点加强过程考核，试行过程奖励制度。针对每一次期中期末考试成绩，学校依据下达的目标对各个年级进行考核，评比年级指标完成情况、平行班成绩高低，以及与相邻学校的差距。对完成指标的年级班级和学科进行奖励，对出现问题较大的班级和学科进行整改。

有能力的年轻教师到二中参加工作不久，就有脱颖而出的机会。陈敏、杭行云等老师被评为市级、省级优秀教师。李宁、别红梅教师成为精英班骨干老师，晋升高级教师之列。管理的人文性、科学性充分发掘了二中广大教师的潜能，为学校的持续发展提供了可靠的人力保障。

二、德育副校长的文化实践

学生管理工作千头万绪，是学校工作的一个难点。对于有智慧的管理者来说，举重若轻，驾轻就熟。二中主抓德育的副校长裴雪松认为，只要发掘好学生的非智力因素，就能做好学生管理工作，并落实好校长的办学理念。他从发掘学生非智力因素入手，狠抓学生习惯养成、润泽学生心灵、倡导快乐学习，确保每一个学生能够健康成长、快乐成长。

非智力因素是美国心理学家于 1935 年在《智力：具体与抽象》一文中首次提出来的。20 世纪 70 年代末，非智力因素概念基本上被国际心理学界所接受。从广义上讲,非智力因素是指除智力因素以外的一切心理因素。从狭义上讲,它是指和智力有关系,并对智力起作用的个性因素,它主要包括动机、抱负、理想、意志和坚定性,兴趣与求知欲,情绪的稳定性、独立性、自我意识等。

目前,我国的教育正在进行着变革。国内教育逐步告别应试教育模式,特别是在新课程标准实施之后,更重视学生素质的全面、协调发展。如此,非智力因素的作用也就越来越突出。社会需求的未来人才,也许智力并不突出,但在人格修养、意志、独立性、创造性和实践能力等方面一定是出类拔萃的。

二中一直注重学生的非智力因素的培养,并取得了良好效果。2011年5月,胡玉敏校长在接受《东方今报》采访时说:"如果我们只盯住学习,只抓智力因素,肯定是不行的。……开发学生的情商要比开发智商更重要。"在开发学生的潜能上,二中不仅注重学生的智力因素的开发,同时更注重学生非智力因素的培养与开发。二中主要从态度、情感、价值观,还有爱心、孝心、责任感、集体荣誉感、好习惯等方面进行培养。

二中始终强化一个理念,即学生都是可以教育好的,学生都有着很大的潜能。学校和教师的主要责任是开发学生的潜能。二中在全面推进素质教育的工作中,探索出了一条以"习惯养成、心灵教育、快乐学习"为主线的非智力因素开发路径。

(一)狠抓习惯养成,砥砺学生品格

叶圣陶先生说过:"教育是什么,往简单里说,只需一句话,就是要养成良好的习惯。"学习不好的学生,不是不聪明,而是聪明反被聪明误。这就说明,智力不是影响学习的主要因素,而在于学生有没有好习惯。让学生拥有良好的文明学习习惯,是成就学业、全面发展的前提。二中着重从三个方面实施对学生的习惯养成教育。

1. 学习习惯的养成

每天早读前20分钟,教室里就传出琅琅书声。每到下课,讲台上总会围上一圈向老师提问的学生。晨读背诵文章和英语单词时,声音洪亮;夜色中在教室里演算习题时,寂静无声。演讲辩论时,慷慨激昂;遇到难题时,激烈争论。这一切构成二中"凤园"里一道亮丽的风景线。良好学风的形成得益于学校常抓不懈的习惯养成教育。二中从学生进入高一时就要求早读必须出声,课间及时探究问题,课堂大声问答,自习课安静学习。学生入校两个月后,这些学习习惯逐渐在各个班级形成,有利于以后的教学工作。

2. 文明习惯的养成

胡玉敏校长经常在不同场合说要学会"占便宜"。他说卫生打扫,不留死角,

清静整洁的校园班级让人心情愉快，而且减少细菌灰尘吸入，还能锻炼劳动能力，一举三得，这就是“占了便宜”，何乐而不为？劳动不积极者是受了罚，吃了亏，身心不爽。听课参会时静听思考，收获了知识、尊重了他人，又能提高自身的素养，与那些说话吵闹、不守纪律的人相比，的确占了很大便宜。在胡校长的带动下，二中校园形成了“劳动守纪为荣，懒散捣乱吃亏”的良好风气，而这些习惯对于学习的助推作用很快就凸显出来了。当你看到学生在高考前最后一周还及时认真地打扫卫生区，整齐地出操时，你就不会惊讶他们取得的优异成绩。

3. 吃苦俭朴风气的培养

与一些城里娇生惯养的学生不同，二中的宏志生身上体现着一种吃苦耐劳、自强不息的宏志精神。而这些精神反过来又影响了实验班的同学们，促进实验班的同学们学习宏志精神，吃苦俭朴、追求进步。

（二）开启心理之窗，润泽美好心灵

疏导学生心理问题，培养学生优秀品质。从某种意义上，其重要性超过单纯的高分成绩。育人为先，当心气顺了，理讲明白了，激情有了，一切都好办。问题是，如何才能做好育人工作？二中从外到内都做了有益的尝试。

1. 请进来

请知名专家李旭坤做感恩演讲，现场2 000多名学生热泪盈眶，面对老师立下誓言；请残疾人艺术团到校演出，激励了无数学子奋发图强的斗志；疯狂英语进校园，燃起了学生超越自我的热情。

2. 开好课

二中建立了三个心灵驿站，开好两周一次的心理健康课。从学生青春期发育、学习规律、成功与挫折、情感困扰等专题入手，为学生开启心灵之窗，让学生彻底放下心理包袱，敞开心扉，茁壮成长。

3. 办讲座

二中每周在阶梯教室举行专题讲座，邀请校长、党总支书记、骨干教师，针对不同层面的学生进行心理辅导，有的放矢，因材施教。固定讲座已成了二中一大特色。好多同学听过聂建萍书记讲的男女生交往讲座后，在内心深处的结得到消除，驱散了心理阴影。

4. 文化陶冶

依照学校文化建设的整体发展思路，二中人整体部署，分步实施，扎实推进校园文化建设。精神文化是学校文化的魂，二中高度重视精神文化建设。二中以高尚的精神文化为引领，引导师生在潜移默化中健康发展、幸福成长。

精心设计，优化形象文化，提升文化认同。创作了具有二中特色的校歌、校徽、校旗，设计了富有二中特色的教室牌、功能牌及温馨提示牌。同时，学校加强校旗、校歌含义的宣传，人人会唱由校长作词的校歌和道德歌，使学生时时感受爱的教育，从而形成一种较强的向心力和凝聚力。

二中的校园和班级文化建设精彩纷呈，对学生有着潜移默化的作用。校园面积虽然不大，但每一处设计都是匠心独运，充满文化气息。从校园的绿化、各个班级的誓言到各种宣传展板，从校园的文化墙、作品走廊到无处不在的励志标语，都营造着素质教育的氛围。河南六建集团的老总送孩子到学校，看到这些标语忍不住记到笔记本里，他说这些话不仅对学生有作用，就是对成年员工也有效。

5. 以活动为载体

二中每年都开展丰富多彩的文体活动，比如班级文化展示、毕业典礼、运动会等。通过这些集体活动，提高了学生的团结协作能力，提升了班级的凝聚力和学生的集体荣誉感。

在校团委的组织和领导下，二中开展了青年志愿者服务和学生社团活动，成立了文学社、动漫社等十多个学生社团，发行多期内容丰富的校园报刊，举行朗诵比赛、魔术展示等活动。通过形式多样、内容丰富的活动，锻炼了学生的能力，培养了学生的兴趣和爱好。

6. 转化问题学生

学校提出了对问题学生管理的“十六字”方针：“精神扶贫、习惯补差、心灵环保、方法优化”。胡玉敏校长说：“学生差，差在精神上，需要让学生从精神上强大起来。二中普通班不普通，照样办得有声有色，就是在于对非智力因素的重视和挖掘吧。”

培养学生完善的人格，拥有正确的人生观、世界观，这对学生未来前途有决定性的作用。二中正是从这方面入手，培养合格学生，锻造优秀人才。

（三）倡导快乐学习，获取知识乐趣

孔子曰：“知之者不如好之者，好之者不如乐之者。”可以说，孔子是提倡快乐学习的先行者。

“高中生活是紧张枯燥的，然而，在洛阳二中读书是快乐的。”2011 年 5 月 14 日，洛阳网的网友们走进二中，亲身感受快乐教育的真谛，发出了如斯感叹。

《洛阳晚报》2011 年 5 月 17 日刊载了二中快乐学习的片段：

> 高中生活能不能快乐度过？学生怎样把学习变成一件快乐的事？洛阳市第二中学的做法给我留下了深刻印象。

在几间教室里，学生正在自习。教室里没有教师的身影，学生没有交头接耳，也没有小声议论，更没有打瞌睡的现象。学生在周末自愿到教室自习，看来他们是把学习当成一件快乐的事情做。

“学习不是一件痛苦的事情，它是快乐的。”校长胡玉敏说，“学而时习之，不亦说乎？学校要提倡乐学，只有在乐学的情况下，学习才会在有效的时间取得好的效果。”

学生要乐学，教师是不是也要乐教？“教书育人本身就是件快乐的事。”二中教师董玉强说，“如果教师是一个快乐的人，那么他所教的学生也一定是快乐的，因为快乐是可以传递的。”

紧张的学习中，学校组织了艺术节、体育节等文体活动。类似这样的快乐，就像阳光一样伴随，弥漫在二中每一个学生的身边。

发掘学生非智力因素，助推二中快速发展。近年来，二中师生执著追求，在培养学生非智力因素方面下大力气，经过较长期的探索实践，收获了一定成绩。

三、后勤副校长的文化实践

一个船队的前行，离不开良好的后勤保障。同样，一所学校的发展，也离不开一流的后勤服务。二中主抓后勤工作的副校长孙来红认为，学校的发展赢在执行。没有良好的执行，一切无从谈起。十几年的历练，孙来红深知作为一名副校长最大的局限，就是思考方式的刻板化、模式化。只有打破局限，才能有进步，取得突破。做好后勤工作，需要良好的付出心态。没有后勤人任劳任怨的付出，就没有二中校园干净整洁、教师安心教学、学生精心读书的良好局面。

处理学校事情就好像烹调小鱼，油盐酱醋要恰到好处。在学校工作中，副校长就应该守“副”善“独”：守“副”就是守好副位、当好副手、唱好配角；善“独”，就是在分管的工作中独当一面。守住了“副”位这个“本”，做事情就会顺其自然。只要按照分管工作的“道”即原则、规律、方法去做，便能实现一名副校长的岗位价值和事业价值。

（一）执行力的内涵

执行力就是高效率、高质量把事情做好的能力。执行力就是完成目标任务的实际程度。副校长孙来红对执行力有自己的独到理解。执行力没有如果，只有结果。执行力就是执行能力与变现系数的乘积。

孙来红认为，学校的发展离不开良好的执行力。他认为执行分为校长、副校长和中层、教师三个层次。校长的执行是规划战略目标。副校长和中层的执行是实现学校下达的目标计划。副校长独当一面,承上启下。从某种意义上说,当一个称职的副校长难,当一个优秀的副校长难上加难。因为副校长既是领导者,又是被领导者;既是决策者,又是执行者;既唱主角,又唱配角。细节决定成败。作为一个副校长必须把战略问题细节操作,细节问题战略思考,制定能把校长办学理念落到实处的可操作的计划,指导教职工按照计划的要求从细节做好工作。教师的执行是做好本职工作。

(二)执行的理念

坚决执行,马上行动。阿里巴巴的掌门人马云曾经说:宁可要一流的执行、三流的点子,也不要一流的点子、三流的执行。执行容不得拖延、打折扣。

只改变心智模式而不改变行为模式,不可能产生事实和结果。有这样一群人,年龄在 18 ~23 周岁,他们行如风,站如松,无论是地震,还是雪灾,他们所到之处,都显示出英雄本色,能够完成神圣使命。这群人就是军人,以服从命令为天职,拥有一流的执行力。二中的后勤人虽然不像军人一样雷厉风行,但他们坚持原则,讲究方法,乐于付出。

(三)执行的艺术

1. 悟性提升执行力

智者始于悟,终于谐;愚者始于乐,终于哀。高意愿、高技能的人,直接授权;高意愿、低技能的人,多让其参加培训;低意愿、高技能的人,做其心态教练;低意愿、低技能的人,直接分配任务照做即可。这是孙副校长执行力艺术的细化。

二中的保管员姚国新老师,部队转业,有极强的责任感和制度意识,他总会把事情办得圆圆满满。临时工,更多的是给其分派任务。假如有三项任务,最好是一项完成以后再去分配第二项、第三项。在任务执行过程中,一定要及时监督、勤加督促,确保完成任务。

2. 方法影响执行力

执行力的决定因素较多,正确的方法是重要因素。执行力强的人找方法,执行力差的人找借口。管理要有思想和方法。管理就是服务,服务不能板着脸服务,需要正确的方法。方法正确,执行力就会得到可靠的保障;方法错误,执行力就会打折扣。比如,微笑服务中露出几颗牙齿的问题。二中副校长孙来红认为,岗位不同就有露出几颗牙齿的差异,不能一刀切地规定露出 8 颗牙齿。正确的方法应该是先差异化后标准化。如此,才能保证执行到位。

一个人的时代背景不同,阅历不同,年龄不同,知识层次不同,他们对标准的认知也不同。因此,在制定和执行标准时,一定要因人而异,因材而用。有标准才能精确、快速复制。精确复制等于坚决执行,快速复制等于高效执行。麦当劳、肯德基等品牌为什么能长久传世?因有标准,故能久;因有差异,故能广。

3. 激情引发执行力

心理学研究的结果告诉我们,激情是一种昂扬的、积极的精神状态,激情能够提升自信,激发灵感,能够调动人的身心潜能,引发执行力。

人在激情状态的时候,能够展现出生命的最大张力,可以最大限度地提高工作和学习效率。

孙来红副校长认为,当一个人充满激情的时候,他会焕发出极大热情,能够调动第六感,甚至整个生命体为他工作。树立标杆,引导激情;开展活动,调动激情;净化心灵,养育激情;公平竞争,诱发激情;爱国主义教育,点燃激情;高远目标教育,开掘激情。国内演讲大师彭清一曾经说过,一个人没有激情和热情是很难成功的。激情和热情是什么?就是一个人对待工作高度责任感的体现,是引发执行力的源泉。

4. 感觉造就执行力

人有三化,固态化、液态化、气态化。固态化的人一般只有一种想法,叫干啥就干啥,无条件地服从。液态化的人一般有两种想法,必须给予及时地疏通或用容器把他们盛装起来,否则不容易管理。气态化的人思维灵活,飘忽不定。“80 后”想法较多,有个性,像天空中的一片云,对其管理就必须与他们发生“对流”,创建一个平台,跟其发生关系,让其产生感觉,才能快速、高效执行。

5. 氛围助推执行力

在对于人的管理中,实质上是运作一个氛围,让违反规则的人在这个氛围中感觉到不舒服。如果他的做法违背了团体利益,伤害了大家,他的行为就会被质疑,就会得到纠正。做事有规律,管人亦有规律,如果按规律执行,执行就可以做得非常好。例如对垃圾清运工分管的工作,召集大家一块开现场会,如果大家看到的是垃圾乱飞,那么对清运工一定会有所触动,在今后的工作中就会自觉做好清理工作。

智慧文化对于每一个副职而言,都是十分重要的。有了智慧文化,副职就能够举重若轻,就能够把握全局,全面履行自己的职责,圆满完成工作目标。

洛阳二中的副校长,都有自己的智慧文化,能将分工负责的事情做得恰到好处。分管教学的副校长梁金贵注重“刚柔相济”,既要坚持原则、照章办事,又要以人为本、充满人文关怀,从而实现文化育人的目标。分管德育的副校长裴雪松把发掘学生的非智力因素作为突破口,进而抓好学生的习惯养成、润泽学生的美好心灵,倡导快乐学习,确保学生健康成长。分管后勤的副校长孙来红重视付出心态,认为只有任劳任怨的付出,才会有一流的执行力,才能做好后勤工作,为洛阳二中的发展提供可靠的后勤保障。综合看,三位副职优势互补,刚柔相济,智力与非智力并重,实干与巧干结合。这样的组合才成就了洛阳二中高效的执行力度。

第二节　助推层执行力透视

一流学校的发展，在校长的办学理念指引下，有了副校长科学周密的治校方案，还需要行动有力的助推层予以全面执行，把创新蓝图变成绚丽多姿的现实，进而实现学校的跨越式发展，把二中办成一所“优质＋特色”高中，办人民满意的高中教育。

一、教导处教育文化实践

教导处是校长办学理念的教学方面的助推层，肩负落实校长办学理念和副校长的具体方案的重任，具有举足轻重的作用。

二中教导处重视重点工作，把班级管理和教学教研工作作为促进学校发展的两大核心动力，在评先晋职、开展培训、福利分配等各个方面向班主任和一线教师倾斜，强化班主任和教师队伍建设，完善班主任和教师工作考核机制和奖励机制，全面激发两支队伍的潜能，确保这两个方面的工作稳中有进。

教导处把工作重心放在教研、课改之中。教研的理论基本点是，学校是真正落实教育的地方，教学研究只有基于真实的教学问题才有直接意义。

二中教研工作围绕“推进内涵发展、创建特色学校、全面提升办学影响力”的工作目标，以“构筑质量强校体系”为工作主线，推进教学教研工作，加强教师队伍建设。结合教师队伍现状，要想实现“质量强校”，必须走校本发展之路。校本发展是一种重视学校自身力量和自身发展的教育理念。学校特色是根据学校的特点发展的，所以学校要实现特色发展必定要走校本化之路。校本教研强调三个基本理念：学校是教学研究的基地；教师是教学研究的主体；促进师生共同发展是教学研究的主要目的。

课堂改革，将教师、学生与学校三方的发展有机地结合到一起。课改能否顺利实施，关系到学校的兴衰。2012 年第 2 期《人民教育》刊登了余慧娟撰写的《十年课改的深思与隐忧》的综述文章，她认为“课改是一场文化改革，它不是刚性的，而是柔软的。它是靠唤醒、发现、培植、引领去实现文化的变化的。它的变化，也一定是需要相当长时间的坚持才能达成的。”

二中的一线教师从课堂教学入手，以“改课促进课改”，改革课堂教学，创新课堂教学方法，激发学生的学习兴趣，激励学生探索问题，培养学生获取知识的能力，尊重学生在学习上的个体差异，进而实现学生创新意识的培养。教导处卓有成效地开展了细化常规教学、推行“2+3”高效课堂模式、注重青年教师队伍建设三方面的工作：

（一）细化常规教学

二中教师精心细化学科教学，不断提高教学效果。以作文教学为例，传统的作文教学，精批细改能使学生知道优缺点，可以有针对性地加强练习，但这种批改方法如果运用不好，容易形成教师包办代替，影响学生写作的积极性、主动性。尽管老师批改十分用心，还是有个别学生不置可否，没有领会老师的批改之处。因此，革新作文批改成了教导处推动的一项教学创新工作，成为细化常规教学的一个范例。

2005年，董玉强老师参与二中承担的中语会“十五”重点课题“创新写作教学与实验”项目的科研工作，担任实验教师。董玉强和语文组其他老师一起参与了实施与研究，并在“作文自批自改”的子课题上取得了重大突破。经过一年半的探索、实践，大家共同研发出“领、扶、放”渐进的批改方法、小组互助批改法、跟帖批改法。这些新型的作文批改法既锻炼了学生的鉴赏评价能力，又提高了学生的语文素养，而且与《普通高中语文课程标准（实验）》的要求是相符的。

自批自改的实验，不仅减轻了语文教师的作文批改负担，使他们从作业堆中解放出来，有更多的精力投身于教科研，而且学生之间也加深了了解，增进了感情。良好的方法产生良好的成效，二中作文教学工作取得了一定成效。二中学生在“语文报杯”全国作文大赛、“牡丹杯”才艺大赛中屡获大奖，质检、高考语文成绩斐然。语文教改的小试牛刀，激发了其他学科年轻老师教研创新的极大兴趣。

（二）推行“2+3”高效课堂模式

二中经过长期探索，在2011年提出了“2+3”高效课堂模式。从2012年秋季起，二中进入“2+3”高效课堂实验阶段。2013年至今，“2+3”高效课堂模式已在二中所有学科全面实施。“2+3”课堂模式的框架是重点抓好课前两个环节和课上三个环节。学校上下紧紧围绕课改，精益求精，着力打造二中特色的高效智慧课堂。

结合“2+3”高效课堂改革，教导处配合主管副校长组织校内多层面的课型展示活动。首轮由教导主任、年级组长上展示课，然后是教研组长及备课组长上过关课，而后是骨干教师示范课，最后是每年一次的青年教师优质课大赛。校外交流利用校园开放日、五校同课异构、洛阳市智慧课堂巡礼等扩大了二中“2+3”高效课堂的影响力。这些活动带动了全校教师投身教改的热情，盘活了学校的教学教研，集中展现了二中不断创新的教育风采。

形式是外在的，关键在于质变。现在走入二中的课堂，课内外教学环节的流畅衔接已成了习惯，小组合作探究常态化，多媒体主导教学成为所有教师的选择。二中的课堂是年轻的课堂，充满活力和创造魅力，吸引着二中人去认真选种、精细耕耘、收获硕果。

（三）注重青年教师队伍建设

青年教师的培养是二中教学工作的一个亮点。二中遵循“确定目标、科学规划、开拓创新、卓有成效”的方针，为青年教师的成长搭建科学平台，缩短其成长周期，激发青年教师投身课改、投身教育事业的热情，造就了一支锐意进取、辛勤耕耘的青年教师队伍。

目前，二中35岁以下青年教师66人，占一线教师的47%。青年教师起步早，成长快，容易适应新课程改革的需要。针对青年教师提出了“建学习型学校、做学习型教师”的成长规划。二中采取岗前培训、成长发展学校、读书会、听课制度、一对一辅导、成长沙龙活动、“135规划”（1年站稳讲台，3年成为骨干，5年成为名师）和“2111工程”（即每天读20页书、体育锻炼1小时、和学生谈1次话、记1页读书笔记或者教学反思）等措施，使众多青年教师受益匪浅。这些行之有效的措施，有助于青年教师提高政治、理论素质和业务能力，使其拥有先进的教育教学理念，早日成为学校的骨干力量，真正担负起二中发展的重任。

开展岗前培训，引导青年教师早入路、早成才。二中把如何培养青年教师成长作为校本教研的基本内容之一。每学年的开学前一周，二中组织新进大学毕业生进行2~3天的岗前培训。学校精心安排特级教师、名师、骨干教师、学术带头人、教育教学专家以及成才较早的青年教师提前进行分工，分别就如何上好第一节课、教学常规如何贯彻落实、课堂上如何运用教学艺术、怎样转换角色等做专题讲座，对青年教师进行系统培训。校长激励新教师勇挑重担、学会继承、学而不厌、诲人不倦，迈好教书育人的第一步。搭建平台，使青年教师一入职就树立“我要成为一名好教师”的人生追求，加快他们成才的步伐。经过系列培训，青年教师很快适应由学知识到传授知识的转变，结合学校的“135规划”，设计“成长规划”，尽快成为业务骨干,创造教学特色和“品牌”。

成立青年教师成长发展学校,确保青年教师顺利成长。为促进青年教师专业化发展,提升青年教师队伍的整体素质,实现学校的可持续发展,根据学校的发展目标与规划,二中于2009年10月31日成立了青年教师成长发展学校,详细规划具体措施和发展方向。青年教师成长发展学校由35岁以下的教师组成,并为每个青年教师提出切实可行的奋斗目标。

抓住成长关键期,一对一辅导青年教师,缩短其成才周期。学生的发展有关键期,青年教师的专业成长同样也有关键期。从教的前三至五年时间,如果教师形成先进的教育理念和具备实践智慧,以后的发展就会深入而持久。二中为青年教师灌输“不努力学习提高业务,会痛苦一辈子”的教育教学理念。充分抓住新教师热情高、可塑性强的关键期,扎实开展多种培训活动。充分利用青年教师成长的科学规律,采取有效措施,如新教师岗前培训、汇报课、展示课、粉笔字板书比赛、演讲比赛、优质课大赛等,实行‘师带徒’制,给青年教师定目标、压担子。其中,最有成效的是新老教师结对子活动,实现教育经验的传承。在老教师一对一的关心指导下,青年教师得以快速成长。一年一度的优质课大赛活动,是检验每个青年教师成长的重要举措。青年教师从中得到锻炼,业务水平得以提高。

坚持听课制度。为了帮助青年教师快速成长,二中由教研组长组织,中层以上领导随机进课堂听课,检查课堂教学的每一个环节。学校五位校级领导分包9个教研组,每个学科都听课,课下还与学生进行交流,了解教师备课是否到位、问题是否讲解清楚、作业是否批改到位等。在每周固定的校本教研时间,校级领导和教研组长再与上课的老师就课堂中的细节和问题进行深入沟通和交流。这种听课制度对青年教师的帮助和督促十分有效。

组织读书会。为了让青年教师养成读书习惯,二中组织读书会。学校统一购置一些图书,如《魏书生班主任工作漫谈》《中国新教育风暴》《英才是怎样造就的》《做最好的自己》《高效课堂22条》《蔡林森传》《中国课堂的奇迹》《大脑是如何高效学习的》等,人手一册,安排阅读。每学期组织两次读书会,让大家交流阅读心得,营造一种积极学习的氛围,引导他们养成读书的习惯,争做优秀青年教师。

2013年参加工作的生物教师周丽敏认为读书会有助于增加自己的“软实力”。她在2014年上学期就写了两本读书笔记。她深有体会地说:“读书的作用是潜移默化的,尤其是读教育理论著作。以前只看生物教学方面的书,现在读了一些教育理论、教育随笔,自己还买了《玫瑰与教育》《李镇西教育文丛》等阅读。现在回想起来,感觉以前拥有的更多是生硬的知识,关注的是‘教什么’和‘怎么教’,现在开始思考‘为什么要这样教’，开始关注‘除了教知识，还能给学生带来什么’。如果说生物知识是硬知识，那么教育论著则是软平台，它给教师提供的是长久的发展动力。”

定期开展“成长沙龙”活动。二中坚持定期开展青年教师成长沙龙活动。该活动每次确定一个主题，或解读教育新理念，或帮助青年教师解决疑难问题、听取优质课汇报等。该项活动提升青年教师的理论素养，激发他们快速成长的积极性和创造力，为二中的发展奠定了坚实的基础。

总之，二中青年教师的快速成长，极大地促进了学校的教学工作，学校教学工作成绩的取得也激发了青年教师的工作积极性，坚定了他们进行“2＋3”模式课堂改革、勇于实践新课改的信念。有一支锐意进取的教师队伍，二中深入贯彻课堂改革和全面提高教学成绩就有了可靠的保证，二中的教学工作就能稳步发展，不断取得进步。

二、政教处教育文化实践

政教处是贯彻落实学校德育工作的重要机构。以提高学生思想道德素质和养成良好习惯为目标，以活动为抓手，把德育工作根植于学生的学习、生活中，努力培养有爱心、担责任、会学习、乐健体的学生。政教处乐于做领跑人，不做执法队；为班主任保驾护航，让班主任心顺气顺；做好学困生转化工作；凝聚学校、家长、社会三方力量，办好家长学校，提高家庭教育水平，促进家校联系，构建家庭、学校、社会一体化的教育体系。政教处以一流的执行力，实现了德育工作的既定目标，既促进了学生健康成长，又实现了学校的新发展。

（一）做领跑人，不做执法队

1. 加强队伍建设

为有效挖掘和整合学校德育工作力量，形成全员育人的“大德育”体系，二中成立了以胡玉敏校长为组长的德育工作领导小组，把德育处、年级组、班主任等力量整合于领导小组中，明确分工，定期召开例会，共同探讨德育问题。

学习培训，提高班主任专业水平。坚持开好每月的班主任工作例会。围绕“如何开展好六步教育法”，举办班主任论坛，为班主任老师提供学习和交流的平台。完善《班主任考评条例》，形成二中班主任争先创优的良好局面。同时，对新上岗教师进行班主任工作培训，开展晨会课和班队课的考核，使他们尽快完成角色转变。

自主管理，培养学生会干部参与意识。二中通过学生会干部竞选，组建了一支优秀的学生会干部队伍。学生会干部合作意识强，能自主地参与学校管理。如校园卫生、学生早读午习的检查打分、文明礼仪的监督、各项成绩的统计反馈等都由学生完成。二中把德育过程还给学生，发挥每一个学生的作用。从活动的设计、组织、实施到评价，尽可能让学生亲身参与，让学生在活动中体验，在活动中提高。各班实行“值日班长制”，设立班级服务岗位，使得班级管理“事事有人管、人人有事管”，激发学生的主人翁意识和责任意识。

2. 强化养成教育

从小就开始和加强文明礼仪教育，是培养一个健全人的基本要求。二中把“养成良好的习惯”作为学校校风，把“养成良好的习惯”作为学校德育工作的重要内容，力求做出表率，树立学校新形象。

确定每月养成教育重点。坚持每月明确一个养成教育重点，把培养良好行为习惯作为德育教育的主要目标，丰富内涵，提升学生素养。例如，2013 年 11 月份的德育重点是“安全环保月”。根据这一重点，确定了“文明活动、楼梯走廊里不猛跑、课间活动要有序”和“节约水电、教室不开无人灯、及时关好水龙头”的养成训练目标，并在周工作安排中进行分解，班主任利用班会进行落实。

上好班会课。以“六步教育法”为主要内容，各班灵活开展主题班会活动。二中对每周班会检查评比，纳入班主任考核机制。

做好“文明班集体”评选工作。根据常规教育重教育、常检查、勤反馈、促进步的原则，坚持正面引导，榜样引路。政教处根据学生会、值班领导、年级组领导检查考核的结果，评比出“文明班集体”，授予锦旗并及时进行表扬。激励学生再接再厉，养成更好的习惯。班集体建设呈现出“比、学、赶、超”的良好态势。

3. 营造育人环境

“人创造环境，同样环境也创造人。”学生个体情感的培养，心理素质的锻炼、道德行为习惯的形成，知识才能的增长，无不受到优美、健康环境的熏陶。因此，二中着力在校园文化氛围的创设上下功夫，力争让校园每一寸土地、每一块墙壁都能成为陶冶情操、启智育能的好教材。

重视校园环境布置。精心构思，把校园环境建设成“陶冶情操的花园、育人启智的学园、发展兴趣的乐园”。校园里建起了《三字经》《弟子规》长廊，各班张贴“六步教育法”内容。以此不断提升校园文化品位，营造和谐的育人氛围。

发挥阵地宣传作用。充分发挥校广播站、宣传橱窗、黑板报、学习园地等阵地的作用。围绕“六步教育法”工作进行宣传，对于校园内涌现的好人好事、新人新事及时报道，形成了良好的宣传氛围。

落实多彩课间活动。为确保学生每天在校一小时的体育锻炼时间,二中认真组织大课间的体育活动,以此来丰富学生的校园生活,增强学生体质。每年都举办运动会,倡导师生一起运动,加强师生交流,增进师生情感。

开展心理健康教育。针对当前学生耐挫折能力普遍较低的情况,对学生进行热爱生命的教育。心理健康老师对学生进行心理健康讲座,同时,每天开放心理咨询室,鼓励学生通过各种方式把内心烦恼释放出来。

(二)为班主任保驾护航,让班主任心顺气顺

1. 努力加强德育队伍建设

按照二中"全员育人、全程育人、全方位育人"的要求,全体教职工都能自觉地在自己的工作岗位上,认真履行育人职责。二中制定实施了《关于实行全员班主任制》的规定,落实了优生、边缘生、学困生的帮扶与承包。全体任课教师充分发挥课堂主渠道作用,自觉渗透德育教育。人人都是德育工作者,做到了教书育人、管理育人、服务育人、环境育人,逐步形成了全方位育人的格局。

加强班主任队伍建设。制定实施《班主任工作条例》《班级管理考评实施方案》,继续实行班主任工作制度、班主任经验交流制度、例会制度、优秀班主任评选制度。加强班主任工作的责任心、上进心、事业心教育,强化"精心、精细、精品"意识。每年定期召开优秀班主任经验交流会,下发典型经验材料,举行示范班会观摩。

充分发挥学生自主管理的作用。在班级内部推行值周班长制和班干部竞选轮换制度,各班级成立班级管理量化小组,对所有同学的日常行为进行量化管理。实施自主与责任教育工程。在自主方面做到"三主四层次",即以学生为主体,自主管理,主动发展,实施学生会、值周班长、班级自治、学生个体四层次管理。在责任方面做到"五点五学会",即以对家庭负责为起始点,学会孝敬;以对自己负责为立足点,学会诚信;以对学习负责为基本点,学会求知;以对集体负责为凝聚点,学会关心;以对社会负责为升华点,学会报效祖国。通过学生自主管理,有效地促进学生的养成教育。每学期对涌现出来的三好学生、优秀干部、班级之星、学习尖子、体育尖子、艺术尖子、各类标兵等,二中在全校大会上进行表彰。

政教处自身组织建设。根据二中要求,制定了政教处工作制度、学习制度,努力争创"学习型、服务型、创新型"政教处。政教处人员分工明确,努力做到"团结协作、真诚善良,真抓实干、务求实效,主动学习、提高能力,开拓创新、有所作为"。

2. 认真落实一日常规

开展以争创示范班集体为龙头的常规管理达标活动,制定了《学生管理40条》

《学生管理手册》,对学生纪律、学习、两操、卫生、安全、仪容仪表等一日常规进行严格检查,从严管理,精细管理。在常规落实上,由学校领导、政教处、班主任、全体教职工、学生会参与管理,实行一日一反馈,一周一总结,一月一评比,使常规工作落到实处,实现养成教育的目标。

3. 多渠道开辟育人阵地

充分利用升旗仪式和国旗下讲话,加强对学生的教育,把升旗改为分年级轮流升旗,增强对学生教育的针对性和实效性。

培养学生的遵纪守法意识,每学期开展一次法纪教育月。邀请关工委领导或法制副校长做生动的法制报告,经常组织学生观看法制录像片、安全教育片,不定期进行违纪检举。通过做法制报告,落实学困生跟踪帮教,对违纪学生公开处分。通过以上形式,有效地防止恶性事件的发生。

加强宿舍管理。对宿舍卫生、物品摆放及被子折叠,政教处制定详细的制度,并每天进行检查评分,每月评选文明宿舍。经过严格管理,学生公寓楼管理日趋规范,成为学校管理的一个亮点,得到了师生及学生家长的一致好评。观看全国道德模范的典型事迹,对学生进行责任教育、感恩教育。

4. 开展丰富多彩的文体活动

寓教育于校园文化活动之中。每学年,二中组织班级篮球赛、跳绳踢毽子比赛、拔河比赛、趣味健身运动赛等文体活动。二中还先后组织"爱我中华"红歌比赛、"责任在我心中"征文与演讲比赛、书法绘画比赛,举办"金秋写生"绘画展、"我爱家乡"征文比赛等活动,提升育人水平。

(三)做好学困生转化工作

由于家长、社会和学校过分重视优秀学生,导致教师和家长在培养优生时往往是得心应手,而在教育学困生时却苦无良方。二中领导非常重视"学困生"的转化工作,要求政教处加强转化工作。结合学校实际,政教处制定了"学困生"转化工作实施方案。

1. 明确指导思想和工作目标

根据《中学生守则》和《中学生日常行为规范》,二中加强学生行为规范教育,树立良好的班风、学风和校风;加强对德育工作的领导和管理,增强德育工作的针对性、实效性和主动性。树立"转化一个学困生和培养一个优生同等重要"的思想,提高对学困生转化的认识,分析学困生产生的原因,制定有针对性的帮教计划,通过领导带头、全体教师共同参与,营造"扬正气、树新风"的氛围,帮助他们成为尊师守纪、助人为乐、有良好学习习惯的学生。

2. 分析学困生的成因

学困生行为的形成是相当复杂的，其环境因素主要有家庭、社会（包括同伴群体及各种大众传媒）学校等方面。

首先，家庭的不良教育与不良环境是学困生学习能力出现偏差的基础。身教重于言教，父母的不良行为，对子女的影响是潜移默化的。有的家长对子女放任或只关心成绩，当子女出现不良行为时不问原因，就训斥、打骂子女，使子女好事坏事均瞒着父母，不良行为得不到及时矫正，良好的品行得不到赞赏。

其次，社会不良风气及大众传媒的负面影响。学生虽入学校接受教育，但社会教育的大环境对他们的影响是潜移默化的。社会风气不正，社会规范失调，对学生的影响较大。社会价值观念的扭曲，轻视知识，崇拜金钱、权力，不可避免地使一些学生受到“读书无用”的影响，心灵受到玷污。社会文化规范失调、社会信息污染、黄色书刊与录像录音等非法出版物泛滥，严重侵蚀青少年的灵魂，阻碍学生的健康成长。

再次，学校教育存在问题。由于升学的压力，学校片面追求升学率，只抓智育，放松了德育，放松对学生各方面能力的培养，致使一些学生发展不全面，未能得到及时纠正、教育。有些教师只关心“尖子”学生，对成绩较差的学生放任自流，结果是被重视的“尖子”生可能会骄傲自满，不利于健康人格的养成；被放弃的学生容易挫伤上进心，产生厌学情绪，影响学生的健康成长。

3. 建立学困生管理档案，推出转化的具体措施

各班主任把学困生的各项信息记录到潜能学生登记卡，统一交年级组、政教处。学校为潜能学生建立电子档案，记录教育和转化的方法及违纪处理结果，方便全程管理。

加强师德教育，转变教育观念，关注“学困生”转化。大力开展师德教育，在全体教师中形成“以人为本”“不歧视、不抛弃每一位学生”的观念，促进转化工作健康发展。全体老师重新认识转化一个学困生的重要意义，要允许学生犯错，鼓励学生改正。全体教师要把学困生转化工作作为一项重要的常规工作，持之以恒地开展工作，扎实推进素质教育。

建立双评价制度（学生评价制度、教师评价制度）。深入实施“学生综合素质评定”工作，建立对学生全面发展的综合评价体系，评价学生的德、能、勤、绩的综合素质，改变过去的以成绩好坏来评价学生的单一模式。通过政教处、年级组监督和指导班主任对学生进行全面评定，同时要求各科任课教师也要参与对学生的评价，而不是仅仅停留在“分数”层面上。完善教师评价制度，在教师评先评优、职称评

聘、绩效考核中全面提高教师参与德育教育的考核“权重”。对于只教课不参与管理学生的老师,学生有说话权。

加强学生思想品德教育。政教处每个月制定一个主题,对学困生进行集中教育。针对学生由心理偏差引起的撒谎违纪、自制力差、自卑等落后行为表现的特点,开展相关的整治月活动。班主任结合学校整治月的活动,进行相关的主题班会;或由心理健康教师结合学生情况,与班主任一起设计相关的心理主题班会,对学生进行教育引导,让学生在活动中感悟,从而提高自我管理能力。如针对学生的打架斗殴事件,进行“如何构建和谐校园”的主题班会;针对禁毒教育,开展“珍爱生命、远离毒品”主题班会;结合教师节、感恩节、母亲节、父亲节等节日,开展感恩教育活动。

学校实施“德育导师工作制”,加强个体教育,落实“帮教”措施。教师作为“导师”负责对学生的教育、指导,依据“用心沟通、以德树德,竭诚交流、以情动情,修身垂范、以行导行”的育人原则,对学生的思想品行、学习方法、心理成长、情感生活、特长培养等方面予以关注与培育。依托学校实施的“德育导师工作制”,制定了四个层次的“帮教”网络:校级领导、中层干部,科任教师,班主任,班干部。

校级领导、行政与学困生结对子“帮扶”。学校领导、中层干部直接参与到学困生转化工作中,在帮教活动中起带头作用。由年级组指派问题较多的“学困生”一名与校级领导、中层干部结对。每周抽出一定的时间向班主任、同学了解帮教对象的学习情况或与学困生进行交流,定期家访,密切关注他们的成长。

科任教师与学困生结对子。目前,一些“学困生”是因为学业成绩跟不上而索性放弃造成的,而要提高学习兴趣,科任老师是重要一环。由班主任出面牵头拉线,科任教师跟班级学困生进行结对子活动。转化学困生要变课外为课内,以课内为主,课外为辅。这就要求教师在课内除了给学困生发言、板演、批改等优先权外,还应给他们提问、答疑、辅导等优先权,让学生充分展现自身能力,树立良好的自信心,并以此来督促学困生认真听课,积极动脑。

班主任的个别教育引导。对于学困生不守纪律、不诚实,处事不负责任,缺乏正确的道德观念,生活上贪图享受,对低级庸俗的事有兴趣,唆使同学吵架、打架,自卑,敏感而脆弱,意志薄弱,自制力差,性格急躁,抗挫力差等问题,班主任要给予特别关注。班主任要用爱心、耐心和真心去浇灌他们,尊重学生的人格、以理服人,注重建立师生感情基础,亲近学生。对他们的点滴进步,做的一件好事,都及时进行激励,使之发现自己的长处,树立正确的思想观念,促进他们健康成长。

班干部或学科代表与学困生结对子。在班级中要让班干部、学科代表与学困生结对子，平时多在学习、生活上帮助他们，不鄙视他们，有什么活动都让他们参与，多发现他们的优点、发挥他们的潜能，从而促进他们的成长。

进行心理咨询与辅导。心理咨询与辅导是学校开展心理健康教育的一种手段，也是开展德育工作的辅助手段。在学困生转化工作中要以团体辅导和个别辅导相结合的形式。心理咨询室通过个别谈心、团体辅导等途径，针对有心理困扰的学困生，对学习心理、情感问题、人际关系及自我成长等问题进行心理疏导。每个学期举办两场团体辅导，主题均侧重于学困生的转化。

密切家校联系，开展家教讲座，指导家庭教育。在学困生转化的工作中，家长的配合非常重要。充分利用家长会、家长学校、“致家长的一封信”等途径，让家长意识到家庭教育的重要性。通过举办家教讲座，就学困生的心理特点及常见问题进行讲解和分析，给家长一些方法上的指导。开展家长咨询活动，结合学校各年级的家长会或一些重大节日，心理学教师要参与现场咨询，与家长一起探讨孩子成长中的教育问题，给予一定的指导，家长可以随时与学校沟通和探讨有关问题。

4. 学困生转化工作实施的系列平台

主渠道系列：包括政治课、班会课及其他各科的教学，这是德育教育的基本途径，主要解决学生思想品德方面的约束，并逐步养成道德情感，形成一股积极向上的动力。

活动系列：包括主题班会、实践活动、课外活动、重大节日纪念活动、国旗下的讲话，青年党校、团校的开设，学雷锋活动的倡导等。通过这些活动，让学生体验、体悟，从而实现知、情、意、行的统一。

互助系列：包括一帮一活动系列、小组互助系列、班级互助系列，通过互助，使学困生感悟处处都有帮助，从而感受大家庭的温暖，激发其积极向上的学习兴趣。

环境教育系列：包括学校建设的硬环境，学校校训、学风、教风的软环境。建设优美、和谐、向上的校园环境，创设良好的育人氛围，培养学生人文精神，起到润物细无声的育人效果。

家庭社会系列：开办家长学校，使家长了解学校，了解自己的孩子。同时，也要引导家长关注学校，形成合力。只要学校、家庭、社会形成三位一体的和谐大环境，各科教师相互配合，教师与家长积极配合，学校与社会密切配合，学生在校内外都能感受到理解和尊重、鼓励和帮助。通过和谐大环境，感染、熏陶学困生，以达到预期目的，使学困生潜移默化地得到转化。

五个系列平台是学困生转化工作平台的有机组成部分，彼此之间是互补的。每一个学困生的转化离不开五个系列平台的综合发挥。

5. 学困生转化工作的反思

将批评变为表扬。学生处在身心发展的“过渡期”，许多违纪的现象出自无知、偶然或者是一种无意识。当学生出问题时，教师要认真分析其违纪的真正原因。在处理问题时，先肯定、表扬他的优点，再从另一个角度说明其问题的不良后果，让学生在等待批评之时受到表扬、肯定从而消除顾虑，在反向思维之中得到反省，增强改变自己错误行为的信心和勇气。

将指责变为自责。学生出现问题后，第一反应是等待教师的指责。如果教师善意地淡化，避开正面的、针对性、目的性很强的教训，让学生有反思的机会，让其认识到自身的错误，使其从等指责变为了自责。把“我要挨骂”变为“自己骂自己”，变成自我教育，将达到更好的教育效果。

将失望变为期望。当学生一而再、再而三地出现问题时，最担心的是教师、家长的失望之情，这会加重其心理负担。当教师、家长真对学生表现出失望时，其本来想努力改正的思想、自责的心态会加剧，从而变成了自我信心的丧失。因此，教师、家长将对学生的失望情绪变为期望甚至是鼓励的方法，也许会让悬崖边上的孩子有回头的机会。事实表明，学生问题的一再出现，最为苦恼的是学生，教师要耐心期待，不可火上添油，而要灭火育人。

将上报变为“私了”。教师、班主任甚至是生活老师，在发现学生违纪时，尤其是初次出现小问题时，要从其身心发展的规律出发，宽容一些，允许其犯错误，给其改错的机会。俗话说：人非圣贤，孰能无过？开始独立生活的孩子，出现些小问题是难免的，教育者要懂得做“人情”，将按规定应该上报的问题“私了”，让学生知错，从而不好意思再犯错。与此同时，又不能太迁就学生的不合理要求和不良行为，要有限度，不能给其一种错觉——老师心软，好对付。

将出错当成机会。对于达到或即将达到处分的学生，教育者给学生一次机会，让学生有改正错误或将功补过的机会。因为受学校处分的学生是全校通报、家长知晓的，对于一般的学生讲，这种处分所造成的心理压力、心理负担是沉重的，心灵阴影是深远的。如果将处分变为处罚，罚学生做些好事，罚学生主持一次班会，谈一次体会，设计一次专栏等，这就给了学生一次将功补过的机会，既顾及学生的面子，又锻炼了学生，让学生有反思的机会。

将具体变为抽象。当个别学生出现问题时，教育者可以将之抽象化，不要直截了当地指出；可以将个例变为现象，对学生进行教育。让学生们自我反思、对号入座，从而使其“有则改之，无则加勉”。如此，犯错的学生既能认识到自己的错误，面子上也能放得下，会产生感激教师的宽容之情。没错的学生也会明白这是错的，在这方面严格要求自己。在没有公开点名道姓批评之后，教师个别谈心时就可以直接指出学生问题的严重性、危害性，进而帮助其找出防止类似问题发生的方法和措施。

转化学困生是全面贯彻教育方针，办好人民满意的学校，实现全面育人的重要保证。只要全体教职员工形成合力，转变教育观念，加强师德修养，改进教育方法，提高育人艺术，创造和谐学校的氛围，转化“学困生”的工作一定能取得良好的成效。

牛益那老师认为学困生更需要老师的关爱。牛老师认同著名作家冰心说过的一句话——“爱是教育的基础，是老师教育的源泉，有爱便有了一切”。牛老师对班里的一名在全校都有名的学困生多次谈心、交流，了解孩子内心世界。有一次，这个学生刚抽完烟被牛老师抓了个正着。把学生带到自己办公室后，牛老师先递给学生两颗木糖醇，让学生去除口中的烟味。原本想着等待自己的“暴风雨”来临，哪里会想到是老师给的木糖醇。学生的心被感动了，嚼完之后，他低着头，沉默了一会儿，忽然抬起头，对牛老师说，“老师，我以后不再抽烟了。”他足足嚼了有20分钟，在这20分钟里他想了很多很多。虽然他不可能因此就马上戒烟，也不可能就此改掉之前很多不好的习惯，但牛老师知道，他一定能感受到老师对他的爱。接下来的半个小时，牛老师帮这名学生制定了一个戒烟计划，好习惯养成的计划，学习计划，三年奋斗目标以及高考目标。牛老师认为爱每一位学生，用爱用行动让每个“花朵”都鲜艳的开放，让每个“花朵”都展现独特的姿态，这是一件幸福的事情！如今，二中的每一位老师都在精心做这件幸福的事情。

（四）凝聚学校、家长、社会三方力量，构建立体教育体系

营造学校教育、家庭教育和社会教育相互沟通与合作的教育网络，做到每学期每位教师同学生家长均有联系，重视做好与学困生家长的联系。老师们充分利用“校讯通”短信平台，进行家校沟通，接受家长和社会监督。

二中联合共建部队，开展新高一的军训工作，已经坚持30年，是洛阳市军训历史最长的高中。通过军训，提高学生的精神面貌和增强遵守纪律的意识。

搞好家长培训活动，提高家教能力。通过每学期的家长培训活动，使家长认识到全面培养孩子综合素质的重要性和紧迫感。胡玉敏校长为家长介绍学校办学情况，生动阐述家校联系的重要性，希望家长们能树榜样、多放手、勤沟通、善引导、重品行。邀请专家教授作专题报告，分析当前家庭教育普遍存在的几个误区，并给予家长们具体的方法指导。

通过家访活动和“给学生家长一封信”活动，加强家校沟通。鼓励教师在家长

会中与家长共同研究家庭教育的同时,要求教师积极行动起来,采用各种形式搞好入户家访,通过加强与家长的沟通,提高了教育效果。要求家长与学校共同做好对孩子的法制安全、卫生、防火、读书做事等教育,并要求学生将家长的反馈意见交给学校。

开展实践活动,发挥整合效应。近几年来,结合新的形势,二中积极与周边共建单位、德育基地经常联系,组织学生开展综合实践活动,在活动中培养学生的良好行为习惯和思想道德素质。

办好家长学校。家庭教育是现代教育中一个重要组成部分,提高家庭教育水平,帮助家长克服"重养轻教、重智轻德、重身体健康轻心理健康"的倾向,广开社会育人渠道,积极构建家庭、学校、社会一体化的教育体系,是二中家长学校的工作理念。

二中的德育工作取得了一定成效。从学生写给母校的心里话,即可知学生拥有阳光心态,即可窥一斑而知全貌。

当时只道是寻常

2012 级 4 班　庞雅蕾

二中的桃花又到了盛开的季节,一朵朵,一簇簇,开满枝头,散发着淡淡的清香。和煦的阳光轻轻地照在桃花上,让桃花带着几分慵懒,看着却又十分舒服。在桃花旁边盛开着玉兰花,白色的叫白玉兰,红色的叫辛夷。操场旁边的老桐树,在春天开出桐花,空气中弥漫着甜甜的味道。老桐树上住着一窝小燕子,天气暖和时这些小燕子就开始叽叽喳喳地唱起歌来,似乎在为跳绳的同学记着数。

二中给人印象最深的是领导和老师,他们各具特色。校长"胡玉米",总是普通话里夹杂河南话:"咱们中学生,就应该有中学生的样!"还记得元旦汇演时他在校礼堂舞台上演唱《上海滩》,简直曲惊四座。

还有令人难忘的嗓音洪亮的大河老师,他会在某个学生瞌睡时,一嗓子叫醒,他的声音一刹那间响彻整个楼道,让隔壁班的同学都一激灵。

还有爱卖萌的蒋老师,会扯着嗓子喊:"孩子们,看蒋老师书啊,这里标背景原因,下一段标经过。那个小女生别照镜子啦,来看蒋老师书……"

还有自带回音的杭主任:"这题这么简单都不会啊,有没有认真思考啊,不能光等老师讲啊老师讲。"

还有漂亮的石薇薇老师、男神级别的张律老师,以及我们严厉的邱老师……

高中生涯已经过去近两年时间,有的人或许认为高考很遥远,有的人或许正泛舟在题海中。也许是几年后再回忆起这些岁月时光,只能说一句:当时只道是寻常。

三、办公室教育文化实践

二中办公室拥有主人翁心态,以校为家,从教师业务量考核入手,落实校长的办学理念,推动洛阳二中的稳步发展。办公室重视教师评价机制的改革与创新,推出了较为科学合理的二中教师业务量考核办法。

教师评价制度在引导教师较好的完成常规教学工作,激励教师开展创造性劳动,及时反馈教学信息等方面具有重要的作用。教师评价制度成为学校管理中极为重要的一个环节。同时,它与每位教职工的切身利益息息相关,在每位教职工的评先晋级、绩效考核中都起着非常重要的作用。学校的评价机制能否客观公正地评价每一位教职工,直接影响教师队伍的成长,影响到学校的可持续发展。为此,二中结合自身情况进行了如下探索。

2006 年 8 月,依据学校发展的需要,制订了《洛阳市第二中学第一个三年规划》,并逐步对教师评价制度进行改革。学校的四届三次教代会通过了新的《教职工业务量化考核方案(试行)》,在试运行中逐渐摸索经验,总结得失。在第一个三年规划如期完成后,又及时制定《洛阳市第二中学第二个三年规划》。结合学校工作实际,根据方案运行过程中出现的实际问题,在校五届一次教代会上对《教职工业务量化考核方案(试行)》进行了修订。直至 2012 年第三个三年规划开始时,二中教师评价制度的改革才走上了较为科学的发展轨道。新的教师评价制度是以教师的自我发展为动力,以学生的全面成长为目标,激发了教职工的工作活力,提高了教育教学质量,在促进学校跨越式发展上起着不可估量的贡献。

二中教师评价制度的具体做法是评价主体的多元化、评价内容的多样化、评价方法的多样化。

(一)评价主体的多元化

教师评价的主体,不只是学校领导者的责任,而应建立教师自我评价、学校领导、学生、教师、家长共同参与的多元评价主体,即把自我评价、同行评价、学生评价、家长评价、领导评价结合起来。这样,教师就能从多渠道、多角度获得信息,不断提高自身素质和教学水平。

首先,教师自我评价。根据自己一学年的工作情况,教师对自己的德能勤绩等方面做出客观公正的评价。这样改变了教师原来消极被动的被评价地位,较好地激发教师的主体意识。

其次，年级组老师互评。年级组教师根据自己了解到同事的工作情况给予每位年级组成员进行评价，这有利于年级组教师在工作中注重团队意识，既分工负责又相互协作。

再次，学生与家长的评教。学生和家长是教师的服务对象，他们对老师的评价最有权威，因为教育本身就是服务，服务对象对服务质量的优劣感受最清楚。

最后，业务考核小组的评价。业务考核小组由校级领导、中层干部代表和教研组长代表组成，他们根据教师的自我评价、年级组老师互评和学生与家长的评教情况对每位教师进行总体性评价。

评价主体多元化改变了原来只由学校领导单一评价的方法，使教师工作得到较为客观、全面的真实反映。

（二）评价内容的多样化

教师评价内容不能仅仅局限于对教师的教学评价，而应体现在教师教学的评价和对教师素质的评价两个方面。二中对教师评价的内容主要有思想素质与师德师风、出勤、工作态度与工作能力、教学成绩与教学效果等四个方面。其中思想素质与师德师风方面，要求教师爱岗敬业、教书育人、遵纪守法、团结协作、为人师表。业务考核的总分为100分，其中师德师风占20分，通过年级组互评和考核小组考评核算出结果。出勤方面占20分，由办公室严格根据教职工出勤制度进行考核。工作态度与工作能力方面占20分，内容包括学历、工作量和落实教学常规情况，由教导处具体负责考核。其中教学常规占10分，包括备课与教案、听课与评课、作业布置与批改、教学过程与教学管理、培优补差等五项内容，此项考核也有具体的要求。教学成绩与教学效果方面占40分。此项内容是所有项目里面分值最重的一项，包括期中期末考核和学期考核。期中期末考核占20分，由过程评价小组考评。学期考核占20分，由考核小组考评。由此可以看出教学成绩在整个业务考核评价里面的比重。

（三）评价方法的多样化

评价主体的多元化和评价内容的多样化，要求评价方法的多样化。不同的评价主体有不同的具体评价方法，不同的评价内容也要求运用不同的具体评价方法。在评价方法中，二中主要采用结果评价与过程评价、形成性评价与总结性评价、定性评价与定量评价、自我评价与他人评价等评价方法。

1. 结果评价与过程评价

结果评价主要是以学生的学业成绩来评价教师的教学效果。主要是在期中期末的考试后运用。过程评价是对教师在教学过程中的备课、上课、出勤等方面给予的评价。

2. 形成性评价与总结性评价

形成性评价其实就是过程进行中的评价,期中考试后运用具有激励和改进功能。而总结性评价常为学期或学年结束时的评价,两者交换使用可以发挥评价的积极而又及时的促进效果。

3. 定性评价与定量评价

定性评价和定量评价各有其特点。定性评价使评价结果模糊笼统,弹性较大,难以精确把握。二中评价教师是从多方面进行量化,把评价内容转化为分数,便于核算与评比。

4. 自我评价与他人评价

通过自我评价,教师能较为深入地分析自己的优缺点,他人评价让老师知道自己在别人心目中的位置,促使教师之间相互协作,打好团体战,学校人际关系更加和谐,有利于集聚正能量,形成向心力。

2013 级 7 班班主任王雪梅老师从事中学教育 20 年,对教师评价机制感受深刻。“过去评价主体单一,现在有领导评、同事评、家长评、学生评;过去评价内容少,现在评价内容多。评价过程比以前公正、透明、公开。现在的评价机制能够激励老师们精益求精地做好工作,不断提升教学素质,提高教学水平。”王老师辛勤耕耘,送走了一批又一批优秀学子,也连续数年获得“优秀”等级的评价。

二中的教师评价机制并非完美,虽然在实现学校的跨越式发展上起到了积极的助推作用,但在运行的过程中也发现一些问题,需要在实践中继续去探索和完善。总之,二中要用更科学的激励机制促进教师不断成长与发展,从而实现学校更好更快的发展。

四、后勤处教育文化实践

兢兢业业、勤于实干是后勤人的本色。后勤工作没有笑声、掌声,只有务实的汗水和辛勤的付出。东奔西跑、踏实肯干是后勤人的特点。在二中这列飞速行进的列车上,后勤处认真贯彻校长办学理念和主管副校长的工作部署,执行有力,主动服务,管理精细,为学校发展提供了坚实的后勤保证。

(一)高举服务大旗,落实服务理念

理论是行动的先导。总务处一班人奉行服务理念,高举服务大旗,定位准确鲜明,不求名利,重在服务。在校长、主管副校长指导下,总务处牢固树立“主动出击、

不等不靠、坚决执行、马上行动、原则要执行、方法要讲究”思想，倾力保证教学一线，不怕苦、不怕累，做好师生服务队；早点来、晚点走，师生需要记心头；今日事、今日毕，活干完后再休息；多留心、多观察，主动服务不拖拉；突发事、早预见，应急预案要健全；后勤事、重千钧，一心一意保中心（一切以教学为中心）。

（二）落实有声有色，后勤保障给力

处理好后勤社会化与加强监管的关系，确保落实到位、保障给力。

学校后勤管理社会化是大趋势，学校发展离不开社会各界的大力支持。而后勤社会化并不意味着学校责任的转移，更不能以此推卸责任。学校监管不能缺位，管与不管，相差甚远。学校食堂和广大师生在利益上是一对天然的矛盾，这是一个不容回避的事实。如何处理得当？总务处在深入调研基础上，集思广益，果断决策，提出了食堂工作的宗旨，即“服务师生第一、盈利第二”。加强教育、培训，增强食堂从业人员的职业道德，强化食堂人员的服务意识、与学校教学目标一致的管理意识；经常开展技能竞赛，落实食堂操作规范；建立长效监管机制，常规检查和临时突击检查相结合，严守食品安全红线；教育学生文明就餐，培养节俭意识；检查、反馈、整改、保持，稳扎稳打。总务处对食堂周周有检查、有记录，用经济杠杆保证学生就餐卫生、干净，物美价廉，既减轻学生就餐的成本，又赢得家长和学生的赞誉。

加强对后勤人员的教育和精细化管理。麦当劳快餐店创始人雷·克罗克，是美国社会最有影响的十大企业家之一。他不喜欢整天坐在办公室里，大部分工作时间都用在“走动管理上”，及时了解情况，现场解决问题。受此启发，后勤人员推行“流动服务的理念”。服务人员在办公室不能超过半小时，各自岗位上经常性流动观察、管理和服务，发现问题，现场办公。后勤人员成分复杂，为了调动他们的工作积极性，需要明确其岗位职责，予以合理分工，并对后勤人员进行量化考核。强化纪律，实行签到制；问题解决不过夜。用制度管理，淡化人情风气。总务处率先垂范，提高后勤人员的服务水平。后勤人员文明用语是接到电话先说“你好，有什么事情您讲”。若在工作，告诉对方我什么时候到达服务地点。加强对后勤人员的教育。建立例会制度，每周二上午，查找问题，交流沟通，布置工作，表扬先进，督促落后。对钟点工管理，实行量化考核。每次布置工作，要求有落实、有汇报，严禁差不多。每一个岗位负责人的电话牌广泛张贴。一个电话，服务上门，切实落实流动管理的理念。

开源节流，精细化管理水电。借助班会、宣传板报、校园文化墙等各种宣传阵地，广泛开展校园节约水电意识教育，养成节俭之风。水电表经常检查对比，适时公布，考核后奖励与批评相结合；班级用电专人负责，人走灯熄，随手关电，节约风

气蔚然成风。

科学预见，确保教学后勤保障。总务处早上开晨会，晚上开总结会，每天至少5个小时时间在校园巡查，发现问题汇总后，及时沟通、维修、采购；广泛收集师生员工的意见和建议，赶在问题发现之前及早预见，避免事后维修困难，或者等着别人找帮助。每年寒暑假，后勤人经常牺牲节假日，利用学生不在校时间搞好维修，确保学校正常工作。

急师生之所急，把师生切身利益放在首位。后勤财物关系到师生的切身利益，尤其是房改工作，积累问题较多，教师反响强烈。为了让老师们安心教学，总务主任上阵，办理各种证件，处理复杂手续，一趟趟联系各个部门，核对数据，整理表格，吃苦受罪，坚决维护老师们的合法权益。

校园安全防患于未然。校园安全分类管理：消防演练、消防设施检查维护，建立常态化机制，责任明确，分工落实；体育器材、场地经常性检查维修；校舍安全不放过每一个角落；监督摄像头安装到位、布局合理；用电安全教育宣传广泛，每天都有专职检查、整改。二中荣获2013年度洛阳市教育局安全管理先进单位，总务主任杨启松获得安全管理先进个人。

为美化、亮化校园，集思广益。一栋栋高楼耸立校园，崭新的教学楼、学生宿舍楼拔地而起。从办理各种基建手续开始，东奔西走、斗严寒、战酷暑，蹲守工地，监督施工，每一个环节都留下总务处人的辛勤汗水。美化校园，为校园物质文化穿衣打扮、形成文化氛围。例如校园工地的文化墙，本来是灰头土脸的围栏建筑，在领导们的指导下，被装扮成校园文化长廊。孔子经典语录形成无形的教育语言，影响着校园的每位过客。

下面是小记者采访校园水电工的文章，从中可以体味师傅们的辛苦和负责。

开心的笑容——对任中林师傅的一次采访

他默默无闻，心甘情愿为校奉献；他勤劳朴实，满腔热血为校工作。他是一名普通的电工，可他的笑容令人无法抗拒。他会修桌椅、修门锁、修水管，甚至还会修空调。每当教室里的什么东西坏了，任师傅总是会带着微笑赶来修理。大家都非常喜欢他。

任师傅的工作十分繁忙，我们必须提前确定时间，以确保不会耽误任师傅的工作。在任师傅帮我班换完电棒时，我们进行了邀约，时间就确定在下午大课间，可实际并非想象中的顺利，任师傅的工作实在太忙，三番两次都没有找到他本人。直到第二天下午，在楼梯口巧遇到了他。因任师傅的工作时间关系，采访就在楼梯口开始了。

问:任师傅,您在学校工作多长时间了,主要工作是什么?

答:我2004年就来咱们二中了,算起来也有十年左右了,主要的工作就是水电方面。

(回答虽然简洁,却尽显了任师傅的朴实。)

问:您认为二中这个工作岗位怎么样?

答:很好啊,十年来,尽管是临时工,但很满意。

(从任师傅的神情中,不难看出他对如今工作的满足。)

问:是什么使您在这个岗位上干了这么多年,况且还是个临时工。您每天工作时都想些什么?

答:我就是个普通人,是打工的,想的就是要干好本职工作,一定要让老师和同学满意。

(任师傅这句话朴实无华未曾有一点点对临时工的抱怨,有的只是一颗做好工作的恒心。)

问:上次您来我班安装插销,态度十分亲和,并且每次与您说话,您笑得都很开心,您认为平时自己是个怎样的人呢,是否一直很乐观?

答:一定会乐观。其实我挺自豪的,以前有一个高三的学生来找我演过一个父亲,录了一个短片。今天你们又来采访我,我真的很高兴。

(不难看出,任师傅的高兴是从心底涌上来的,这也使我们更加坚定了本次采访。)

问:您在工作中一定跟许多学生打过交道,您认为我们二中的学生怎么样?

答:学生当然都好了,我们都是为老师、学生服务的,只有尊重别人,别人才会尊重你,有问题及时解决,就像你们把问题写在报修栏上,我们看到后立刻去修,待人接物客客气气的,大家都会开心。现在的主要任务就是为高三检查各种线路,这样考试才会顺利嘛!

说完,任师傅就又去各个教室检查摄像头了。看着任师傅的背影,敬佩之情油然而生……

五、年级组教育文化实践

二中三个年级组具有“合作心态”特征,团队精神显著,全体教师相互信任、团结协作,共同实现学校的发展目标。三个年级组全体教师踏实工作、高效合作,不断提升教育教学水平,取得了较好的教学效果。

无论是课堂教学模式改革，还是各个年级的日常教学工作，三个年级组均体现了较好的团队精神，以合作心态实现全校教学一盘棋，推动学校稳步发展。

（一）做全能老师，热心服务学生

高一年级组主任魏建党老师认为，只有做全能老师，为学生提供热心服务，做万能“便利贴”，哪里需要哪里贴，才能把更多的二中学生培养成优秀人才。

要想做一名服务型班主任，就要甘当万能“便利贴”，随叫随到，不仅要成为学生的好“管家”，照顾好他们在学校的饮食起居，还要满足其求知欲，做全能教师。全能教师常会被学生们佩服得五体投地，说话更有分量，管理班级自然轻松许多。

处处以身作则，身教大于言传。魏建党老师常对学生们说，班主任也是班集体的一员，所以，他把自己也排进了班级值日表，和学生们一起值日，而且天天“上岗”。这样做虽然有些累，但可以为孩子们做个好榜样，让他们热爱劳动，更有责任感。有些学生扫地马马虎虎，不愿捡起犄角旮旯的垃圾。每当遇到这样的孩子，魏建党老师从不批评他们，二话不说，弯下腰去将垃圾拾起来。慢慢地，弯下腰值日的学生越来越多，犄角旮旯的垃圾越来越少。握手，搬凳子，倒水……魏建党对每一个学生家长都非常尊重，即使学生犯了错误，他也会笑对家长，不发脾气。“我做的一切，孩子们都看在眼里，我这样做是为了让他们懂得并学会尊重父母。”魏建党老师说，不少孩子在家里都很受宠，尊重父母的观念越来越淡薄，教师需要做好榜样。

每次上课，魏建党老师总是以饱满的精神面貌出现在课堂上，且声音洪亮，他幽默的讲课风格总能引来笑声不断。魏建党老师说，教师的精神面貌、工作态度是学生的镜子，只有教师投入授课中，学生才会陶醉于听课中。

（二）快乐学习，健康成长

快乐是一种美好的境界，只要用心就可以随手可得的。教书育人，不一定只有板着面孔传授的方式。让每个学生快乐学习、生活，让每个学生健康成长，这是二中教师张守明的教育理念，也是全体洛阳二中人的共同心声。

张守明老师善解人意，常替学生着想，看着学生学习劳累，就心疼得不得了。怎样减轻学生负担，让学生开心地学习、生活呢？张老师想到了实现快乐的多种方法。面带微笑进教室、每月一次生日会、报喜不报忧的家长会等是张老师的快乐秘方。笑是愉悦心情的外在表现，外在的环境又影响了人内在的心情。为让学生有一个笑得出来的环境，张守明老师让学生自己动手美化班级环境。学生纷纷出点子，把教室装扮得丰富多彩、充满情趣。每月的月末，张老师为当月过生日的同学举行生日晚会。家长会历来是有喜报喜有忧报忧，而张老师的家长会是只报喜不报忧。当然，不报忧是有条件的，是要求学生们努力把自己最好的一面表现出来。

快乐学习是最好的学习方法。播种快乐就收获快乐，学习的效果自然而然就得到实现了。学生快乐、开心，其成长必然健康、向上。

（三）脚踏实地，追求卓越

不经一番寒彻骨，哪得梅花扑鼻香。高三年级组主任李保国老师认为，年级主任应该拥有合作心态，脚踏实地，与高三年级教师一起追求卓越，才能贯彻执行校长的办学理念和副校长的工作方案。

因为他们有强烈的责任意识，严格管理、踏实苦干、团结协作、辛勤耕耘，所以，才能向全校教职工交上一份比较满意的答卷，为进一步提升二中的办学水平奠定了坚实基础。下面是2014届教师们的拼搏体会。

1. 扎实做好学生思想工作

早入手，让同学们及早进入高三状态。2013届高三成绩刚揭晓，年级组为了学校发展的需要，就召开高三全体师生动员大会。胡玉敏校长站在更高的理论高度，向同学们介绍了高效学习的方法。聂建萍书记要求大家尽快进入高三状态，早思考、早准备、早行动，为实现自己的理想而努力学习。梁金贵副校长向同学们客观分析了河南省高考的现状，激励同学们制定周密计划。李贝贝、徐园园和刘源等参加2013年高考并取得优异成绩的同学，向同学们介绍了自己的秘诀和法宝。李保国老师结合本届高三的实际情况，制定切实可行的高考备考计划，促使同学们尽快进入高三状态。

重外援，让家长多参与学生的管理和帮助。在高二期末质量检测、高三多次平时考试后，年级组都在最快的时间内安排家长会，向家长进行通报，并向家长分析每个阶段学生应该注意的问题，对不同层次的学生提出相应建议。在每次家长会上，班主任认真通报每位同学在校的情况，总结该次考试的经验和教训，鼓励同学们以最佳状态迎接下一阶段的挑战。

抓关键，认真做好百日冲刺和高三毕业典礼工作。2014年2月26日，二中召开百日冲刺及誓师动员大会，高三全体师生对2014年高考充满了信心和期待。5月13日，二中举办2014届高三毕业典礼。大家共同回顾了三年来全体师生共同奋斗的历程，表达了师生一同创造新辉煌的愿景。《毕业歌》《相逢是首歌》等情景剧把毕业典礼推向了高潮。洛阳电视台也对毕业典礼进行了综合报道。

请专家，缓解同学们的高考压力。为了缓解同学们的备考压力，4月20日，邀请上海市心理学专家张静涟教授，为高三师生做了《打赢考前心理战》和《做迎考孩子的心理教练》的讲座。张静涟教授妙语连珠地舒缓了同学们的备考心理，也给家长们如何做好考生的后盾提出了方法，受到全体师生和家长们的好评。二中学生没有出现心理问题，平稳度过 2014 年高考，为取得高考优异成绩奠定了坚实的基础。

2. 准确把握高考方向

认真研读考试大纲，准确把握高考方向。随着新课程改革的逐年深入，课改区的高考逐渐进入深水区。为了让高三教师准确把握高考，真正做到有的放矢，年级组及时地向各备课组下发了考试大纲、考纲解读和考试说明，也分两批次到郑州听取考试大纲解读说明会，并多次带领全体高三教师进行系统的考试大纲研读与分析，使每个高三教师熟悉考试大纲，准确把握高考考点。

高三教师到西峡高中深入学习，并做到学以致用，在全校率先做起了教室文化和走廊文化，并带动全校用校园文化引领学习的积极性，一度使校园文化成为二中的办学特色，在社会上产生了良好影响。同时也把衡水中学的精细化备考、栾川一高的“二五二”课堂教学模式和西峡高中“三疑三探”高效课堂模式，灵活地融入高三年级的教学备考中，收到良好效果。

3. 统筹安排，讲练结合

合理安排练习密度，以考练促进教学。在高三伊始，年级组就对高三阶段的校内训练密度进行了统筹安排，提出了一轮复习重月练、二轮复习每周练、三轮复习随时练的讲练比例，使同学们在高三阶段张弛有度，对知识的把握真正地做到根底扎实，适应高考知识容量渐大的特点。

注重考试质量，达到练有所用，考有所获。从组织考试的每一个环节抓起，要求命题人精心选题、监考人严明纪律、评卷人精确把握、分析人准确无误。通过考试和训练，让学生在训练中提高，在考试中进步，知识越来越牢固，成绩越来越提高。当然，也更能增加学生和老师备考的决心和信心。

准确把握时间节点，及时转化考练方向。为使高三师生在时间运用上张弛有度，年级组合理安排了高三阶段的考练形式。一练前，坚持单科间周练、全科每月练的原则。一练一过，每周练综合，隔周练主科，使综合学科得到了强化练习，同学们也从中掌握了综合学科的时间分配和做题规律。二练以后，转入专题模块训练和题型强化训练，让同学们从中弥补一轮复习遗留的缺口。

4. 及时掌握信息，准确提炼信息

把握常规信息，使知识推进循序渐进。信息化时代，年级组征订了常规性的信息题型，自拟高质量信息题型，引导全体师生准确把握高考方向，分清易错点、突破重难点、辨明疑惑点，真正做到遇到问题，犹如庖丁解牛，游刃有余。

外联课改区信息题，做到知己知彼。在高三备考期间，年级组先后征订了全国各地高质量模拟试卷。备考教师精选习题时，博采众长，形成个人制胜之利器。与名校联考，找差距，促提高。2014 年的高三备考，年级组做到了试卷上的内引外联，先后与郑州市同时进行了一练和二练的考评、与衡水中学同步进行 11 月和 12 月的月考、与豫北豫东十校联考三次、与河北省百所名校联考两次。在联考中查找备考的缺陷，领略传统名校的风采。

六、群体组织教育文化实践

二中群体组织是学校的有机组成部分，也是贯彻校长办学理念和主管副校长工作部署的重要阵地。共青团和工会充分发挥各自职责，紧密配合学校中心工作，以一流的执行力，把校长的办学理念落到实处，圆满完成副校长的工作部署，为实现学校的稳步发展做出了各自的贡献。

（一）团委书记执行力透视

共青团工作，主要分为两大块，一块是青年学生，一块是青年教师。二中团委书记杨启阳拥有自信心态，把勤奋工作、不辱使命视为自己的神圣职责，也把培养师生的自信心态当作大事。他赞同法国教育家卢梭的一个观点："自信心对于事业简直是一种奇迹，有了它，你的才干便可以取之不尽，用之不竭；一个没有自信的人，无论他有多大的才能，也不会抓住一个机会。"

多年来，二中共青团努力学习党的路线、方针、政策和团务工作制度，不断提高政治理论水平，以科学发展观为指导，以团市委年度工作要点和市教育局、学校本学年的工作重点为主题，以学校德育工作和教学工作为轴心，结合学生特点，探索有效途径和手段，创新工作方式，帮助青年师生培养自信心态，从而把校长的办学理念落到实处。

1. 重视团组织建设，成立学生社团

重视团组织建设。2010 年，校团委成立了三个年级的团总支和教工团支部，开展了一些扎实有效的工作。2010 年 12 月底，校团委被团省委提名第九批省"五四"红旗团委创建单位、被团洛阳市委评为"2010 年团学工作先进单位"。李建颖获市新长征突击手称号、杨启阳获市团学工作先进个人称号，楚晓然等同学获市优秀共青团员称号。高二(7)班荣获市团学工作先进团支部，高二(11)班获市级先进团支部，高二(1)班获市"五好"团支部的称号。2011 年，校团委被团省委提名第九批省"五四"红旗团委创建单位。2011 年和 2012 年连续两年荣获市团学工作先进团委。在由洛阳市纪委、宣传部、教育局和团市委联办的洛阳市河洛大赛中，二中荣获优秀组织单位，数十位同学在大赛中获奖。杨启阳作为唯一一名中学代表，代表洛阳市参加 2011 年河南省共青团学校工作会议，代表涧西区 12 所学校参加洛阳市第 12 次团代会，并荣获河南省模范团干部荣誉称号。

成立学生社团，提高学生能力。2011 年，二中学生会和团委联合成立若干个学生社团。在校团委和指导老师的帮助下，社团开展丰富多彩的活动，推动学生健康成长。新声文学社创建初期，只是欣赏一些美文等。校团委建议把文学社成员较好的作品做成手抄报，相互传阅。社长王丘子和王明浩想到了拉赞助的方式来筹资。大家拉来赞助、选好文章，请一位著名书法家免费题写刊名《新声》。如今《新声》报已经出版七期。新声文学社成员 2012 级 02 班的李化雨创作系列小说 *Sad Angel*，如今已发表七部，共 4 万多字；徐艺萌同学爱好写词，发表的《菩萨蛮（回文）》和《九张机》令老师赞叹。2013 级 02 班的胡广金同学，在网络上发表长篇小说，获得稿酬 10 万余元。

2. 举办文艺活动，发掘艺术人才

二中加强校园文化建设，举办校园文化艺术节和元旦文艺汇演等活动，智育和德育并重，给学生提供艺术实践舞台，提高学生的艺术审美、表现、创造和鉴赏能力。每年的元旦文艺汇演被称为二中的“小春晚”。在评选节目的时候，学生表现出极大的热情，“我要上春晚”成为大家的口头禅。学校文化墙定期更换，对学生的书法、绘画、剪纸等较好的作品和各班班报进行展评。

2010 级饶一恒和华夏两位同学，首次参加元旦文艺汇演预选时表演了相声，两人配合默契。正式演出时，引起轰动，返场两次，又表演了其他相声节目。他们在二中参加了十几次演出，2013 年被天津艺术学院录取。2012 级 04 班的蔡艺扬同学，高一时主持年级的一次比赛，其大气优雅的风格引起校团委的关注。在 2013 年的元旦文艺汇演中，她和学长们一起主持节目，取得较好效果。该生成为“明星主持人”，当上校园广播站站长，心怀播音主持的梦想。2012 年，校团委承担“河南省第四届中小学生艺术展演选拔赛”预选工作。李闯、邹妙童、洪艺华、陈汉文等四名同学代表洛阳参加河南省的比赛。

3. 加强学习教育，开展志愿服务

以体验教育为基本途径，引导青少年自觉实践社会主义道德观念和行为规范。二中团委在平时工作中重视社会实践活动，通过组织一系列活动，充分发挥团组织的重要作用，教育引导青少年成长为社会主义“四有”新人。

2009 年，加强青少年理想信念教育、思想道德建设和法制宣传教育等。2010

年,成立青年志愿者协会,定期组织系列活动。2010 年 4 月,西南大旱,校团委发出“一人一瓶水、爱心送旱区”的行动,募集5 000余元。2010 年 5 月,为支援洛阳山区农村学校,向其他学校发出“捐出一本书、知识送他人”的倡议,各校共捐出课外读物8 000余本。2010 年 7 月,组织学生成立“涧西志愿者”,开展维护交通、迎接省运会志愿活动;成立“社区志愿者”服务队,定期开展服务活动。

2011 年 5 月,成立“学雷锋志愿服务队”,每个年级都有小分队。利用节假日,走进社区,清除垃圾、小广告等,美化小区环境;进入广场,宣传环保知识,争做城市美容师;利用端午节、重阳节等节日,带着慰问品走进敬老院,自编自演节目,为老人带去欢乐;六一节时,带着衣物、书籍、玩具、现金,看望市儿童福利院的小朋友。2012 年 4 月底 5 月初,开展“万名志愿者助交通”活动。2012 年,校团委针对学生们的学习兴趣,主办两期“洛阳二中大讲堂”,邀请李莹老师等主讲,引起学生的强烈反响。

4. 搞好宣传工作

利用学校现有条件,做好党的教育方针、政策的宣传工作,借助“18 岁成人宣誓仪式”、文艺汇演、志愿服务等活动,利用学校广播站、橱窗和各班墙报对团员青年进行教育,表彰好人好事,以良好的校风、教风、学风培养人,对广大学生进行思想教育。每逢国庆、元旦、教师节等节日,校团委均开展形式多样的宣传活动。2009 年国庆节到来之际,校团委举办“国庆 60 周年墙报展”。2010 年 3 月,校团委发出“文明校园、礼仪青春”的倡议书,倡导师生共同努力,树立良好校风、学风,构建和谐校园。开展“一二·九”等大型节日纪念活动,加强对学生的爱国主义、集体主义教育。2012 年春季,开展以“人勤春来早”和“弘扬雷锋精神”为主题的黑板报评比工作。在教师节前夕,开展“我给恩师做贺卡”活动,倡议学生制作贺卡,送给自己的老师。

5. 配合党建工作,做好常规工作

党建工作是二中一项重要的政治工作。从 2009 年到现在,主要有两件重要工作:一是学习实践科学发展观和“创先争优”的日常工作,二是年终的党建考核工作。在聂建萍党总支书记的指导下,校团委参与一些具体工作,接受党的先进理论和先进事迹教育。二中的创先争优和党建年终考核在洛阳市教育系统均名列前茅,校党总支也获得了各种荣誉。校团委进行思想政治教育,促进学习、教学、管理、建设等工作;开展多种文艺、娱乐、体育活动,营造良好的校园文化氛围。加强团支部工作的战斗力,积极开展创造“先进团支部”活动,加强团的队伍建设,增强团员的先进意识。

（二）工会执行力透视

在二中党总支的领导下，工会以科学发展观指导工作，依靠广大教职工办好学校，创建学习型组织，坚持以教学为中心不动摇，以提高教师队伍整体素质为根本，开展文化体育活动，为教职工办实事、办好事，使广大教职工树立维权意识、民主意识、大局意识、忧患意识，营造宽松、融洽、互助、民主、文明、和谐的人际关系，营造党组织重视、行政支持、工会负责的氛围，使学校的行政管理与教代会的民主管理融为一体，形成“合力”，促进学校科学发展。

1. 深化理论学习，促进学校科学发展

认真组织广大教职工学习党的十八大、十八届三中全会精神，学习科学发展观，学习相关的法律、法规，用科学发展观统领工作。在快速发展的时代面前，深化学习、转变观念是每一位教师成长发展的必然选择，学校把转变教育观念放在首位，树立终身学习观念、科学发展理念，建设“学习型学校”，开展“做学习型教师”活动。聘请名家讲学，注重校本培训，举办“教师家长学校”和“心理知识系列”讲座，让教师走上“教师成长论坛”，定期为教师购买书籍，出版校刊《日新》和《教学反思》等。

2. 加强民主管理，关心职工生活

加强民主管理，坚持教代会制度。2013 年，学校召开了五届二次教代会，进一步修订和完善《业务考核方案》《班主任津贴发放办法》《高考奖励办法》《绩效工资考核方案》，精心研究绩效工资方案。洛阳二中绩效工资发放平稳，努力调动各方面积极性，是建设和谐学校的重要内容。人的因素第一，学校工作必须坚持以人为本，尊重教师、理解教师、信任教师、依靠教师。在分房、职评、推优、评先等大事上，坚持民主、公平、公正、公开原则。

以活动为载体，关心教职工身心健康，为教职工做实事、做好事。阳光大课间活动，工会组织教职工跳起了健身操；学生运动会，教职工也参赛；元旦文娱联欢，教工也载歌载舞，同台庆贺；毕业典礼，教工的深情朗诵，高歌助兴，把浓浓的师生情完美地展现给大家。教职工乐在其中，心旷神怡，把健康和快乐真诚地传递下去。

2013 年创建省级文明单位是全校教职工的奋斗目标。2013 年 5 月份，洛阳市文明单位创建——道德讲堂现场会，在洛阳二中举行。洛阳市委常委、宣传部长杨炳旭、市文明办主任谷连民到会，指导工作，为洛阳二中顺利通过 2013 年省级文明单位验收奠定了基础。

一艘大船的航行，除了船长的正确指挥，还离不开船员的服从和执行。同样，一所学校的飞速发展，既要有校长的科学理念、副职的治校方案，更要有作为助推层的中层科室的贯彻执行。没有一流的执行力，再好的蓝图也终究难以实现。

教导处细化常规教学，推行"2 + 3"高效课堂教学模式，注重青年教师队伍建设，推动了二中教学工作的稳步发展。政教处积极做学校德育工作的领跑人，为班主任的德育工作保驾护航，让每一个学困生实现转化而成为有爱心、能担当的合格人才。办公室十分重视教师评价机制的改革与创新，实现了评价主体多元化、评价内容和评价方法的多样化，激发了全体教职工的活力，促进了学校的跨越式发展。后勤处乐于实干，高举服务大旗，维护教职工的权益，确保食品安全、校园安全，美化校园，为二中的发展提供可靠的后勤保障。年级组相互合作，相互尊重，探索课堂教学模式，细化日常教学，热爱教学，热爱学生，培养学生快乐学习、脚踏实地的习惯，引领学子健康成长。群工组织积极帮助青年师生培养自信心态，及时解决教职工的生活困难，扎实创建省级文明单位，为洛阳二中的发展做出了应有的贡献。可以说，洛阳二中的助推层分工明确而又配合密切，他们尽心尽力、脚踏实地，全面落实校长的办学理念和副校长的助推方案。这才是洛阳二中得到长足进步最中坚的力量。

第三节　“桩”理论的对话

一个篱笆三个桩，一个好汉三个帮。一系列优异成绩的取得，不是一个人的功劳，是一群人的功劳，是一个团队的功劳，是充满阳光心态的洛阳二中人的功劳。因为二中人心中涌动着团结拼搏的正能量，二中人忙并快乐着，所以有了洛阳二中的飞速发展，并成为省内业界瞩目的教育明珠，赢得社会各界的肯定和赞誉。

专家型校长胡玉敏勤政廉洁，善于学习，敢于创新，以敏锐的眼光和非凡的智慧，提炼出科学的办学理念。聂建萍书记是党务工作的行家里手，把党务做得及时到位、成绩斐然。梁金贵、裴雪松、孙来红等副校长是教学、德育、后勤方面独当一面的好助手。更有教导处、政教处、总务处、办公室、年级组、群体组织等执行有力的助推层。二中人的同心同德、众志成城，打好了洛阳二中这座教育大厦的“桩”，使得洛阳二中巍然屹立，稳步发展，不断赢得良好口碑，取得优异成绩。

二中团队乐于将个人心声向大家述说。让我们一起洗耳恭听——

聂建萍书记：党建工作不仅仅是理论学习、听报告、上党课、组织文体活动，一定要围绕教学开展工作，把党务工作做实、做活、做细、做到家，积极为教育教学营造良好的氛围，最大化地调动教职工的积极性；做最细致的思想工作、最好的服务工作；积聚更多的正能量，为办人民满意的教育服务。有为才能有位，才能保障基层党组织的核心力、战斗力、创新力和凝聚力。

党总支引导大家反复领悟“校兴我荣、校衰我耻、人以校显、校以人名”的道理，将“科学发展的创新精神、默默奉献的敬业精神、敢为人先的争取精神、荣辱与共的团队精神”作为学校的主流精神。使教师把学校的发展、学生的成长与教师自我成长、自我价值的实现结合起来。

梁金贵副校长：老子说：“天下难事，必作于易；天下大事，必作于细。”我细致入微地关注每一位老师的身心感受，尊重老师的人格，发掘老师的潜能，关注教师的职业幸福与教师的专业发展。

学校教学管理既要立足现实,也要关注未来,提出发展目标和发展愿景。目标愿景就是学校发展方向,是全体老师的责任与任务,也是激发教师工作潜能的内驱力。

教师的素质、情感、凝聚力是学校发展的核心竞争力,抓住了这些,也就选对了发展方向。教育重在方向,只要走上一条方向正确的路,每一个细节做好了,教师的素质提高了,最后必定会出现好的效果,收获成功经验,收获成功教师,最终收获优秀学生,进而实现更好发展。

裴雪松副校长:全面落实胡校长的办学理念,从发掘学生非智力因素入手,狠抓学生习惯养成、润泽学生心灵、倡导快乐学习,确保洛阳二中每一个学生都能实现健康成长、快乐成长!

孙来红副校长:学校的发展赢在执行,没有良好的执行,一切无从谈起。有一流的执行力,就有一流的发展。以良好的付出心态,做好二中后勤工作,为二中的发展提供坚实的后勤保障。

工会副主席李功明:工会就是为广大教职工办实事、办好事,为教师提供一流的服务。教师工作压力大、责任大,容易产生职业倦怠和心理焦虑,影响身体健康和工作状态。工会工作要善于使老师们释放压力、愉悦心情、强健体魄,从而推动洛阳二中教学工作又好又快发展。

政教处主任徐磊:立德树人德为先,依法治校法为本。以社会主义核心价值观为指导,建设校园文化,打造和谐校园,培养全面发展的优秀人才。

教导处主任李宁:深感肩上担子之重。繁琐的日常工作已占去了大部分时间,但作为教导主任,最重要的任务还是抓教学、抓教研。任何一个学校的发展,都离不开教学质量的提高。无论什么情况,教学教研工作绝不能丢,必须常抓不懈。虽然课改的路上会面临许多困难,但我坚信,这条路只要我们多用心,多想办法,我们一定会走下去,并取得成功。

办公室主任张中立:拥有主人翁心态,以校为家,从教师业务量考核入手,落实胡校长的办学理念,推动洛阳二中的稳步发展。

总务处主任杨启松:若问后勤人累不累?答曰:累并快乐着。若问后勤人收获如何?答曰:名利为浮云,只为二中谋发展,只为二中更辉煌。

团委书记杨启阳:作为一名二中人,我感到骄傲和自豪。作为一名年轻的中层干部,我时刻提醒自己,干什么事情,一定要积极走在前头,一要谦虚,二要敢于吃亏。勤奋工作,不辱使命。不断创新工作方式,完成自己的职责！

教导处副主任董玉强：当我们站在今天教育的新起点上，如果能够明晰课改的成功之处在哪里，存在的问题有哪些，一定会有助于我们把握好未来教育的发展方向，少走很多弯路。在课改中勇于前行，为二中更美好而努力，为实现教育理想而奋斗！

年级组长魏建党：只有做全能老师，为学生提供热心服务，做万能“便利贴”，哪里需要哪里贴，才能培养更多优秀人才。

要想做一名服务型班主任，就要甘当万能“便利贴”，随叫随到，不仅要成为学生的好“管家”，照顾好他们在学校的饮食起居，还要满足其求知欲，做全能教师。

年级组长李保国：“不经一番寒彻骨，怎得梅花扑鼻香。”洛阳二中2014年高考的优异成绩，倾注了我们2014届全体高三人辛勤的汗水。回想过去的三年，特别是高三这一年，凭借强烈的责任意识，严格的管理，踏实苦干的工作作风，团结协作的工作精神，努力拼搏，辛勤耕耘，终于向全校教职员工交上了一份比较满意的答卷。相信在今后的教育教学中，我们2014届的教师团队会扬长补短，永不满足，继往开来，取得更加辉煌的成绩！

年级组长王敏楠：如果找一个词形容年级组长，可能“桥梁”这个词比较恰当。他是协调学校与老师、学生之间关系的“桥梁”。我作为一名年级组长，心里有学生，心里有老师，心里更装着二中的发展。“千淘万漉虽辛苦，吹尽狂沙始到金”。我深深感到肩上的重担，但困难面前我不低头，我要更加勤勉工作，不辞辛劳。在今后的工作中，我甘愿做一个坚实的“桥梁”，让二中师生沟通零障碍。我甘愿做一只“春蚕”，为二中学子吐尽最后一根丝！

言为心声。这些心声是洛阳二中人发自内心的声音，是洛阳二中人团队意识和阳光心态的充分体现！有一流的团队，必然会创造一流的业绩。拥有阳光心态的一流团队，洛阳二中必将实现更好更快地发展。洛阳二中的明天必定更加辉煌！

一个人的优秀仅仅是个体的优秀，一个团队的优秀才是团队发展的动力。一个人的力量是有限的，一个团队的力量是无穷的。

洛阳二中人在校长胡玉敏的带领下，拥有阳光心态，以团结精神为支柱，以追求卓越为动力，以培育更多英才为目标。洛阳二中人精诚团结，齐心合力，产生了“1+1>2”的神奇力量，进而实现了洛阳二中的飞速发展。

第三章 教学改革文化建设

2002年开始的教育改革是教育界的一件大事,教育教学特别是教师的课堂教学、学生学习方式的改变是广大教育工作者在教学实践中不断探索的重大问题之一。许多有志之士,勤于思考、勇于探究,积极投身于这场席卷全国的教育改革的浪潮中,在这场教育改革的洪流中我们学校也积极参加,勇于实践,经过长时间的积淀,形成了具有自身特色的教学改革文化。

教育改革是关系民族兴亡的大事,而教学改革的核心是课堂教学改革,向课堂要效果是许多教育专家梦寐以求的事。洛阳二中顺应时代潮流,投身教学改革的洪流中,结合当地实际情况,励精图治,推行新的教学策略,对学校自身乃至于所在地方的教育教学改革都有着理论与实践的指导价值。

第一节　“2+3”高效课堂教学模式解读

一、教学改革的背景

众所周知,随着信息时代的到来,各行业的竞争越来越残酷,纵观所有的竞争归根结底都是人才的竞争,而培养人才的关键又在于教育。法国的启蒙思想家卢梭说:“植物的形成由于栽培,人的形成由于教育。”康德说过,人只有通过教育才能成为一个人,人是教育的产物。然而,教育要培养什么样的人,说到底,就是要关注人的各种需要(包括了人自身发展的需要和社会发展的需要)。对人的需要的关注,是教育的出发点,也是教育的永恒追求和归宿。因此,我们应该更多地关注学生主体性的发展,为学生提供一个自主学习、灵性发展的平台。

从学校层面而言,在众多的办学模式探索中,如果缺少了自己的办学特色,想要在这场竞争的洪流中占领一席之地也是毫无希望的。然而,就当前的中学教育而言,当代漫画大师丰子恺有一幅题为《某种教育》的漫画很能反映教育某一状况。画中一位先生把一块块泥放进模子里,印出了一个个一模一样的泥娃娃。它说明个别教师的教学束缚了孩子的天性,泯灭了孩子的灵性。古希腊生物学家普罗塔戈也指出,大脑不是一个等待填满的容器,而应是一把需要点燃的火炬。综合多方面因素,改革现行教育教学体系,已成为教育工作者刻不容缓的重任。

教育改革的中心是教学改革,而教学改革的关键则是课堂的改革。课程改革以来,全国的教育改革风起云涌,早年有上海育才学校、江苏洋思中学,接着又有山东杜郎口中学、昌乐二中……这些课堂改革的先锋们,成为中国教育改革的拓荒者。在全国课堂教学改革的浪潮中,二中人也紧跟时代潮流,积极向兄弟学校学习,借鉴外来经验,结合实际提出了具有自身特色的洛阳二中“2+3”课堂教学模式。

二、“2 +3”高效课堂教学模式解读

历经十多年的基础教育课程改革，人们逐渐形成了一个共识：“教师至关重要，改革最终发生在教室中。”教师的专业成长、学校日常的课程与教学活动正成为课改的重点，于是如何通过日常教育教学活动提高教师的专业水平，也正成为当前教育研究的热点。与此同时，如何提高全体教师的专业水平，克服教师的职业懈怠成为我们不得不面对的问题。近年来洛阳二中践行国家基础教育改革理念，共同努力，走出了一条适合自己的路。

（一）理论基础

改革是建立在一定的理论基础之上的，我校教育和课堂教学的改革同样离不开扎实的理论基础。

1. 依据国家的方针、政策

《国务院关于基础教育改革与发展的决定》要求，改进教学方法和模式，注重培养学生的创新精神和实践能力，为学生终身发展奠定基础。学校和教师要把激发和保持学生的学习兴趣和热情，获得学习的能力放在首位。要努力改进教育教学的方法，改变满堂灌、死记硬背、搞题海战术的方式，大力提倡启发式教育，推行研究性学习。全面提高学生素质，这是当前教育改革的重要方向。为了提高课堂教学效益，切实使学生具有扎实的基础知识，培养学生自学能力，发展学生思维，二中尝试探索一条以目标教学为中心，以优化课堂教学结构为突破口，以全面提高学生素质为目的的教学科研思路。积极推动课堂教学改革，促进教师的教育观念向正确方向变化，既减轻学生负担，又提高教学质量。

2. 认知建构论

该理论主要代表人物有皮亚杰、维果茨基和布鲁纳等，他们认为学习是认知结构的组织与重新组织，强调学生学习过程中的积极主动性、对新知识意义的建构性和创造性的理解，强调学习的社会性质，提出学生的关键期理论等，重视师生之间和学生之间的社会相互作用对学习的影响。

3. 教学交往论

这种理论的代表人物有美国的心理学家马斯洛和罗杰斯，他们强调学习中人的因素，认为必须尊重学习者，把学习者视为学习活动的主体；必须重视学习者的意愿、情感、需要和价值观；相信正常的学习者都能自己指导自己，有“自我实现”潜能。所以，在教学过程中重要的是要创设优良的教学氛围，建立良好的师生关系，教育者应充分信任学习者，给学生提供一个积极探究、合作学习、自主发展的健

全环境。

(二)"2+3"教学模式推进过程

在长期的应试教育模式下,学校教师已经形成了固有的教育理念和工作习惯,为了转变老师的传统观念,真正让老师们从思想高度接受这种新的教学模式,我校将"2+3"教学模式实施过程分三个阶段逐步推进。

第一阶段,外出学习,形成新的教育理念。借国家教改之风,学校分批次派老师到衡水一中、栾川高中、西峡一高去参观学习,邀请老师对高中生进行现场授课,让我们的老师现场学习其课堂改革模式。返校后要求老师把自己参观学习的收获结合自己的教学经验,写出学习总结,然后组织全校教师交流学习。教研组开研讨会对本学科进行教学反思,查找低效教学的行为表现,提出高效课堂改革的具体举措。

第二阶段,探究推进,制定"2+3"课堂教学模式理论框架。组织中层以上领导、教研组长和骨干教师依据国家基础教育改革精神,借鉴外来的先进课堂教学经验并结合本市本校的实际情况完善、改革现行课堂模式,初步提出独具特色的洛阳二中"2+3"高效课堂模式。然后组织备课组长、教研组长、中层以上干部进行"2+3"课堂模式学习,面向全校师生上探究课,全校老师进行听课学习、评价,边实践边完善。

第三阶段,落实提升,组织青年教师优质课大赛。组建督查小组,深入课堂进行督查整改。随机抽选老师上展示课,接受全校老师听课、评课。最后,对全校老师提出要求,中青年教师人人都上课改标准课。同时继续开展教改研讨活动,进一步完善、提升课堂模式。

(三)"2+3"课堂教学模式的操作流程

2012年,二中开始探索"2+3"高效课堂模式。2013年初步完成了课堂改革任务。该模式的具体操作主要包括以下几个环节:

1."2+3"课堂模式的构成模型

"2+3"课堂模式是基于新课程理念探索得出的课堂教学模式,其中"2"指的是在课外进行的学习;"3"指的是在课内进行的学习。整个教学模式把一节课分成五个环节,具体模式构成如图3所示。

需要说明的是,在具体课堂教学活动中,课堂三个环节要求老师依据教学的实际情况可进行随机组合、科学调控,以充分发挥教师的专业特长和主观能动性,避免形式主义,体现了尊重教学规律的实事求是的原则。在课堂上,教师基本上都是开门见山地“精讲”,因为自学的大部分内容,学生都已经掌握了。根据了解的情况,在自学中哪些疑难问题是不能解决的,老师就会把其看做重点、难点在课堂上精讲,但这些不能超过一节课的三分之一时间;紧接着就是学生分成小组讨论探究、合作学习;最后是同学们上台展示自己的交流成果,通过这样的环节加强练习、巩固。纵观整个教学过程,真正做到——课内课外相结合、课堂上课下相结合、教师讲授与学生自主学习相结合、教师精讲与学生精炼相结合、讨论探究与交流展示相结合。

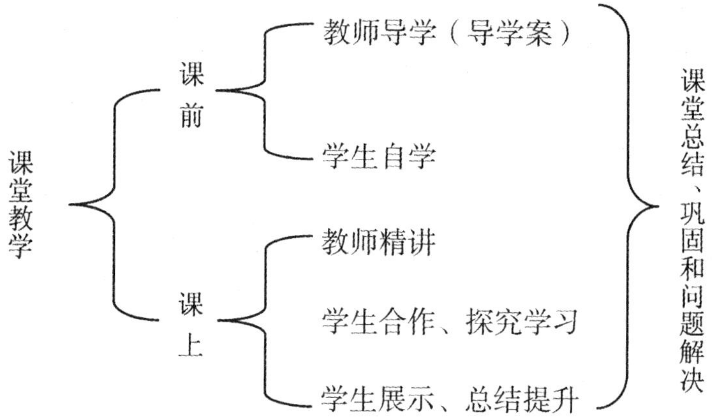

图3 “2+3”课堂教学模式图

2.“2+3”课堂教学模式内容阐释

“2+3”课堂模式的详细内容具体表现为:

(1)教师课前导学。由教师在课前把这节课要讲授的内容做好导学案交给学生;导学案的设计体现教师对教材的理解程度和对学生知识水平的了解程度。

(2)学生课前自学。学生围绕教师导学案进行自学,为课堂讨论做准备。

(3)教师课堂精讲(10~15分钟),教师在课堂上要做到三讲和三不讲。三讲即讲易混点,讲易错点,讲易漏点。三不讲即学生自己已经会了的不讲,学生自己能学会的不讲,老师讲了学生也学不会的不讲。

(4)学生课堂讨论交流,探究体验(10~15分钟)。学生围绕课前导读内容要求,分小组讨论。

(5)学生展示总结,练习巩固(10~15分钟)。学生展示环节有3句标准的表述语言:“我展示”“我补充”“我质疑”。这样的表述表现了三种精神:自信、合作、创造。而这三种精神正是应试教育下学生最缺乏的东西。“我们认为精英中学的高效课堂模式目前在全国来说是较好的，就好比是一颗优良的种子，已经生根发芽，我们要移植并对其进行发展，让其长成参天大树。”胡校长具有这样的认知和魄力。简单地说，“2 +3”就是课前两个环节加上课上三个环节。在每个环节中，教师要么是引导者，要么是教导者，要么是指导者。既突出了学生的主体地位，也显示了教师“传道授业解惑”的天职。

3.“2 +3”课堂模式的基本元素

关于“2 +3”课堂教学模式的基本要素，二中提出了课堂效益公式：1 ×？ =效益。我们认为“1”即教师，并假定为“恒数”，那么学生即为“？”。学生投入多少的“？”，即收获正倍或负倍的效益。假定“？”是0，那么这样的课堂叫“零效益课堂”；假如“？”是正数，那么这样的课堂叫“正效益课堂”；假如“？”是负数，那么这样的课堂叫“负效益课堂”。因此，让学生“动”起来，课堂活起来，才能获得较高的课堂效益。而学生的动要真正做到身动、心动、神动，也就是说让学生肯学、想学、会学，最终达到学会之后的会用。

4.“2 +3”课堂模式的主要实施形式

课堂模式强调学生学习过程的自主、合作、探究，将传统的“授之以鱼”转变为“授之以渔”。要求教师的角色从知识的传授者向学生学习的促进者和引导者转变，在教学中既要强调基础知识和基本技能，更要强调学习的过程和方法。每节课都要做到环环相扣，让所有学生都在学习中兴奋，进而产生高效率的学习。学生要不停地去阅读、思考、质疑、辩论、动手练习等，让学生对当堂内容进行多角度的解剖，进行由此及彼、由表及里的分析，最后能用多把钥匙开一把锁。究其根本，是要让学生变“学懂”“学会”为“会学”“会用”。“2 +3”课堂模式核心理念是自主、合作、探究式学习，实施“2 +3”教学模式的目的是为了实现学生的自主学习，而自主学习的关键是教学必须始终以学生为中心，必须增加学生自主活动的时间和空间。要做到这些，教师就必须转变教学观念，改革课堂结构，增加学生参与的机会，关注学生发展，切实体现以学生为主，帮助学生学会合作、学会探究。为此，我们有针对性地对教师开展了合作—探究性的学习活动，让学生学会合作、探究的方法。而小组学习是这一学习方式得以落实的有效载体，能够充分发挥学生的主体性、主动性，同时也是培养学生自学能力、合作意识、创新精神和实践能力的有效载体。它能使学生人人参与学习过程，人人得到锻炼的机会。在参与的过程中体验学习的快乐，获得心智的发展。

“2 +3”课堂模式的学习方式主要是小组合作下的学习，从高效课堂上来讲，小组学习是高效课堂上最基本的学习形式，学生自主、合作、探究的学习方式通常通过学习小组来实现,课堂教学双边活动也是主要通过小组学习来开展,所以小组学习在高效课堂教学模式的推进实施中显得尤为重要。为此在二中提出的高效课堂十条标准中,专门谈到了对学生合作—探究能力的培养,形成了具有自己特色的合作学习探究模式。实现了学生由独学到对学、群学,由独立思考到对抗质疑、合作探究的转变。在“2+3”课堂学习中,每个学生有三件利器:活页夹、双色笔、纠错本。

（四）推行“2+3”课堂教学模式的具体措施

“2+3”课堂教学模式的提出只是整个教学改革的开始,对于课堂教学来说最重要的是模式的实施。为确保教学模式的实施,我们采取了一系列有效的措施:

1. 学习掌握“2+3”课堂教学模式的理论框架

同我国的政治经济改革一样,课堂教学模式的改革也是一个逐渐完善的过程。当“2+3”课堂教学模式的理论框架逐步完善以后,就开始组织我校教师进行理论学习。我们推进“2+3”课堂教学模式实施也是一个分层推进、逐步完善的过程。首先是教研组长、备课组长解读学习,掌握该模式的基本理论框架。然后是全体高一高二教师解读学习。由于高三正在高考冲刺的关键阶段,担心急于推进新的课堂教学模式,会使一些学生因为不适应而影响高考,所以高三年级的理论培训放在高考结束后进行。

洛阳市第二中学“2+3”课堂教学模式概述

一、“2+3”课堂教学模式的理论基础

基于新课程改革下的课堂教学基本理论,“一切为了每一位学生的发展”是新课程改革的核心理念。在课堂教学中要充分关注学生智力与人格的和谐发展,明确“教师是主导、学生是主体”的角色定位,重视学生学习的过程与方法,倡导“知识是主动构建的,而不是被动接受的”的学习观,推行合作交流、讨论探究的学习方式,建立民主、平等、和谐的师生关系,创造师生共同成长的教学氛围,打造高效课堂、智慧课堂、人文课堂。

二、“2+3”课堂模式的框架

重点抓好课前两个环节和课上三个环节。课内课外相结合,教师讲授与学生自主学习相结合,教师精讲与学生精炼相结合,讨论探究与交流展示相结合。

三、“2+3”课堂模式的环节

1. 教师课前导学。由任课教师在课前进行,必要时写出导学提纲,重点提出自学内容、任务与具体要求。

2. 学生课前自学。学生根据教师提出的导学提纲进行自学。教师要建立有效的检查考核机制督促学生完成自学任务,培养自学能力。

3. 教师课堂精讲。在学生自学的基础上老师进行精讲,可以直奔重难点和学生提出的有疑问的地方。时间占 10 ~15 分钟。

4. 学生讨论交流,探究体验。将学生分成学习小组,每组 4 ~6 名学生(最好是 4 名学生),每小组设一名组长,组长可以由老师指定,也可由学生推荐,负责组织小组学习活动,定期轮换。本环节时间约为 10 ~15 分钟。

5. 学生展示总结,练习巩固。小组间汇报展示本组学习成果。完成知识巩固训练任务。本环节时间约为 10 ~15 分钟。

四、"2 +3"课堂模式的几项基本要求

1. 课堂教学方案与内容一定是通过集体教研得出的高质量的集体成果。

2. 学生在每节课前一定进行了充分的自主学习活动。

3. 课堂上老师的讲授与学生的活动学习的时间分配要合理。

4. 课堂上教师的讲一定是重难点突出,精练高效,切实遵守"三精讲"与"三不讲"原则。

5. 课堂上学生的学习一定是专注积极的。课堂学习氛围浓厚活跃,师生沟通流畅和谐。

6. 老师一定要对学生进行精心组织、激发调动,使学生在自主、合作、探究活动中感知学习的过程,掌握知识,提升能力。

7. 圆满完成教学任务,达到既定教学目标。

五、评价课堂的几个方面

1. 教师课前是否进行了集体备课。

2. 学生课前是否开展了自主学习活动。

3. 教与学的时间分配是否合理。

4. 学生的学是否真正得到落实。(分组探究、交流展示、动手动脑。)

5. 老师的主导性是否真正发挥了作用。

6. 课堂学习氛围是否浓厚、积极。

7. 课堂环节是否完整,是否完成教学既定目标。

高效课堂的基本理念

高效课堂的终极目标:致力于学习能力的培养

1. 高效课堂以“两率”为出发点，即解决课堂精力流失率和提高高效学习率；

2. 通过高效课堂走向高效学习，从而实现终身学习的目标；

3. 素质教育的“素质”最主要的是“学习能力”：既思维力、生成力、表达力（听说读写）；

4. 实现“人”的解放，即学生的解放、教师的解放、学校的解放。

高效课堂中的新课改理念：

“一切为了每一位学生的发展”是新课程改革的核心理念。由追求知识的完整性、全面性到更加关注学生的性格、人格的健全；由注重知识能力的培养到更加关注学生的心理需求和精神成长；由传统共性和整齐划一的教育到更加关注学生的不同需求；由注重课堂环节、程序的编制到更加关注学情、氛围和师生、生生关系。紧扣“教”与“学”，真正实现了“两个转变”：教师的教学方式，由“灌输式教学为主”向“以探究式教学为主”转变；学生的学习方式，由“接受式学习为主”向“以研究性学习为主”转变；实施“自主、合作、探究”的学习方法；构建新型师生关系：民主、和谐、平等。

高效课堂的基本元素：

1. 课堂效益公式：1×？ =效益。

“1”即教师，并假定为“恒数”，那么学生即为“?”，学生投入多少的“?”，即收获正倍或负倍的效益。

假定“?”是0，那么1×0=0，这样的课堂叫“零效益课堂”；

假如“?”是2，则1×2=2，这样的课堂叫“正效益课堂”；

假如“?”是-1，则1×-1=-1，这样的课堂叫“负效益课堂”。

因此，学生“动”起来，课堂活起来，效果才能好起来。

2. 高效课堂的核心理念：自主、合作、探究。

3. 技术支撑：高效课堂模式——通过展示实现交流、通过纠错实现落实、通过点拨实现提升、通过开放实现拓展。

4. 学习方式：小组学习——独学、对学、群学；独自思考、合作探究、对抗质疑。

5. 三种利器：又称“学习三宝”——活页夹、双色笔、纠错本。

6. 教学抓手：“2+3”模式的五个环节，课上课下相结合，自学与教授相结合，教师精讲与学生精练相结合。

7. 教学目标：通过“三维”目标的落实，致力于学生“学习能力”的培养。

高效课堂的基本模式：教师课前导学、学生课前自学、教师课堂精讲(10~15分钟)、学生课堂讨论交流，探究体验(10~15分钟)、学生展示总结，练习巩固(10~15分钟)。

高效课堂的实施：抓“两头”，促中间。一头指导学案的编制与预习，一头进行当堂的达标测评；“中间”指教师要关注学生的学习状态和结论生成的过程。既抓教师的观念转变，同时也要抓学生学习观念的转变，让学生充分认识到学习是自己的事。抓课堂模式的贯彻，抓教师课堂组织作用的发挥，抓学生课堂学习活动的体现。抓课堂气氛的调度：和谐、民主，学生敢问、敢说、敢上讲台、敢下桌讨论，积极主动，争先恐后，紧张活泼，读、说、议、评、写贯穿始终；拓展、挖掘、提高，重视能力培养；学生活动人次多，密度大，人人参与；课堂效率高，效果好，达标率高。

高效课堂的评价：

1. 师生关系：传统课堂是“地心说”，高效课堂是“日心说”。学生是“太阳”，课堂教学教师要绕着“太阳”转。

2. 以学生的“学”评价教师的“教”。

让学生学会的课才叫好课。让学生学会的老师才叫好老师。

3. “三看”学生：自主的程度、合作的效度和探究的深度。

一看学生在课堂上参与的人数，是100%参与，还是小于100%；二看学生参与的质量，语言表达是否通顺，态度是否积极认真，情感是否投入，精神是否饱满，板演书写是否整齐工整，知识表达是否正确，等等；三看学生的预习笔记，检查“预习”情况，以便教师可以根据学情，适时导入下一个环节，准确做好课堂决策。

4. “四看”教师：一看课中是否坚持了“学生中心”；二看是否依据模式备课、上课；三看是否体现了三维目标，四看是否培养了学生学习能力。

5. 评课三看：一看教师是否遵循了模式，是否使用导学案上课，是否充分使用和调动了小组，是否遵守“2+3”模式各个环节的时间要求；二看学生的学习状态、课堂气氛，是否有走神、打瞌睡、精力不集中或者假学、伪学现象；三看教师是否注重学习方法，关注学习过程，严禁教师上课“对答案”，严禁用标准答案囚禁学生的思维。

传统课堂是教师抱着学生走，高效课堂是教师指导学生，放手让学生自己跑着走。

教学是什么？就是教会学生如何学。

“妈妈解放”的启示：在襁褓中的孩子让当妈的最累，只有当孩子可以独立吃饭和行走时，妈妈才意味着得到了解放。高效课堂模式先“继承”再生成。书法学习讲究先“临帖”再“破帖”。高效课堂建设的第一个阶段叫“继承”，强化形式；第二个阶段叫批判与生成，在完成强化基本模式的基础上嫁接生成不同的课堂特色。这个特色应该是“同质异性”的，相同在“高效”，达到“临帖”是为了“破帖”的目的。但一开始就忙着批判，结果一定是画虎不成反类犬，批判的学往往呈现为“貌似有见地”。另外，即便是批评，我们也主张“行动批判”，而不是指手画脚讲空话。

2.“2+3”模式课堂教学活动的准备和实施

(1)实行教师三级备课制度

实施“2+3”课堂教学模式的关键是教师的课前准备、学生导学案的设计和作业的批改，为此我校专门建立了教研组、年级组、学科组的三级备课制度。要求老师改变过去简单备教材的备课方法，真正做到三备，即备教材、备教法、备学生；要求同头课老师要集体备课，按照同年级，同学科任课老师人数分配备课任务，大家按照课前导读、教师课堂精讲、学生小组课堂讨论问题、作业布置与批改和可持续发展方向等几个方面作准备。然后集中讨论评定，确立最佳导学案设置，形成该学科、该学年的导学案，老师在实施的过程中根据自己学生的实际情况可进行适度的调整；建立学校教学材料资源库，要求全校上过某一门课程的老师，在跟随学生进入高年级讲授其他课程时要把上一学年的导学案留交下任学科教师，最后由学校相关部门建立资料库，最终可以做到资源共享。同时要真正做到调动每个教研组备课的积极性，对优秀备课组进行表彰奖励，群策群力，备出高质的学案和限时练；每个教师都对本班学生的学习情况进行分析说明，如基础差别、劣势之处、知识点掌握情况，依据学生情况选题，不能敷衍了事。布置给组员的任务要能负责任高质量地完成，不能推托；学校多提供相关网站资源和书面资料，以便备课时用。以下是我校教师编写的导学案实例。

柳永词两首·望海潮

编写教师＿李莹＿审核＿杜全荣＿

班级＿＿＿＿＿小组＿＿＿＿＿姓名＿＿＿＿＿

使用要求：课前对照注释预习两首词，并完成Ⅰ和Ⅱ。课后完成Ⅵ，次日上交。

学习目标：

1. 读准：反复诵读，读准字音，会断句，熟读成诵。

2. 理解：知人论世，筛选、梳理词中信息要点，理解作品内容。

3. 品味：细细研读，深入思考，感受作品的艺术魅力。

Ⅰ　课前预习与新授课衔接（20分钟）

一、作者简介（略）

二、解题

《望海潮》：该词调首见于柳永的《乐章集》中。词咏钱塘（今浙江省杭州市），调名当是以钱塘作为观潮胜地取意。

三、写作背景

宋真宗咸平末年（1002—1003），柳永从家乡前往京城开封应考，路经钱塘（今浙江杭州），为了谒见两浙转运使孙何，写下了《望海潮》这首投赠之词。罗大经《鹤林玉露》记载："孙何帅钱塘，柳耆卿作《望海潮》词赠之。此词流播，金主亮闻歌，欣然有慕于'三秋桂子，十里荷花'，遂起投鞭渡江之志。"说金主完颜亮受一首词的影响而发动南侵，原不足信；但于此可以说明这首词描绘之工，流传之广，艺术感染力甚强。

Ⅱ　学生自主学习与教师精讲（10分钟）

一、请给加点字注音

参差（　　）（　　）　堤沙（　　）　珠玑（　　）

罗绮（　　）（　　）　叠巘（　　）　千骑（　　）

二、解释下列词语

罗绮：＿＿＿＿＿＿＿＿　竞豪奢：＿＿＿＿＿＿＿＿

堤沙：＿＿＿＿＿＿＿＿　清嘉：＿＿＿＿＿＿＿＿

千骑拥高牙：＿＿＿＿＿＿＿＿　箫鼓：＿＿＿＿＿＿＿＿

异日图将好景：＿＿＿＿＿＿＿＿

三、结合课文注释和补充资料填空

《望海潮》按段落分类属于______，按字数分类属于______，风格上属于______。作者写《望海潮》时______岁左右，当时他__________________________

____（写作背景）而作。这首词是在______（地点）写给___________（谁）的。主要描写了______（季节）的景色，从_____________________________等处可以看出。

Ⅲ 师生合作探究与交流展示（15分钟）

你认为《望海潮》中哪个句子写得好？好在哪里？请仿照示例写出。（可从内容、景物特色、修辞、炼字、手法、情感和自己的感受等入手）

例：我认为“东南形胜，三吴都会，钱塘自古繁华”这一句写得好，因为它写出了杭州的地理位置、历史地位和经济状况。开篇视野广阔，气势恢宏。

Ⅳ 课内训练与总结提升（10分钟）

请概括《望海潮》从哪些方面描绘了杭州城的美丽？

上片：

下片：

Ⅵ 课外延伸与巩固提高（20分钟）

1. 背诵并默写《望海潮》。

2. 预习《雨霖铃》并回答问题。

（1）请概括《雨霖铃》的上、下片各写了哪些景物？抒发了作者怎样的感情？

（2）北宋诗人梅尧臣认为最好的诗词应该“状难写之景如在目前，含不尽之意见于言外”。一首词的结句往往有卒章显志、点明题旨、升华思想等重要作用。请联系作者的生平与写作背景，思考《雨霖铃》的结句蕴含哪些“言外之意”或“韵外之旨”？

（2）学生学习小组的建立

学生进入我校后由班主任本着就近、成绩互补、个性互补和学生自愿结合的原则，对全班学生进行学习小组划分。每组4～6人，最好每组4人。这样既可以照顾学生学习成绩、认知水平、智力水平、性别、性格特点、习惯爱好、家庭背景等，更有利于分层教学、分层学习、分层训练，培优辅弱，整体推进。然后，由老师指定或组员推选该小组组长，组长在“2+

3”课堂教学活动中负责组织学生进行合作学习活动。

分组合作学习，如何才能有效、高效是关键。为了解决这个问题，我们加强了学习小组的培训工作。

首先是组长的培训。小组长的培训非常重要，我们尝试采取以下措施：第一，明确小组长的职责和作用。提高小组长在学习小组中的管理、指导、组织、协调、检查、评价等方面的能力。第二，定期召开学习组长会议，洞悉他们在思想、学习和管理中遇到的困难并及时予以解决。第三，让小组长享有一定的权利。教师应力所能及地为小组长创设更好的学习环境，提供更好的学习条件和学习资源。第四，对小组长的工作要适时地给予肯定、表扬或激励。按照马斯洛需求层次理论，人的需要可分为生理需要、安全需要、社会需要、尊重需要和自我实现需要。小组长领导一个小组应得到应有的尊重，更好地体现其自我价值实现。这是激发他们对小组更加尽心尽力工作的力量源泉。

其次是组员培训。在全体学生中树立“帮助别人就是提高自己”的合作学习观念。关注学困生的表现，在学习态度、学习基础、学习能力等方面给予针对性的培训指导。树立“展示者无错”的理念，促进学困生参与课堂的学习、交流、展示等。优点放大，缺点缩小，对待学困生的展示，多关注过程，少关注问题结果的对与错。为学困生营造安全的心理环境，目的是让他们敢于发言，积极参与课堂学习。采取捆绑式评价，由过去关注学生个体的评价转为关注小组整体性评价。在学习和常规管理的每个环节，都以小组为单位进行评价，个人的成绩通常放在组内评价。旨在强化学生的团队合作意识，督促学生在小组内开展互助，提高小组整体水平；在班级和学校范围内，大力开展集体主义教育和团队精神教育，优秀学习小组的评选可以扩展到全学校的范围，为班级工作营造更大的舆论空间。除此之外，还有很多更好的办法，需要老师们在实践中积极探索和不断总结。

再次，高效课堂常规培训。比如如何开展小组独学、对学、群学、展示、互动、反馈与评价、导学案使用及整理学案等高效课堂常规学习行为。限于篇幅，这里不作详述。

学习小组划分参考案例：六步分组法

第一步是“荐”。可以采取自荐或他荐的形式，推荐出学习组长候选人，候选人不少于小组数的二倍。

第二步是“演”。候选人以“假如我是班干部、组长”作为主题，发表演讲。

第三步是“定”。确定的办法通常有两种。一是正副组长搭配式。根据学生的发言，班主任和班委会成员共议，最终确定出六位同学为正组长，六位同学为副组长，一共十二位同学。这十二名同学自由结合确定出六个学习小组的正副组长，注意性别搭配。确定正组长的标准：学习成绩必须在班级中游以上，有一定的组织管理能力。正组长的职责主要侧重于学习管理，副组长的职责主要侧重于行为、卫生、生活等常规管理。即正组长是学习组长，副组长是行政组长。二是正组长与学科组长搭配式。正组长总体负责，学科组长具体负责本学科的学习。这种方式扩大了学生参与管理的面，对培养学生的管理能力和强化责任心大有裨益。

第四步是“分”，召集十二名正副组长，对组员进行分配。根据划分的依据（参照学生成绩基础，并结合其他因素），将其余同学排序，按“S”型安排组员，然后均分到各个小组。这一点类似于学校里分平行班的做法。

第五步是“调”，学生分配后往往要作适当微调。如男女生的比例，科目的平衡，学科的搭配，性格的差异，学生能力的差异。一段时间之后，老师根据小组的实际情况进行调节，如组长是否与组员团结，组长的管理能力等，有时是组长与组长之间的互换。

第六步是“排”。各小组把各组的组员召集起来进行小组内排位，组内每个同学的具体位置由正副组长来决定。但常常中间是弱势学生，左右两边是中等生和优等生，同等层次的学生对坐，这样便于学生之间的对学和结对帮扶。

除了上面提到的分组方案外，在实际操作中还有其他可行的分组方案，比如对大班（60人以上）可以在小组数量上划分为九个小组；或者六个小组，组内再分两个亚组，并分别设组长。

（3）“2+3”课堂教学活动的全过程

在实施“2+3”课堂教学中，一开始上课时，教师首先用简洁的语言或用电子白板来准确地揭示本节课的学习目标，激发学生学习动机，调动学生学习积极性。接下来，依据学生课前预习导学案内容和本节课的教学要求，提出明确的合作学习要求，即学生共同学习什么，用多长时间，届时如何展示；其次是在各小组长的组织下进行小组内的合作、探究学习，共同解决导学案上预设的学习内容；再次，通过小组学习后，各小组发言的同学进行小组活动展示；在学生合作学习、小组展示时，教师一方面督促学生按照老师的指导学习，及时表扬速度快、效果好的学生，帮助学困生解决疑问；另一方面进行巡视。最后，教师对本节课教授内容进行 10 ~ 15 分钟精讲，在精讲的过程一定要遵循“三讲，三不讲”的原则。同时，引导学生当堂完成作业，进行严格训练。在“2 + 3”模式中虽然一直强调学生的自主学习、合作学习。事实上，其中的每一步都离不开老师的引导，这如同汽车驶入高速公路，如没有引桥，就上不去；如没有路标，就可能上岔路。教师就要当“引桥”，当“路标”，由知识的传授者，变成学生学习的组织者、引导者。

总之，采用“2 + 3”课堂教学模式，由传统的“集中授课制”变为“讲授”和“合作学习”相结合，以“学生合作学习”为主的形式。这种课堂教学结构，确保了学生课堂学习的效果，从根本上保证了减轻学生课外过重的负担；这种课堂教学模式让学生全面发展，健康成长，为素质教育的实施提供了良好的载体。以下是我校老师上课的具体实例。

老师走进教室，每个学生手里都有一份导学案，除包含了学习目标、学习重点、学习难点等传统环节外，还增加了“调查学习”环节，要求学生对洛阳湿地情况进行调查并给出保护建议，精心指导学生进行自主学习，自主探究。这些用张会芹的话说就是“从教师备课的角度来看，编写导学案绝对是一种创造性的劳动”。黑板一侧“学习之星”“思考之星”等标记，也引起了在场听课老师的注意。原来，这是根据学生回答问题得分以及课堂表现，最后要争夺的小组荣誉。毫无疑问，这是一节充满竞争和自主探究的地理课。

当张会芹把课前自学问题呈现在黑板上后，学生纷纷举手，一名女生拔取头筹，为所在小组拿到了第一分，也得到了其他同学的掌声。

紧接着，张会芹通过一段视频和一些图片，精讲课文内容，突出直观感受。归纳知识点，让学生以小组合作的形式进一步熟悉课文。

引导学生拓展探究。此时，学生全部站了起来，按小组围在一起，你一言我一语，展开了激烈讨论。之后便到了展示环节，黑板上写满了学生们通过思索得出的湿地保护措施和建议，不同小组间还互评打分。探究中，质疑和思辨最难得，也最“夺目”。围绕“如何保护湿地”问题，这边一个小组解读声刚落，那边各组的质疑声又起，学生的个性得以表现，学生智慧的火花得以迸发。这时，张会芹适时进行相关知识点拨和引导，真知灼见在质疑和思辨中产生了。

评价。创新设计发挥学生的主观能动性，教师依据教学实际情况，对课堂三个环节进行随机组合、科学调控，充分发挥教师和学生的主观能动性。学生自学无法掌握的难点重点，教师精讲；学生通过自学能学会的知识，教师不重复讲；学生通过合作探究思考的内容，教师引导讲。“2 +3”智慧课堂重视小组共同学习，教师只是引导者、点拨者、服务者，课堂环节的学习活动多以小组为单位进行探究学习，以达到发展学生个性、增强学生综合能力的目的。

高三物理组践行“2 +3”高效课堂教学模式的主要做法

1. 总体指导思想：适应新课程的需要，体现“为学生终生发展奠基”的办学理念，用尽可能少的时间获取最大的教学效益。

2. 基本要求：课堂教学必须使用学案导学，按三大模块组织课堂教学。

3. 具体要求：

(1)学生的导学案

每一个学案都要求体现：学生课前预习内容、知识要点、知识难点、主要题型和相应的典型例题(所选的例题最好能一题多变、一题多解)、主要分析思路和解题方法、课堂针对练习、课下分层次针对训练等。一般先由某一个主备人备课，写成导学案初稿，再将初稿提交备课组研讨后定稿。学案提前两天下发到学生手中，让学生有充足的时间预习、讨论。上课前一天晚上，各任课教师将学案收起来，检查学生预习情况，掌握真实学情，把握讲课重点。上课时将学案发给学生，经过课堂上三个模块的学习和探究，使学生将所有问题搞懂，并对学案进行整理和完善，然后再上交一次，供任课教师检查、批改，并掌握当节次的教学效果。

(2)教师的讲授

任课教师必须根据前一天收缴上来的导学案的完成情况，决定课堂上要讲授的内容和方式。坚持“三讲三不讲”原则。例如，我们在复习《带电粒子在磁场中的运动》时，根据我们精英班学生的完成情况，把讲授重点放在一些常见题型(多解问题、临界问题、非圆周运动问题等)和常见方法技巧(几何法求圆心和半径、放缩法确定运动轨迹、旋转法确定运动轨迹、矢量法分析非圆周运动、功能法分析非圆周运动等)上。教师的讲授是要穿插在学生的自学和讨论探究中的。例如，每讲到一种题型，都要让学生分析相应的例题；在带领学生分析完例题之后，再总结相应的解题方法和技巧。

(3)学生的讨论探究

每4 名学生为一组，面对面进行讨论探究和学习交流。要求学生先对照学案查找自己的问题或收获，再向组内同学提出自己的疑问或见解，接着，组内同学针对这些疑问或见解进行互助互学式的讨论探究，最后要就一些问题达成共识，把小组内共性的问题或结论提交到课堂上在全班进行展示交流。

(4)学生的展示交流

先让每个小组派出一个代表，向全班同学展示小组内共性的问题或结论；再针对全班较“普遍性”的问题，依次让学习能力较强的学生展示自己的见解或解题方法；最后要完全解决全班具有代表性的问题，要形成全班同学都能够接受的结论或解题方法。当然，在学生展示的过程中，教师要做好启发、指导和点评，注意激发学生的学习积极性，培养学生的学习能力。

(5)教学效果检测

教学效果检测分为课堂上的快捷小测和课下的全面检测。课堂上的快捷小测，要求对当堂所学的考点或题型设计一个针对性极强的题目，如果是计算题型，可以根据一题多变的思路设计题目，并且只要求学生在课堂上有正确的思路，不要求学生计算出最终结果。课下的全面检测，要求覆盖的知识面要宽，涉及的题型要多，还要分好层次，以便于各个层次的学生使用，要通过检测的方式引导学生对知识进行再总结、提炼、拓展和升华，实现教学目标。课下的全面检测作业，老师要全收，还要全批全改，不仅要了解当堂的教学效果，还要根据教学效果，及时调整之后的教学进度、教学内容和教学方法。

4. 践行“2+3”高效课堂教学模式的几个关键问题

各年级备课组要加强团队合作，坚持集体备课活动，积极开展丰富、高效、高质量的教研活动。不仅要深入研究新课程标准和高考大纲，还要研究所教学生的学情和学习特点；不仅要研究一节课要讲什么，还要研究一节课要如何讲才能实现教学效果最佳化；不仅要研究课堂上如何讲，还要研究课堂上如何教会学生怎么学；不仅要研究课堂上如何高效利用时间，还要研究课堂外如何引导学生的自学和自我成长。

老师们必须真正理解“一切为了学生的发展”的教育理念，明确“教师是主导，学生是主体”的角色定位，树立“知识是主动构建的而不是被动接受”的学习观，主动在教学中推行“自主、合作、探究”的学习方式，建立“民主、平等、和谐”的师生关系。

“2 +3”高效课堂教学模式只是洛阳二中的一个基本教学模式，是对全校教学的一种整体上的要求。真正的高效课堂是要老师们在教学过程中逐渐摸索、提炼、总结，还要在教学实践的过程中逐步完善。因此，“2 +3”高效课堂教学模式既要具有学校特色，也要具有学科特色、不同学段的年级特色、不同层次的班级特色、不同教师的个人特色。

3. 促进“2 +3”课堂教学模式有效实施的学校管理措施

1)学生课堂考评机制

新课堂教学模式的主要受益者是学生，教师有没有运用新的课堂教学模式，运用的程度如何？该模式使用效果如何？学生是最有发言权的。因此，在实施“2 +3”模式的管理机制中，我们推行了学生课堂考评机制。每学年期中考试与期末考试前后，分别组织两次学生评教评学活动，主题是“评选课改实施最好的老师”。每班评选出一名，根据学生评教认可度评选优秀者，学校进行表彰，并与业务考核挂钩。同时利用班级课堂日志进行督察落实。

2)组建听课督查小组进行整改推进

(1)校领导听评课制

学校领导高度重视先进教育思想和教育经验的引进和实施。二中刚开始实施“2 +3”课堂教学模式时，有些教师心存疑惑，我们这么苦口婆心地讲，学生还学不会，要让学生自学，教师少讲，恐怕不行吧！为督促新课堂教学模式的推广实施，我们实行领导听课制度，要求领导听课不少于 30 节(中期前 18 节，中期后 12 节)。校长亲自跟踪听课，听课中不看老师讲得如何，只看学生参与的时间有多少，学习的效果如何。教师有没有采用新的课堂教学模式。并且让骨干教师上示范课，在上课之前，集体备课，讨论上法，交流引导学生学习的方法技巧，选择最佳方案，在一个班内上课，上课后集体评课，发现问题和不足，再二次备课，接着在另一个同级班内上同一课，直到满意为止。上一节示范课，同一教研组的教师自始至终参与其中，以提高同头课、同科目教师的业务水平。一个教师示范后，同课头教师人人上，方法同前，这样，每位老师每学期必须上好一节示范课之后，再从每个教研组中选 2 ~3 名教师参加全校的竞赛课，评选校级教坛新秀。这样的活动每学期举行一次，大大提高了全体教师的课堂教学艺术。

(2)组织全体老师积极参与上课、听课、评课活动

在推进“2 +3”课堂教学模式的过程中，不仅学校领导听课，教师也要积极听课。我们要求每学期每个教师听课不少于 20 节(中期前 12 节，中期后 8 节)。每学期学校进行两次听课笔记检查，实际教师的听课都多于 20 节，领导听课超过 40

节。经过几年的不懈努力，教师的“功夫”在“课之外”发展，教师课堂上“穿针引线”“起承转合”“点技”以及沉着的态度、从容的教态，使整个教学环节的控制都得到了不断提高。高效率的课堂教学，都是教师课堂之外的功力。教导处对上课活动进行系统安排，提前组织，提前通知全体老师参与听课，并对上课听课老师进行翔实记录。每一位老师的展示课，督查小组确保至少有两名人员到场听课，填写课堂评价和登记到场听课的老师，以此作为评价教师课堂和统计教师听课节数的依据。教师听课情况一律以参与听评学校组织的课堂展示课为依据。听课老师参与听课也要填写课堂评价表。教师听评课、课堂教学的实际情况作为业务量化考核中常规教学部分的直接依据。

某学期落实促进课堂改革的具体措施

一、积极推进“2 +3”课堂改革

1. 第一阶段：组织展示课，进行引领

期中考试前继续进行展示课活动，计划在期中考试前完成，上课的人员为主管教学的教导处主任、年级组长、教研组长、备课组长，其中高三年级的除外，高三年级的教研组长和备课组长安排 11 月 15 日到西峡高中参观，回来后再组织展示课。

2. 第二阶段：组织示范课、竞赛课，强化促进

期中考试后具体组织两组示范课、竞赛课。第一个是由每组推荐一至两名骨干老师代表本组的最高水平进行示范课竞赛活动；第二个是由每组推荐一到两名 35 岁以下青年教师进行优质课竞赛。

第二阶段的两个示范课进行评奖，除评定个人奖励外，成绩突出的教研组也要进行奖励。

3. 听课学习的组织安排

结合展示课、示范课教师听课记录情况，评出听课较多的前十名教师进行表彰。

期中考试前时段总结表彰一次。

期中考试后时段总结表彰一次。

两次汇总在学期末表彰。

4. 学生评教督促

期中考试与期中考试前后分别组织两次学生评教评学活动，主题是“评选课改实施最好的老师”，每班评选出一名，根据学生评教认可度评选优秀者，学校进行表彰，并与业务考核挂钩。

5. 利用班级课堂日志进行督察落实

6. 总结反思:新型课堂实施的总结与反思论文展评

7. 评选优秀学习小组和班级进步之星

第一,每周由各班根据小组合作探究表现评选上报一个优秀学习小组,在学校范围内进行公示表扬。第二,一个月一总结,表彰月明星小组。

二、加强学科资源库的建设:编印资料,具体实施

三、积极稳妥推进校本课程的贯彻实施

四、做好新型课堂的几项配套工作

1. 教研活动规范开展

2. 建构不同课型的授课模式

3. 常规教学的规范:规范请假调课、规范落实课堂管理

4. 加强领导查课制度

五、期中期末总结奖励

做好各项工作的开展和各项检查,期末表彰平时课堂改革落实较好的老师、教研组和班主任。

3)以考促学,以考促落实

为确保"2 +3"课堂教学模式的有效实施,我们实行以考促学、以考促教的制度,经过一段时间的理论学习后,组织学校有关人员参加"2 +3"课堂教学模式的相关基础知识考试,借助考试促进教师对该模式的学习掌握,促进教学活动的开展。以下就是我校"2 +3"课堂教学模式的相关理论知识试卷。

洛阳二中有关"2 +3"课堂模式基础知识

一、新课程基本理念

1. 新课程改革的核心理念(一切为了每一个孩子的发展)。

2. 新课程下的课堂教学教师学生角色定位(教师是学生学习的促进者、引导者,学生是学习的主体)。

3. 新课程改革下的学习观"知识是主动建构的,而不是被动接受的",课堂教学中要重视学生学习的(能力培养)。

4. 新课程改革下的教学观念的转变,教师的教学方式由"(知识的传授者)"向"(学生学习活动的组织者、引导者、参与者)"转变;学生的学习方式由"(被动地接受学习)"向"(主动、合作、探究学习)"转变。

二、"2 +3"课堂模式的内容(答案参考本章第二节"2 +3"课堂教学模式的操作流程)

1.“2+3”课堂模式要求做到哪四个结合？

2.“2+3”课堂模式的五个具体环节是什么？

3.“2+3”高效课堂的模式如何实施？

4.高效课堂中“三讲”“三不讲”具体内容是什么？

5.谈谈你是如何组织利用学习小组开展学习活动的？

4)家长评教管理机制

为确保我校课堂教学质量的有效性，我们组织学生家长开会，邀请专家对家长进行有关教育讲座，请家长到我校随意听课，对我校教师课堂教学、和学生学习情况进行评价。

家长评教问卷调查表

高______年级______班尊敬的家长：

您好！为了更好地提高我校的教育教学质量和水平，我们真诚地希望您对我校的工作进行公正、合理地评价，提出宝贵意见和建议。您的支持和信任，是我们今后工作的努力方向。本次调查采用不记名形式进行，请您根据实际情况做出选择和回答。你们的宝贵意见和建议是我们不断前进的永恒动力！

一、教学调查：

教学工作学生评教表

评教项目	语文	数学	英语	物理	化学	生物	政治	历史	地理	其他
1.关爱学生，尊重学生 A.很满意　B.满意　C.不满意										
2.教学水平，业务能力 A.很满意　B.满意　C.不满意										
3.态度积极，认真负责 A.很满意　B.满意　C.不满意										
4.教学效果，学习成绩 A.很满意　B.满意　C.不满意										
5.沟通家长，家校互动 A.很满意　B.满意　C.不满意										
6.综合评价 A.很满意　B.满意　C.不满意										

二、班主任工作调查：

班主任工作学生评教表

评教项目	选项	评教项目	选项
1. 服务理念 A. 很满意　B. 满意　C. 不满意		4. 管理效果 A. 很满意　B. 满意　C. 不满意	
2. 联系家长 A. 很满意　B. 满意　C. 不满意		5. 综合评价 A. 很满意　B. 满意　C. 不满意	
3. 工作能力 A. 很满意　B. 满意　C. 不满意			

三、对学校、老师或班主任工作的意见或建议：______________

4. 加强教师的知识技能培训，提高教师的专业水平

我们始终明白这样一个道理，虽然个人学习并不能保证整个组织也在学习，但是没有个人学习，组织的学习就无从开始。每个教师有自己的意愿、心智和思考方式，如果教师本身未被充分激励去挑战成长目标，当然不会成就整个教研组织的成长、提升。个人的超越，要求教师的自我超越，要使教师彻底厘清对自己来说什么才是最重要的，帮助教师形成高层次的精神理念。几年来，我校特别注重对教师的知识技能培训，以提高教师的专业水平。

(1)以练带培，帮助青年教师成长

近几年来我校新进了不少青年教师，学校特别重视对这些教师的培养，提出了“不做教书匠，不教糊涂书”的口号，充分抓住他们刚参加工作，热情高、可塑性强的关键期，扎实开展多种活动。如新教师岗前培训、汇报课、展示课、演讲比赛、优质课大赛等，实行“师带徒”制，给青年教师定目标、压担子。其中，最能激励青年教师成长的就是学校领导随堂听课制度，让青年教师在心服口服地被指导中提高自己。

学校每周指定半天为集中听课时间，在这半天里，所有校级领导和相关教研组的组长一律关闭手机，随机进课堂听课，检查课堂教学的每一个环节。学校4个校级领导分包9个教研组，每个学科都要听，课下还要与学生进行交流，了解教师备课是否到位、标高是否适度、问题是否讲解清楚、作业是否批改到位等。在每周固定的校本教研时间，校级领导和教研组长再与上课的老师就课堂中的细节和问题进行深入沟通和交流。一位老师说：“这种听课制度对我的帮助和督促很大，我每节课都会认真去准备，课堂中暴露出的问题，如课堂结构、教学理念和方法等方面

的问题,学校领导和教研组长都会坦诚、及时地指出来,并帮助我一起寻找改进的办法。从教一年来,我觉得自己的进步很大,调控课堂的能力有了明显的提高。”

在培养青年教师的同时,学校还尊重、信任并大胆任用青年教师。现在学校的骨干教师、班主任大多是青年教师。2007 年、2008 年教师节表彰的获得校内最高荣誉——“功勋教师”的 4 位教师,全都是 30 岁左右的年轻教师。

(2)形成和发展阶段的教师注重教学反思训练

有了三四年教龄后,教师拥有了更多的教学经验,尝到了成功的喜悦,他们能有意识地选择教学内容,确定教学重点和难点,制订教学计划,知道采用何种教学方法进行教学,讲课时能把握教学重点和难点,并对所需教学信息进行相应的分析;他们对教学更有责任感,并以更强烈的感情对待教学,以期教学的更大成功。从教学设计看,该教师群体的教学设计无法超越教材,教学经验也有一定的闭锁性。对这一阶段教师培训的重点应该是课堂教学策略,让他们在教学反思中提高自己的教学水平。

(3)帮助成熟型教师的专家培训计划——校内百家讲坛

成熟型教师指教龄在 10 ~20 年的教师群体,该群体已形成适合自身个性特征的固定教学方式,并在实践中积累了丰富的教学经验,有较好的自我效能感,进入了教师成长过程的高原期,与此同时也形成了大量的常规行动,并用来应对每天类似的教学活动,他们的行动更多地来源于个人或职业性习惯,而不是知识,对其教学实践中蕴涵的教学理念没有自觉的意识。针对这种情况可用临床诊察法使教师认识到各种教学问题背后所隐藏的教学理念的各种误区,提高他们的专业认识,培养专家型教师。

我们认为教师成长最根本、最重要的内容就是教育理念的变化,它统领着教师的整个教学行为。而教育理念的转变,正如钱理群教授所说的,“是极其缓慢、细微的,它需要生命的沉潜,需要‘深耕细作式的关注与规范’”,是一种慢的艺术。洛阳二中引领教师读书、举办“校内百家讲坛”,就是要营造一种学习的氛围,在潜移默化中引领教师做一个真正的读书人,从而做到“生命的沉潜”。长期以来我校在工作中追求三种收获——收获优秀学生,收获成功经验,收获成功教师。为给教师的专业成长搭建平台,学校经常有针对性地聘请专家、学者到校作报告,如请市教育局副局长韩经权、洛阳市第一高中原校长张欣等到学校讲学。另外,学校还组织本校骨干教师作报告,以身边的榜样激励教师,加强专业引领和同伴互助。洛阳二中的老师形象地称之为“校内百家讲坛”。

李方老师是学校语文组的骨干教师,他刚刚完成了校内百家讲坛主讲任务,内容是他前段时间参观了新安县第二高中的一些体会和分析。由于讲座结合了洛阳二中的情况,融入了自己的思考,他的观点引起了老师们的共鸣。听讲座的何孟伟老师说:“自己学校老师可能与专家学者的视角不同,身边的人讲的内容与自己学校的实际结合得更紧,将自己的所学所得进行了消化、转化,重新加以组合,更容易被人接受。同时,身边的榜样更具有激励性——自己经过努力,也可以成为这样的老师。”现在,校内百家讲坛已经形成了固定的组织方式。

洛阳二中结合实际情况推行的“2+3”课堂教学模式,在教学中总结了“三自”学习法,培养学生自主学习与合作学习的能力。“三自”即自主预习、自主学习、自主探究,预习课侧重于基础知识的掌握,内容的初步感知;阅读课侧重于思维的训练、表达能力的培养;复习课则侧重于知识的落实。让学生真正做课堂的主人,教师的教学方法、教学手段对实现目标有至关重要的作用。课堂设计上,以理念引领教学,体现学生的主体地位,符合21世纪人才培养需求。

第二节 课堂教学模式特色

常言说,功夫不负有心人,经过我们全校师生的不懈努力,"2+3"课堂教学模式已经得以全面、有效的实施。随着"2+3"模式在我校的推广实施,无论是学校的精神面貌还是教师的教学、学生的学习都出现了前所未有的变化。

一、出现了新的课堂面貌

老师由"演员"变成"导演",老师在幕后进行引导,来指导学生进行展示、交流。这样,一节课基本上是学生在老师的指导下进行自主学习、自主探究。学生之间以及师生之间的交流互动频繁,所有学生都要动脑、动手、动嘴、动耳、动眼,不能沉默寡言,不再被动接受。

"2+3"课堂教学模式的实施,颠覆了原有的课堂面貌,实现了由传统的"灌输式教学为主"向"以探究式教学为主"的转变;实现了学生的学习方式由"接受式学习为主"向"以研究性学习为主"的转变,让学生的学习在"自主、合作、探究"的学习过程中得以完成,充分发挥了教师教学的主导性与学生学习的主体性作用;"2+3"课堂模式的实施,使洛阳二中的教学组织做到了四个方面的结合,让课堂教学活动变得更加丰富、更加充实、更加有效。

二、促进了教师的教育观念与教学行为的转变

实施"2+3"课堂模式,使洛阳二中的教师在教学理念和行为上发生了重大的转变。该模式的推广实施,使得教师明白"教是为了不教",教是为了学,教只是手段,学是过程,学会才是目的。转变观念,解放老师,促进教师专业化的发展;实施"2+3"课堂模式,使教师的教学更加注重技巧、突出重点、讲究实效。为了保证教学效果,老师们必须依靠集体的智慧,通过集体备课、集体教研,做好导学案的编制,认真落实学生的自主预习指导,同时更加强化了学生学习过程的检测指导与展示活动,充分发挥了学生的主观能动性,促进了学生个性成长;实施"2+3"课堂模

式，使教师对自己的讲授能力定位更加准确，彻底摆脱了“满堂灌”“填鸭式”教学。老师明白，该讲的一定要讲到位，不该讲的坚决不讲。“2+3”高效课堂教学模式的实施，把时间还给学生，让学生学会自主学习、自主管理，学生收到的不仅仅是知识，更是一种思想、一种情怀和一种能力。

三、有利于学生综合素质的发展

“2+3”课堂模式是学生展示知识、才艺的“大舞台”。教师出示一道讨论题，可有几十人同时参与活动，做对了他们体验到成功的喜悦；做错了不仅“暴露”自己在这一知识上的缺陷，而且引起有类似错误的同学的注意，于是立即让其他学生用不同颜色的笔给予纠正，讲解出毛病所在。一堂课全班学生人人都能参与其中，大胆发表意见；四人一组，有谈自己容易粗心出错的地方，有帮助同学学习的。真正实现了“兵教兵”“兵练兵”“兵强兵”。

学生座位更加灵活多样，一改以往传统整齐划一面向黑板的“常态”，而是根据学生的基础知识、理解能力进行适当搭配，桌子面对面放置，分成若干小组。考虑到不同层次不同要求，便于说、演、写、练，便于交流合作。当堂训练当堂完成，学生学得愉悦，学得轻松。

新的课堂教学模式的实施，学生由理性上的“主体”到付诸实践的“主体”，有一个艰难的转轨过程。为了促进学生学习方式的转变，教师采用了各种激励法。我们有些老师自己掏钱给课堂上爱参与的学生买过奖品。学生要讨论，要发言，就得动脑筋。这样，学生的自学能力，口头表达能力，都会得到很大的提高。学习习惯的养成和学习能力的培养为学生的终身学习奠定了坚实基础。

四、提高了教学质量

“2+3”课堂教学模式使教师和学生在理念上完成了两个根本性转变：一是教师教学观的转变。教是为了学，教是手段，学是过程，学会是目的。二是学生学习观的转变。学习的主体是学生，要学会学习，获取知识，增强能力。由此，教学质量得到了极大的提高。

当然，课堂教学模式改革不是一蹴而就的。这一过程中还会出现不少的问题和困惑，这需要不断摸索不断改进，更重要的是，在领导管理方面要细化、制度化，做到统一要求，这样才不会使得“2+3”课堂教学模式走了样，变了味。为“2+3”而变，为学生、教师、学校而变。古语有：“通其变，天下无弊法；执其方，天下无善教。”唯有与时代变化同步，方能列于时代前沿，教育也只有与变化发展的实际情况相符合，才能与时俱进，不断向前发展！

教学模式的改革和探索，是教学研究方法论上的一种革新。长期以来，人们在教学研究上习惯于采取单一、刻板的思维方式，比较重视用分析的方法对教学的各个部分进行研究，而忽视各部分之间的联系或关系；或习惯于停留在对各部分关系的抽象的辩证理解上，而缺乏作为教学活动的特色和可操作性。洛阳二中结合当地实际情况，借助科学的、成熟的理论依据，探索“2 + 3”课堂教学模式，力求使教学中的各种因素如教师、学生、教学内容、教学手段、教学环境、教学时间等有机结合，充分发挥了教育的育人功能。

第三节　七嘴八舌话课改

为了解我校教师最近几年在学校工作的感受，我们分别召开了教师、学生座谈会，在会上都畅所欲言，纷纷表达了自己对课堂教学改革的感受。

一、来自老师的内心感悟

老师是课堂教学活动的具体执行者，老师对课堂教学改革的态度直接影响课堂教学改革的成败，老师对于我校“2+3”教学模式的实施是深有感触的，以下是我校老师对课堂教学改革的看法。

（一）老师谈“2+3”教学模式

孙英伟老师在教学一线从教了22年，总是想方设法把学生教好，争取出最好的成绩。执教期间摸索出来很多独特的教学方法，谈到“2+3”教学模式的实施，孙老师是深有体会，下面是孙老师对践行“2+3”教学模式的一些体会。

> 讲述法、启发法、指导法、讨论法是自己以往在课堂上最常用到的教学方法，除此以外，当然在课堂教学中还会即兴生成很多方法，每种方法都有其优点，但在具体实施过程中总觉得还有一些欠缺，每种方法都不是很系统、完善。
>
> 2012年，学校开始探索“2+3”高效课堂模式。刚开始推行时，学校领导每天都在听课，通过讲优质课、观摩课等多种途径限制老师在课堂上讲的时间不能超过三分之一。对于从教了二十多年的我来说，简直是致命的，不能接受甚至有抵触情绪。学生也不理解，课堂上不让老师讲，我们怎么学？我有那么多丰富的知识和教学经验，但迫于学校压力还是在课堂上慢慢尝试使用这种方法。慢慢地，感觉自己在课堂上轻松了，学生在课堂上的气氛活跃起来了，没有打瞌睡、做其他事情的现象了，成绩不但没有下滑，反而在逐渐提高。
>
> 我心理上由抵触到接受再到对“2+3”模式的研究，感觉越来越有味

道，越来越喜欢。特别是对于地理学科来说，这种模式更有利于学生动手、动口、动脑、动眼，达到获取知识和提高各项能力的目的。通过这些课堂模式的改革，改变了老师的“满堂灌”，能够把大量的时间还给学生。地理课堂上，学生要发言，就要动脑筋，就要想我要说什么，就要理清思路，就要调动所学过看过的知识并按要求把它们整理在一起。同时，和其他学生交流的过程也是他们人生观、价值观成长的过程。

高考后，针对文综成绩，我在大脑中把学生高中三年特别是高三这一年的学习状态梳理了一遍，得出这样一个结论：在“2+3”模式教学课堂上思维活跃的、积极大胆发言的学生文综成绩尤其突出，而保持沉默寡言的学生成绩不够理想，甚至让人觉得他们是否在考试中出了问题。在课堂上积极发言的学生在平时生活中也让人感觉心态较好，很阳光，社会交往多，热心做公益事业。这样既提高了成绩又完善了人格，为他们今后走向社会打下了坚实的基础。

随着“2+3”教学模式的实施，洛阳二中逐渐形成上下一盘棋、和谐团结的人文环境，教学质量在逐年提高，升学率一年一个台阶在提升，学生学习的劲头也越来越高。

（二）对导学案的制定的看法

为配合“2+3”课堂教学模式的有效实施，我校推出了“预习导航”，即导学案编制工作，就是讲同一门课的老师依据课本和教学大纲的要求，老师根据每一个单元不同的课型和教学目的，编写出一个包含重点知识和相关课外知识链接的导学方案，在课前发给学生，学生根据该方案的要求自主学习，自主探究，发现问题，在课堂上相互讨论，遇到难题时教师加以点拨，从而掌握基础知识，形成技能。学案是教师为指导学生编写的讲义，不是教师教案的浓缩，为制定有效教学案，我校李保国老师专门梳理出编制导学案的原则要求。

1. 制定导学案的原则

（1）课时化原则：分课时处理学习内容一般一个小专题为1～2课时。

（2）问题化原则：将知识点转变为探索性的问题点、能力点，通过对知识点的设疑（以问题形式设计成题组）、质疑、释疑，激思、培养学生的能力品质和创新素质。

（3）参与化原则：在学案设计中应考虑让学生进行参与性学习，通过学案创造人人参与的机会，点燃人人参与的热情，提高人人参与的能力，激励人人参与的意识。

(4)方法化原则:强化学法指导,通过学案教学变“授人以鱼”为“授人以渔”,同时注意学法指导的基础性与发展性。

(5)层次化原则:在编写学案时应该将难易不一、杂乱无序的学习内容整理成有序的、阶梯性的、符合每阶层学生认知规律的学习方案,从而达到提高全体学生素质,全面提高课堂教学质量的目的。从“教案”到“学案”的转变,必须把教师的教学目标转化为学生学习的目标,把学习目标设计成学习方案交给学生,根据学生现有知识、自学能力水平和教学要求,参照各方面信息,制定出一整套学生自学的“学案”。其特点是:教学重心由老师如何“教”转变为学生如何“学”,要具有预先性和指导性。

2. 学案设计和编写的一般要求

(1)厘清教与学之间的关系,努力给学生提供更多的自学、自问、自做、自练的方法和机会,使学生真正成为学习的主人,增强对学习的兴趣。这个问题解决了,也绝对能够真正贯彻“25 分钟原则”。

(2)引导学生独立思考,实现掌握知识(学会)与发展能力(会学)的统一,使学案成为学生掌握学科知识体系和学科学习方式的载体,教师教学的基本依据。

(3)实现个性发展与全面发展的统一。学案的编写应该充分考虑和适应不同层次学生的实际能力和知识水平,使学案具有较大的弹性和适应性。

大体上来说,学案的编制主要按课时进行,与教师上课同步,一个优秀的学案应该起到这些作用:①激起动机,激发想象;②紧扣大纲,开阔眼界;③重视学法,培养能力;④面向全体,层次多样(我们写出的学案必要的时候要注明适用的班级层次。如:此题仅适用于宏志班);⑤结构合理,操作容易。

在编制学案时,应依据学习的内容、目标和学习者的情况而变,没有千篇一律、固定不变的格式。但从“教为主导,学为主体,以学为本,因学论教”的原理出发,遵循循序渐进的原则,有步骤、分层次地从知识能力到理论的运用逐步加深。不同层次的同学可根据不同层次目标要求进行自主学习。

(三)“2 +3”课堂的感悟与反思

谈到“2 +3”课堂,我们是感悟颇深,以下是我们老师对“2 +3”高校课堂的感悟与反思。

1. 感悟

“2 + 3”课堂给我们的普遍感受是课堂很朴实，在课堂中教师合理利用多媒体、学案授课。有复习提问，有导课、新授，有巩固练习等，扎扎实实地完成了课堂目标，及时地利用学案巩固了所学知识。教师在整个课堂中运用学案，做到了三讲三不讲；对学案导学也有了更深的认识，学案导学课中真正体现了学生的主体地位。教学过程始终是学生自主学习的过程。但在落实学生的主体地位的同时并不忽视教师的主导作用，使学生有顺序、有方法、有目标的学习，真正体现了因材施教，真正做到了“异步学习、异步指导”。真正做到了“低负高效”。学案导学的基本思路是：提出问题——指导方法——学习探究——展示反馈——点拨释疑（以问题启发问题）——训练巩固。如此引导符合学生的学习规律。导学案有利于激发学生的学习兴趣和集中学习精力。导学案将学习的重点前移，规定了预习的内容、方法及要求，在很大程度上满足了学生的好奇心和求知欲，课上学习采用问题式教学、探究式学习，大大激发了学生求疑解惑的欲望，学习的兴趣及积极性得到了很大调动，“主动参与”是学生学习的一大特征。

2. 反思

我们认为在具体实施的过程中，“2 + 3”课堂教学模式针对不同的学科应该有不同的运用方法，比如文科类、理科类要结合自己的特点进行，新授课和复习课也不能采用同样的方法去对待。即便同是文科类的语文和英语也不能采用同样的方法。应该认识到，“2 + 3”教学模式是一种理念，是要帮助教师形成一种教学的理念而不是一种一成不变的操作步骤。教师在学生自学的过程中要指导学生学会自学的方法；在练习的设计中，教师应侧重基础知识的巩固，然后才是能力培养；练习题应要求学生当堂完成，以便能直接向教师反馈信息，及时发现问题，给予补救。

对于学案式教学我们还存在一些疑虑。学生的主体参与还是不够，尤其是一些差生；学习方式的转变也存在困难，课堂上教与学的顺序不能规范。总之，课堂教学改革的道路任重而道远。在今后的教学中合理利用学案进行教学，首先做到知识导学，先学后教；然后，在学生进行自学检测、合作交流获得新知的同时适时对他们进行点拨，把完整的概念清晰地呈现给学生。最后，增强全体学生的团队意识，使课堂真正达到“减负增效”的目的。

二、来自学生内心的声音——沐浴在课改的春风中

随着“2+3”教学模式的实施，我校学生的观念也发生了极大的变化，以下是我校学生谈到的课改对其生活的影响。

高一(14)班学生朱怡霖：作为洛阳二中的一名学生，我对于学校独有的“2+3”课堂教学模式有着自己的认识。在这个课堂模式中，自主学习成为日常学习中最重要的一部分。什么是自主学习？也就是学生们自己愿学，乐学，会学，善学。也因为这个课堂模式，大家的学习积极性被调动起来，学习也变得多姿多彩。如果以前的课堂是冬季那一抹草的枯黄，那么，现在的课堂就是春天里的百花争艳。每位同学争先恐后地说出自己的看法，吐露出自己的芬芳。课堂气氛活跃了，学习效率大大提高。

过去的课堂上，有的学生胆子小，总是不敢上课发言，或者被老师点名叫起来后支支吾吾说不出一句话。那么在学校他们就无法全面展现出自己的实力与才华，渐渐地，他们的学习态度变得消极，课堂上也越来越不积极。即使他是块金子，或许也无法再发光了。而现在，学校全新的教学模式使大家在课堂上全部都动起来、说起来。不敢发言的同学可以做小组的汇报员，负责将小组的学习情况和讨论问题的结果等做汇报。课堂不再仅仅是老师的课堂，也是每位同学自我展示的舞台。学习的热情洋溢在大家周围，怎怕“金子不发光”呢？

课改后，再也见不到口干舌燥却无人应答的老师了，也见不到昏昏欲睡呆若木鸡的学生了。我很庆幸自己可以沐浴在课改的春风中，享受自主学习的花儿的芬芳，听到如鸟儿的鸣唱的讨论声。我相信，随着课程改革的步伐，每一位同学都可以充分绽放出自己的光芒，闪耀在知识的舞台！

高二(1)班学生韩璞：走进课改是一种勇敢，体会课改是一种认知，实践课改是一种创新，提升课改是一种革命，收获课改是一种兴奋，享受课改是一种幸福，让我们风雨同舟，共创未来。

总而言之，我们的课堂能以我们为本，是我们展示自我的精彩课堂，我们感受到的是老师的热情，是师生之间的平等，是唤醒我们内在的潜力、唤醒本我、塑造人格、构建我们人生的发展体系。回首课改以来留下的串串足迹，我们的心灵经历了一次强烈的震撼，虽然我们在课改的开始有痛的感觉，但我们却感受到了一种无法形容的快乐。我相信只要我们

坚持不懈的努力,用我们的满腔热情坚持实践,我们的课改之路会越走越坦荡。

三、学校领导团队的承诺——铸造我们的精神家园

学校领导团队的思想观念、发展思路是直接影响学校建设的关键因素,在教学改革过程中,我校管理团队经过深思熟虑,提出"铸造我们的精神家园、精心铸就高效课堂、架起家校合作的桥梁、办家长放心学校"等服务承诺。

(一)精心铸就高效课堂

课堂是进行教学活动的主要场所,是教学改革的主阵地,"2＋3"高效课堂是确保课堂教学改革活动顺利实施的重要保证。为此我校紧抓课堂建设,提高教学质量,提出高效课堂的十大标准。即教师要不断向学生强调"学习态度"的重要性,使学生整堂课尽量保持积极、主动的状态,如坐姿端正,精神饱满,两眼炯炯有神紧盯黑板或老师;教师讲课要富有激情;教师要坚信"鼓励"是学生成长的"阳光雨露";教师应不断强调:学习是充满"乐趣"的,把一个个"未知"变成"已知",学习过程本身应该是"快乐"的;按要求、按规律一步步走下来。要相信学习好是容易的,而不是困难的;走出演讲者的角色;真正关爱、亲近学生,尊重、理解学生;思想教育、做人教育第一;让学生结成学习小组,开展"兵教兵""互助式"学习;把学习方法真正教给学生;设置适当的标高。

(二)办家长放心、学生健康成长的学校

自立自强的精神、坚强的意志力、非凡的合作精神、鲜明的是非观念、诚实、进取、善良、自信、勤劳……从洛阳市第二中学走出过一批又一批优秀的学子,他们身上无不带着这些优秀素质的烙印。这些素质的获得,离不开课堂模式的改革。

"我们最大的心愿,就是尽自己最大的努力实现每个学生的梦想。"学校为清华大学、北京大学、中国科技大学、复旦大学、北京航空航天大学、哈尔滨工业大学、中央音乐学院、中国人民大学、武汉大学等国内著名大学输送了大批的优秀学生。本科上线一年一个台阶,连续多年受到洛阳市教育局的表彰。

"教师的成长是学校发展之本"。洛阳二中的这个办学理念也直通学校发展的根本——哪所学校抓住了教师,抓好了教师的精神引领和专业发展,哪所学校必然健康快速发展。其实,很多学校都有一些失去激情的老师,他们忠实地把书本知识传授给学生,不致误人子弟就行。如果他的动力不是来自热爱,而仅仅是来自压力,这样的塑造,其结果肯定是十分可怕的,最终也很难真正提高教学质量。提升

学校品位的真正出路,就是要唤醒每一位教师的生命潜能,激活教师的个人愿景和主动发展的意识,让教师在成就学生的同时成就自我。只有当教师个体的专业生活产生根本的转换,学校教育改革才能真正实现。教师成长最根本、最重要的内容就是教育理念的变化,它统领着教师的整个教学行为。洛阳二中引领教师读书、举办“校内百家讲坛”,就是要营造一种学习的氛围,在潜移默化中引领教师做一个真正的读书人,从而做到“生命的沉潜”。

第四章 班级文化风采

作为学习共同体、交往共同体、关怀共同体,班级在学生的成长中有着独特的作用。班级能够给学生提供充分的交往机会,使学生在交往中习得责任感,学会尊重和关爱他人,并获得一种成就和幸福感,最终学会在成人社会中生活。因此,如何构建或改造班级的文化生活,在很大程度上影响着青少年成长的状态和性质。洛阳二中在班级文化建设中注重教育者的教导、协调、指引,取得了良好的效果。

第一节　特色班级文化掠影

要想创设一个好的校园文化氛围是需要多方面努力的,班级文化建设就是其中的一方面。班级文化是指围绕班级的教育教学活动所建立起来的一整套价值取向、行为方式、语言习惯、制度体系、班级风气等的集合体。班级文化是一种隐性的教育力量,表现出一个班级独特的精神和风貌。这种独特的精神和风貌,自觉或不自觉地通过一定的形式影响着学生的行为。

一、班级文化举例

洛阳二中,每个班级都根据自己学生的特点,建立了激励学生成长的班级文化,这里仅以2011级8班为例,来分享一下其班级文化。

班主任徐长锋管理理念:

严抓细管,求真务实,科学创新,力促成才。

班训:

努力进取,奋勇拼搏,战胜自我,追求卓越。

班级口号:

成功成才,成就梦想!

班级誓词:

我要做一个有良知的人,我将无愧于父母的养育之恩,无愧于老师的良苦用心;我要做一个有骨气的人,我将通过百倍努力改变现实,改变人生,创造我的辉煌;我要做一个意志坚强的人,我决不会言苦言累,头悬梁、锥刺股,将是我读书时永远的榜样;我要做一个惜时如金的人,我决不会浪费分秒,三更灯火五更鸡,将是我学习时追求的境界;我相信自己是一个潜力无穷的人,我的潜力在于我拥有健康、拥有知识、拥有智慧、拥有缤纷多彩的梦想。

班徽：

表面意思是“洛阳市第二中学2011级8班”。蕴含寓意：小鸟代表学生，彩色代表学生们缤纷多彩的梦想。整体寓意是指学生们相聚在“乐跋班”，为追求各自的人生梦想而“展翅高飞”！（见图4）

图4　班徽

班歌：

知识就是力量

徐长锋 词
卢 肃 曲

1=C $\frac{2}{4}$

班级文化阵地以及文化墙：

榜样力量：各方面优秀学生照片及简介。

励志天地：励志小故事。

他山之石：学法交流，学法指导。

知识海洋：各学科知识。

心灵鸡汤：青春故事，人生感悟。

学子擂台：特长评比（品德、学习、纪律、卫生、体育、艺术等）。

宿舍文化：

男生宿舍204：

宿舍名字：晓（寓意：对未来充满希望）；标语：满招损，谦受益；平均分：539分，目标：600分。

男生宿舍205：

宿舍名字：筑梦轩（寓意：实现梦想的摇篮）；标语：让结局不留遗憾，让过程更加完美；平均分：555分；目标：600分。

女生宿舍403：

宿舍名字：梦溪园（寓意：追求梦想，源远流长）；标语：只有一条路不能选择，那就是放弃的路；只有一条路不能拒绝，那就是坚持的路。平均分：488分，目标：540分。

二、特色班级文化效应

优雅的环境，井然的秩序，高雅的情趣，积极向上的班级目标，健康快乐的班级活动能够感染人、鼓舞人、教育人。

1. 建立温馨和谐的班级环境，形成班级文化特色

（1）创设优雅的人文环境

充分利用好教室的各个角落，让一花一草都能“语”，一墙一壁皆能“言”。让教室每一寸空间的教育功能最大化，让学生始终生活在一种积极上进的舆论氛围之中。如班级文化阵地以及文化墙设置了“榜样的力量”“励志天地”等六个主题，这些主题中既有优秀学生的风采，又有学习方法的交流与指导；既有励志小故事的无言激励，又有各科知识点的特别提醒；既有人生感悟的成长教育，又有学生特长的展现……这些内容，使学生举目而见，低头而遇，其“润物细无声”之效果显而易见。

（2）营造良好的情感氛围

良好的情感氛围是班级心理环境的重要因素，对学生有潜移默化的感染作用。每个班级都有自己的文化特色，既调动了每一个同学的积极性，也培养了孩子们的团队合作意识。全班同学相互合作、凝聚向上，就会自然而然地产生荣誉感、自豪感、归属感。

（3）重视班级成员的思想引领

高中学生正处在世界观形成时期，加强学生的思想引领，让学生与文明高雅交友、与科学进步为朋。如班训：努力进取，奋勇拼搏；战胜自我，追求卓越。既有毅

力的引导——进取、拼搏，也有心灵的引领——战胜自我。俗话说，最大的敌人是自我。如果能战胜自我，就能追求到人生的卓越，就会实现人生的超越。可以说，以积极的人生态度、正确的价值观念引导学生前行的路，必将使学生终身受益。

2. 激发学生主体意识，建立健全班级管理制度

班级制度建设就是班级文化建设的重要环节。一个良好的班集体除了依靠学生自觉，还需要一些必要的管理制度，才能克服学生行为的随意性，鞭策后进、激励先进。但是，班级管理制度的制定和实施必须讲究科学，尊重学生意见，切合学生实际。只有这样，才能真正发挥其正面教育的效应。

(1)培养学生的主人翁意识，让学生积极参与班级管理

学生的主人翁责任意识不是班主任强加的，而是在主动参与班级管理的活动中形成的。如高二(1)的班级誓词：良心无愧，信心无畏，恒心无敌，青春无悔。学习是自己的事情，班级是自己的班级，誓词是从自己内心发出的，“良心、信心、恒心”表明了学生参与班级管理的主动和态度，“青春无悔”表明了学生在自我管理中所要达到的目标。这样的自我管理意识，可以更好地让自己的青春在班级建设中发光、生热。

(2)激励学生奋发向上

班级文化建设，其目的就是给学生增强自信，增强向着目标前进的勇气和信心。如弘毅班班歌：

追梦

我有梦想，绽放梦想的光芒；我有希望，心中有着那道光。给我快乐，让我勇敢地去追；给我力量，朝着梦想的方向。你的梦，你的追，你的笑，你的泪，是我学习路上最好的教诲，抱着梦想往前飞，弘毅班给我勇气向前追。给我翅膀，让我可以翱翔；给我力量，是你让我变坚强。不怕受伤，未来的路很宽敞。有过笑，有过泪，我们始终不忘最初的梦想。

(3)积极开展小组竞争活动，有效促进学生自我约束

新课程提倡小组合作式的新型学习方式。在班级文化建设过程中也可以充分利用学习小组的优势，开展小组间的良性竞争，并通过小组间成员的互相影响、互相督促、相互教育，促使学生逐步由“他律”转变为“自律”，提高学生遵纪守法的自觉性。如学生的宿舍文化，每个宿舍少则 4 人，多则 8 人，有共同的心愿“让结局不留遗憾，让过程更加完美”；有共同的目标分数。要实现这样的目标，同宿舍的人就需要开展互帮互学，体现合作精神，在合作中必然会自我约束。每个宿舍都有这样的目标，那么宿舍之间自然会展开竞争，学习风气的竞争，生活习惯的竞争等，在这

些竞争中实现健康成长。

3. 通过各种健康有益的集体活动,努力打造班级精神

班级活动是学生学校生活的基本形式,也是班级文化建设的重要内容。班主任非常善于组织学生开展丰富多彩的集体活动,且活动形式和内容应充分体现学生的主体地位,尊重学生的意愿,让学生在活动中体验、感悟。

(1)形式多样的主题班会

放手让学生自己组织、主持班级活动,给学生更多的自主管理的权利,这样既能确保同学之间的正常交往,又能利用活动促进同学间的交流、沟通与合作,进而满足学生各种心理的需求。充分发挥学生的主动性和积极性,让每一个学生充分地发展自己的喜好、特长和各种能力,自我设计活动,充分有效地利用班会培养学生健全的心理。其意义往往是课堂学科教学活动所不能代替的。比如,班旗、班徽设计,包含了诸多学生的智慧,包含了学生诸多方面的才能。在设计过程中,学生们有思考、有争论,最终在比较和辩论中意见趋于统一。这样的过程,锻炼了学生,也让学生在锻炼中得到成长。

(2)开展丰富多彩的课外文体活动

班级文化建设是一个动态的过程,只有群体主动参与班级文化,才能形成共同的价值取向。参与得越广泛、越长久,文化沉淀得越丰厚,学生个体就越能在浓厚的班级文化氛围中自然地融入班级这个精神家园。轻松活跃的文体活动有利于愉悦心情、锻炼身体、陶冶情操、发展特长。如在元旦前夕举办文娱晚会,或在平时经常举行唱唱跳跳、说说笑笑的文娱活动等等。培养学生的集体荣誉感和竞争意识。通过活动,让每个学生都有机会表现和发挥自己的才能,在活动中获得成功的体验。

(3)走进生活,走进社会

班级活动也可以引导学生走出课堂,走出校门,参加社会实践活动,让学生认识社会、体验社会生活,开阔视野,思考人生,增强学习动力。培养自己的实践能力和社会责任感。比如组织学生到养老院进行服务活动,在活动中让学生体会到"老吾老以及人之老"的深刻内涵和现实意义。

《颜氏家训·慕贤》中有这样的两则话:"人在年少,神情未定,所与款狎,熏渍陶染,言笑举动,无心于学,潜移暗化,自然似之。""是以与善人居,如入芝兰之室,久而自芳也;与恶人居,如入鲍鱼之肆,久而自臭也。"以上对育人的文化环境做了中肯的解说,同时还揭示了青少年容易接受所处环境影响的心理基础。因此,对洛阳二中的学生而言,优秀的班级文化,是他们养成遵守社会秩序的习惯和形成不偏激的个性的基本文化环境。

第二节 班级文化透视

班级是学生接受知识教育的主要场所，同时也是学生进行自我教育的重要根据地。“为了每一个学生的发展”是当今学校教育的主旋律，教育的终极目标就是为了促进学生的发展。换言之，学校教育功能在很大程度上是依托班级活动才能得以实现的。就此而言，班级文化在广义角度上促进和帮助了学校文化建设的发展与升华，每一个班级文化都是学校文化的一个缩影。从狭义角度讲，班级文化对于班主任、任课老师和学生都提出更高的发展要求。打造有助于学生健康成长的班风、学风；提高班级的凝聚力；增强学生的责任感、集体荣誉感；针对学生品质、行为、成绩、能力发展等微观层面提出更具操作性的实施手段……乃至于最终对学生的个性发展、整个人生的生活质量和生命发展起到有益作用。因此，班级文化具有很强的现实意义。

一、关心文化

关心教育理论，其主要代表人物是美国的内尔·诺丁斯(Nel Noddings)。该理论出现于20世纪80年代中期，它随着20世纪80年代末90年代初兴起的“学会关心”这一具有国际意义的教育思潮而备受关注，成为西方教育理论的强音。关心理论对今天学校关心文化的创设具有深远的理论意义和实践价值。

像家庭一样，学校是一个具有多重目的与功能的机构，就像一个家庭不能仅仅为孩子提供吃穿，学校也不能只注重学术目标而忽略其他目标。当前大部分学校的学术目标占统治地位，教师给学生灌输大量的知识，采用填鸭式教学，但却很少想过在为孩子提供食物的同时，是否应该为孩子提供体贴与关爱。尽管满足孩子的身体需要是必要的，但哺育他们的精神成长更为重要。

苏霍姆林斯基说过，要成为孩子的真正教育者，就要把自己的心奉献给他们。只有对学生倾注了感情，才能获得学生的信任和尊重。

洛阳二中的老师们用自己的一言一行实践着关心文化。

王利民老师在总结自己做班主任工作的体会时,用《阳光普照之处必有鲜花盛开》作为题目,并且深有感触地写道:

> 热爱学生,关心学生是教师的职业道德素质的体现。作为一名班主任,只有更多地关爱学生,才能把班级管理得更为优秀。爱像一把火,能点燃学生心头的希望之苗;爱像一把钥匙,能打开学生心头的智慧之门;爱更是洒满学生心灵的阳光,阳光普照之处必有鲜花盛开。

在文章中,他用几个活生生的例子展示了他如何与学生建立起关心者与被关心者的关系的:

> 文理分科后的第三天,班中的很多学生我还不太认识,下午课间活动时,一个女生到了我的办公室,看上去精神不佳。
>
> 她说:“老师,我生病了,有点发烧,我想请假去打点滴。”
>
> 我说:“可以,我先给你家长说一下吧。”
>
> 她说:“老师,不用给我家人说了,他们在县里面,说了他们会担心,这也不是多大的事,我自己去输液就行了。”
>
> 我觉得她很懂事,就说:“那行吧,我给你开一张假条,你到附近诊所输液吧,注意安全,身上钱够吗?”
>
> 她说钱应该够。我便让她走了。
>
> 但她好像还有什么事一样,站着犹豫了一下,我就问她怎么了,是否还有别的事。
>
> 她说:“老师,你有什么事情没有?”
>
> 我想了想说道:“没有晚自习,也没有其他的事。”
>
> 她说:“老师,你能陪我一块去输液吗,我一个人不敢去。”
>
> 当班主任七八年了,学生让我陪着她一起去输液,这还是第一次。我想,这么腼腆的一个女孩子,不是到了没有办法的时候,恐怕不会让我陪着去输液的。
>
> 我就说:“好的,我骑电动车带着你去。”
>
> 我们一起到了附近的诊所。医生询问病状,量体温,开药方,然后给她输液。
>
> 输液时,我便和她聊天。这也是第一次认识这个女孩子。她告诉我说她叫刘蒙歌,以前是宏志班的学生,中招考试成绩是 571 分,刚到我班,各方面还不太适应。
>
> 我听了以后,马上意识到她让我陪她输液的原因。

我班是一个普通班，她是一个曾经优秀的宏志班的学生，因为期末考试的失误而分到了我这样的班级，内心当然是很失落的，刚来到这班，又没有其他的伙伴，我想她倍感孤独。或许老师的陪伴会让她感到温暖一些。

我安慰她说："没事，你好好输液，我会在这陪你输完液的。学习方面，你既然有这么好的基础，又是发挥失常而进到我班的，我一定会把你重新打造成最优秀的学生，我班虽然是普通班，但我不会让你的成绩输给和你程度差不多的宏志班的学生的。"

她很感激很信任地对我说了一句："谢谢老师，我一定会努力的。"

我感觉这是一朵遗落的花朵，我不能让她枯萎，反而得让她更加鲜艳。为此，我暗下决心，要同各科教师共同关注她的发展，助其进步。我找其谈心，鼓励她要有信心提升成绩，将来争取进到精英班中，以利于自己更好的发展。我还让各科教师多注意她的作业，发现她的问题要及时提出来并帮其改正，上课要多找她发言，锻炼她的表达能力，还要多和她交流沟通，以尽快让她找到班级的归属感。

第一次月考，她考了班级第一、年级第七的好成绩。在班中，她的成绩远高于第二名 120 多分。这极大地鼓舞了她的士气，也极大鼓舞了班级学生和老师们的士气。我在班中宣布刘蒙歌同学就是我们大家学习上的"标杆、榜样"，学习上要努力向刘蒙歌同学看齐。我想这种鼓励应该会让她有更大的动力。

因为后来的考试成绩都很优秀，刘蒙歌后来考到精英班。她依然是我的学生，她要求担任我的课代表，并在教师节时给我送了一张饱含感激之情的贺卡。

我想，如果不是刚开学时她的那次生病，如果不是她有勇气让我陪她看病，如果不是她告诉我她的处境，如果不是一开始就留意她的思想动态，如果不是一开始就给她鼓励和关爱，她的成长可能会缓慢一些。通过这件事，我深深体会到，给学生足够的鼓励和关爱，让爱的阳光普照在学生身上，学生就会像花朵一样，绽放出最美丽的笑容。

董玉强老师是二中的教导处副主任，同时也是 2013 级 14 班的班主任。他在一篇文章中也提到：

爱是教育的基石，没有爱就没有教育。十三年的班主任生涯，我把更多的爱给了学生，平等民主地对待每一位学生，努力使自己成为学生信服的老师,知心的朋友。无形之中也忽略了自己的父母、爱人与孩子,内疚于心。但是看到更多的孩子健康成才,觉得还是很值得。

真心帮助学生是件有意义的事。学生王亚楠家境困难,亲人重病,我多次和他恳谈,以及和他姑姑联系,关怀他的心理以及想法,解除他经济上的后顾之忧,努力帮助他走出阴影,最终他考上了二本院校。

这些点点滴滴的片段体现了二中的老师们细致入微的观察,平易近人的关心,还有坚持不懈的努力。

现任北京第十一中学校长李希贵也说过,教育必须从细节入手,然后才能塑造出注重细节的学生。正是这些细节在点点滴滴润物细无声地塑造着我们孩子的心灵和品格,修养和气质。

除了老师,同学是高中生活中的主要成员,他伴随着学生的高中生涯,也会在日后的时光里开出美丽的花,当然,同学之间的关心自然是不可缺少的记忆。

2013 级 14 班的张扬在《我眼中的二中》一文中提到:

记得有一次打篮球,我狠狠地摔在了地上,磕伤了胳膊,同学们迅速扶我到寝室,给我抹碘酒。那一刻,我真的感受到了同学之间的爱。最近一次印象较为深刻的是我的脚崴了,肿得好厉害,基本上是跳着回宿舍的,室友们就扶我去洗漱,给我抹红花油,之后又"笑我"变成兔子,只能跳。但我却感觉很开心。

关心,就好像一缕阳光,她的温暖,让二中每个角落都充满着光明。

二、尊重文化

调查表明,从学生对尊重的感受看,学生对老师的尊重与老师对学生的尊重处于不对等的状态,认同同学们尊重老师的占调查总数的 82.6% ,只有 40.8% 的学生认为老师也会尊重学生,其中完全同意者仅占 10.2% 。

另一项研究得出了相似的结论:对教师的尊重,中学生主要是出于教师对自己的教育和教师就是应该得到尊重的社会规范。还有学生感受到教师对学生关心爱护、支持帮助而应该得到尊重。很少有学生认为教师和自己是平等的,可以相互尊重。

十五六岁的少年是满怀傲气的年龄,一个少年最想得到的是尊重。身为师者,经营的是一种爱的事业,教师在课堂上的教育处事方式应该给弱者尊严,给强者一种看世界的目光,给所有的学生一种人性化的关怀。尊重他人的人格是课堂尊重文化,也是以人为本的科学发展观的基本体现形式。

2013级7班班主任王雪梅是一位带班经验丰富的老师，她写的《让学生在尊严中健康成长》有这样一段话：

苏霍姆林斯基说过：学生身上不论带有什么样的问题和缺陷，总还是有一些善良的东西的。教育者的责任就是去挖掘、发现这些美好的东西，要无一例外地尊重每一个学生的个性。我非常欣赏这句话。在教学中一直在实践这句话。

她的事例也证实了她在自己的工作中挖掘、发现美好的东西，无一例外地尊重每一个学生的个性。

她还将自己日常教学和管理工作中的一些做法分享出来：

第一，给足学生面子，心平气和地面对学生出现的问题和所犯的错误。

我在指出学生的错误时，理智地把握住自己的情绪，不用训斥、威胁的口气，也不用斩钉截铁的语气。那种瞪眼睛、拍桌子，大声叫嚷等发怒的表现，会使学生产生逆反心理，也有损教师的形象。每个学生都有较强的自尊心，教师在批评学生时要用平等和气的态度，讲究委婉含蓄，考虑环境条件，时间、场合，设身处地为接受批评的学生着想，尽量不在全班同学面前点名批评某某同学，可以点事不点名，表明批评是对事不对人，这样既成全了被批评学生的面子，也起到教育其本人，同时教育大家的作用。

第二，善于发现每一个学生的闪光点，让学生在自信中健康成长。

教师要善于发现学生的闪光点，及时加以赞许，恰当地给予表扬，让每个学生为班级积蓄正能量，阳光自信地生活。为此，我们班设立了各种各样的奖项，除了常规的学习优胜奖、学习进步奖、好人好事奖等，还设立了特殊贡献奖，例如：为老师课堂用的笔每天加墨水的学生、不怕麻烦为班级管理电教柜的学生、值日做得好的小组和个人、课堂积极回答问题的学生、作业完成好的学生、积极参加班级活动的学生、早读会读书的学生等，我都适时地给予表扬，让每一个学生都能看到自己的闪光点，从而树立信心健康成长。

第三，民主评议班干部，尊重学生，实现班干部的平稳过渡。

刚开始接手我们班时，我采用了班干部竞聘制。学生自己申报、演讲然后民主选举。由于学生之间不是太了解，我们班"难得"的班干部从总体上说，"领头雁"几乎没有、表率辐射作用差。我们班的班长热情很高但缺乏耐心，自我约束能力差，没有大局意识和统筹规划，起不到模范带头作用，但他又有一定的号召力，会影响一部分学生同时又极好面子。怎么让他心服口服让出这一职务同时又不会给新的班干部造成干扰呢？针对这一情况，第一次月考之后我采用学生对班干部工作进行评议和民主选举相结合的办法，并私下让他看学生的评议结果，给他讲清利弊，最后他自动退出竞聘。

第四，尊重学生，把学生作为一个独立的个体来对待。

不管是课堂教学，还是思想教育，一定要特别重视学生作为“人”这样一个个体的存在，一定要尊重学生的自尊。如果为了保护学生的自尊，同时又让学生自知改错，我会变换一种教育策略，含笑对全班同学说：“同学们，某某同学因为没有得到回答问题的机会，而对老师提出了抗议，那么，我们把下一个回答问题的机会留给他，好不好？”同学们响应之后，违纪学生意识到自己的错误，赶快投入下一个问题的准备之中。其他同学自然也会为老师投去敬佩的目光。老师委婉而含蓄的语言怎能不化为滋润学生心扉的甘露？当然，强调教师尊重学生的自尊，并不是放任自流，而是要积极创设情意浓浓、其乐融融的氛围，做到“严中有宽，严中有情，严中有度”。例如：我们班有位学生，初中时抽烟、早恋、打群架，用他妈妈的话说：“王老师，那时候我真觉得都活不成了呀！”面对逆反心理极强又好面子的学生，我变换招式，发现他有一点进步或优点，我就及时地表扬，甚至夸张地表扬，让他不好意思犯错误；犯了错误，我也不会当着全班同学批评他，我会先让他反思，同时多些“暖处理”给他定目标限期改正，慢慢地，这个同学有了很大的转变，遇事比以前冷静多了，还给我提出很多好的建议，非常积极地参加班级活动，自律性增强，学习也有很大的进步，由班级的 20 多名跃进前 10 名……

总之，教育感化学生的渠道是多种多样的，批评教育学生的方式也是层出不穷的。作为教育工作者，只有把握住学生的心理，尊重学生，通过各种途径和方法，使学生充分认识到自己的缺点和错误，教育、引导、感化、挽救学生的目标就一定会实现。教师对学生最大的尊重与爱护，就是要把学生培养成具有综合素质的一代新人。

三、合作文化

我国最早的教育专著《学记》有这样的论点：“独学而无友，则孤陋而寡闻。”这是重视同伴、友人在学习中的作用的早期阐述。在西方，早在一世纪的时候，古罗马昆体良学派就指出，学生可以从互教中受益。捷克教育家夸美纽斯认为，学生不仅可以从教师的教中获得知识，还可以通过别的学生的教学来获取知识。这些观念和实践都带有教学合作文化的色彩。我国著名教育家陶行知先生曾在 1932 年提出了“小先生制”的构想，并付诸实践。他提出让儿童一边当学生，一边当“先生”，“即知即传人”，把学到的知识随时传给周围的同伴，这是一种具有积极作用的教学合作文化。近代曾流行于欧美的导生制教学组织形式，更是充分凝结了师生之间以及学生之间的教学合作文化。

师生合作，不仅体现在教学中，也体现在管理中。师生合作的共同目标是让学生成人成才，实质是促进学生整体素质的发展。在教育学心理学方面有颇高建树的孙改仙教授认为，师生合作包括情感的合作和认识的合作。前者的实现需要建立良好的师生关系，同时教师要善于激发学生的情感。后者的实现需要转变学生观，把学生当作认识与活动的主体。只有如此，师生之间平等对话、互相合作最终达到学生综合素质的提高。

二中政教处副主任、2013 级 11 班班主任，洛阳市优秀班主任张守明在师生合作方面就有自己独特的见解和做法。

很多学生怕开家长会，因为教师又该向家长“告状”了。张守明班里的学生不怕开家长会。为何？秘密在这里。

每次开家长会之前，先开班会，讨论家长会的内容。

每个同学都“教”教师开家长会的时候该如何说，尤其是说到自己的时候，要夸大优点，淡化缺点，甚至不提缺点。

学生的要求，张守明都一一答应。但是，是有条件的。张老师举例说，比如某某同学，你让我在你家长面前，把你说得这么好，那你就得继续保持这么好，或者争取达到这么好，否则的话，就要“揭老底”，在你家长面前说真话了。

学生很诚信，既然教师这么讲义气，在家长面前把自己夸得这么好，自己就应该说到做到，努力做好。

张守明说，学生很聪明，当他感受到教师是真正爱自己的时候，他们会很听话。即便教师训他们，他们心里也是高兴的、快乐的，并且会很顺从地改正缺点。所以，让学生快乐的前提就是教师真正爱学生。

张老师的这种方式确实非常独特，但就是这种独特的合作方式，促进了师生关系，也让学生体会到老师的良苦用心，之后也能够更加努力成为一个优秀的学生。

一个班级的师生就像一支运动队，教师就是那教练。每一节课就像一次训练，没有科学的方法就不能产生刘翔、王军霞这样的世界冠军；同时，没有足够的训练强度，也不会出现中国女排。光教师"一头热"是很难产生高效课堂的。如果每个学生都有良好的学习习惯，再配以一支优秀的教师队伍，课堂想要不高效都不可能。

合作是成功的基石，是一切成功的基础，是立于不败之地的重要保证。合作不只是一种解决问题的方法，而是一种道德品质，它体现了人们的集体智慧，是社会生活中不可缺少的一环。

四、激励文化

美国经济学家罗宾斯有一个著名的理论：人的价值 = 人力资本 × 工作激情 × 工作能力。工作激情是人力资本和工作能力的前提和基础，它可以让你的能力和价值成几何倍数的增长和提高。一个人如果没有工作激情，那么无论他的人力资本和工作能力多么强大，他的工作价值都是零。最佳的学习效率来自学习的热情，没有激情的学习不可能是快乐的、高效的。德国教育家第斯多惠说过："教学的艺术不在传授，而在于激励、唤醒和鼓舞。"如何唤醒沉睡的心灵，激发学生的激情，很多教育者都在探索。

任何人都有情感需求。重感情、讲情谊，是"90 后"中学生的显著特点。"感人心者，莫先乎情。"用美好的情感去激发，用真情实意去启发，点燃学生激情的明灯。

心理学研究表明："班级具有一定的稳定特质，要对班级内部某些'链接'进行拆解、消融、分散与重建，需借外力激起与强化，达到'谐振'状态，才能改变其特质。"而活动激励是一种积极有效的外部诱因。我国教育专家班华教授认为："只有营造一种活泼、和谐的活动氛围，充分尊重学生的主体地位，才能获得深刻的教育体验。"青少年学生的心理特点之一，就是好胜心强，不甘落后。班主任若能因势利导利用各种活动，满足学生的这一积极的心理需要，就能达到激励的目的。

班主任张守明老师有四件法宝。

比如，他让某同学写出了自己的 5 个优点：我勤奋好学，我意志坚强，我乐观开朗，我志向远大，我前途光明。这 5 个优点，他要求学生烂熟于心。当这个同学缺乏学习动力时，他就提醒学生用"1"，即一个激励人的祈使句来鼓舞自己，如："努力吧，一个伟大的人！"

当有同学做题做得烦躁，不想做题的时候，就用"做题吧，北大高材生"来激励自己。

冬天，不少学生留恋温暖的被窝，不想起床，他们就用"起床吧，公司总经理"

来刺激自己跳出被窝，坚持早读。

人人都有惰性，张守明也不例外，下雪的早上，他懒得起床，他想："班干部管理能力很强，我这个班主任晚去一会儿也无妨。"想到这里，他就躺在床上懒得动弹，但是当他也用一个祈使句激励自己时，他就有了起床的动力，他用的祈使句是："起床吧，优秀班主任。"张守明常用这句话激励自己，时时处处以优秀班主任的标准要求自己。去年，他真的被评为"洛阳市优秀班主任"。

说实话，学生的生活是简单而枯燥的，老师需要常动脑子，时不时刺激一下他们，鼓舞他们的斗志。

张守明的做法是：在班里开展"每周一读"和"每周一写"活动。

每周一读，即张守明每周挑选一篇励志文章，声情并茂地在班里为学生朗读，这些文章贴近学生的生活，能引起他们的心灵共鸣。常常有学生听完之后，感动得泪流满面，擦干眼泪后，鼓足劲开始学习。

每周一写，即张守明把学生分成若干小组，每小组 6 个人，每组一个笔记本。单周时，每人每天抄一篇文章；双周时，每人每天写一篇文章；周末时，大家一同学习、讨论。每周抄写 6 篇文章，学生既接受了思想教育，又提高了写作水平，大家感到非常充实、快乐。

说教式教育是很多老师、家长常用的方法。张守明认为，话说多了无分量。现代社会传递信息的方式太多了，给学生放视频就是一种比较有效的方法，视频有画面效果，有恰到好处的背景音乐，有较强的视觉冲击力，比起语言说教，效果强百倍。

张守明曾在班里放过一段《股市天天向上》的视频，主人公刘子健是个脑瘫患者，10 岁才学会走路，没有上过学，但他凭借顽强的毅力，拿到了哈尔滨工业大学的自学考试毕业证，还通过了一系列考试，成为一名股票操盘手……他在自创诗歌《星》中写道："如果把每一个人都比为银河系中的一颗星的话，因为我的残缺，我愿意做一颗划破天际的流星……"

这个视频感动了班里大部分学生，每当有学生学习厌倦的时候，就会要求："老师，再放一段视频吧。这样我才能天天向上。"

只有把内在的动力调动起来了，学习才有积极性。

和谐的班集体，能让学生体会到温暖和快乐。张守明每月为学生举办一次生日会，为当月过生日的学生过生日。

生日会分 4 个环节。第一个环节，班干部为"寿星"戴生日帽，并送上生日祝福。第二个环节，平时和"寿星"关系比较好的同学为"寿星"送上祝福。第三个环节是连线“寿星”家长，最感动人心，主持人拨通“寿星”家长电话：“阿姨，您好，我们正在班里给××过生日，您有什么祝福的话要说吗?”那边家长常常是意外得不知道说什么好，当情绪稳定开始向孩子表达祝福时，常常是家长、孩子都哭得一塌糊涂。第四个环节，当“寿星”情绪平稳后，班主任送上祝福，并带领全班学生一同唱生日歌。

除了举办生日会，张守明还常鼓励学生之间互写小字条，把对某个同学的感激写出来，平时不好意思用嘴说，在纸上写出来，同学们都很踊跃。

学生写完字条后，把字条揉成一团，老师拿一个大盒，将纸团收集进去。然后，全班学生按照顺序一个个走上讲台，每人拿一个纸团展开来念，被感谢的同学听到内容后，内心充满喜悦。比如有同学写：“感谢×××，你非常有耐心，那天给我讲数学题，讲了三遍我都没听懂，你不但不烦，还耐着性子给我讲第四遍。”

从一个个活生生的例子可以看出：激励是阳光，能温暖学生自信、进取的心房；激励是雨露，能滋润学生求真知、做真人的心田。

二中的教导处副主任董玉强是一位非常负责任的老师，从2004年至今，他在洛阳二中连续担任四届宏志班班主任。其中，三届宏志班在2007年、2010年、2013年高考中，都取得辉煌成绩。尤其是2013年高考，他所带高三(10)班54名同学，一本以上上线15人，二本以上上线26人，三本以上上线13人，本科上线率达到100%，三项指标均列全校第一名，为学校2013高考成绩的辉煌做出了贡献。

他的带班故事，也无处不体现着激励的力量。董玉强老师在自己的班主任总结中这样写道：

> 从高一的时候我就引导学生把高考目标制成小卡片，贴到自己的课桌上，挂在自己的床头，用以励志。到了高三，学习委员把全班54张卡片粘贴成了一个大拳头，时刻在鼓舞着士气。
>
> 我与学生一起制定了班级中期、长期奋斗目标，小组奋斗目标，个人奋斗目标，让每一个学生铭记在心。本届10班在期中考试前就定下一本15人，二本40人的目标。刚开始连自己都不相信能完成，后来都实现了。我还鼓励学生向自己的竞争对手下挑战书。有的学生在班会上直接宣读，有的学生向对手发帖。许配伦同学就在班里振臂高呼：“李倩倩，我要向你挑战，不超过你，决不回头!”不少人都在笑他不自量力，结果高考中许佩伦同学考了586分(超过一本线81分)，超越了竞争对手。学生之间有了良性的竞争，这也有助于班级学习氛围的形成。
>
> 我抓住学生喜欢《士兵突击》《永不放弃》等这个切入点，利用班里多

媒体，把剧中最激动人心的片断下载下来，反复地播放给学生看。剧中人物热血沸腾的气势确实震撼了学生，“不抛弃、不放弃”也成为很多孩子的座右铭。

优秀学生是鼓励出来的，切记是持续鼓励。每个人在生存中，都希望别人看重自己，尊重自己，每个学生都渴望关爱，所以，和学生谈话尤为重要。学生在学习过程中最需要的是自信，而自信的来源是自尊。李灿同学语文、英语是薄弱科目，我就多次和他分析试卷，制定复习计划，大练习中他的成绩也多次反复，最终高考超过一本线 7 分。

学习成绩不理想的学生，他们的许多顽劣行为是出于对学习的绝望。张伊洁同学，心思比较敏感，加上身体不好，几次大练习失利，颓废痛苦。我与任课老师以及家长一起多次做工作，反复谈话鼓励，甚至让往届学长给她写信等。张伊洁高考考出了 564 分的佳绩，被中国药科大学录取。

在教育中赏识是必要的，但不可一味去赞美，过犹不及。在班级管理中我想特别提一下周记，这是难得的师生情感交流平台，在这里你会看到、听到学生真实的心理世界。个人对班级的建议，班里的秘密，个人生活中的喜乐，你都从中找到影子。老师你在周记本上那短短的几行字有时能产生神奇的力量，可能会使学生受益终生。

张春玲老师在 14 届高三班主任工作总结中也写到她在激励学生方面的心得：

进入高三，我首先向学生介绍前几届文科班的成绩、填报志愿及录取情况，分析今年并不乐观的高考形势，让全班同学都感觉到严峻的挑战，具有较强的危机意识。根据学生自己的实际情况，制定了个人奋斗目标，帮助其明确个人阶段奋斗目标。其次，我还在班内开展多种形式的励志教育：(1) 故事激励，在教室后墙粘贴名校高考学子的成才故事；(2) 请本班一些优秀同学现身说法；(3) 光荣榜，在教室后墙设立学习标兵和进步之星光荣榜，定期根据考试情况变动。光荣榜上每人配有照片和颁奖词。这些都对学生起到了激励作用。

奖励的激励作用是很大的。奖励的关键一要及时，二要合理。班级建立之初，我便为每位学生建立成长档案。每次大考后我都要进行颁奖总结班会，自费给学生买奖品。不仅奖励学习优秀的，还要奖励取得较大进步和持续进步的学生。除了设立学习专项奖，还设立班级特殊贡献奖。每次优秀班干评选，那些热心班级事务的班委总能当选。

曼德拉也曾说过：人生可怕的事情不是你更多地看到自己的不足，而是没有看到自身具有的巨大潜能。所以优秀的老师要善于挖掘学生的潜能。

感人心者,莫先乎情。爱是教育的核心,情是教育的生命。教育需要爱,更需要情。教育工作者要关心人、爱护人、体贴人、理解人,富有人情味,使他们能感受到集体的温暖与关怀,积极投身到学习、生活、工作中。

马卡连柯提出:"一切良好的教育应从建立班级集体开始。"在构建班级文化过程中,一个班级的凝聚力至关重要,它容易吸引学生,雕塑班集体的灵魂,也就能为建设好班集体提供有利条件。这种凝聚力,就是班级里一种潜在的吸引力、巨大的向心力和无形的感召力。而这种吸引力、向心力、感召力从何而来?毫无疑问,除了学生的整体素质、老师的教诲、班主任的敬业奉献精神之外,整个班级文化的建设都至关重要。班级建设是一个综合性的工程,是一个复杂的充实、完善和塑造灵魂的过程。在这个过程中,班主任必须循序渐进地采用一定的方法、使用恰当的形式完成对被教育者的"雕琢",就是对学生进行知识、道德、身体素质、审美能力等的综合培养,使之全面发展。洛阳二中的班级文化为了形成向心力和感召力,通过关心、尊重、激励和合作等具体的文化形式,把班级文化建设落到了实处,所以,他们的班级文化建设是有效的、高效的。

第三节 “我心中的班级”对话

校园文化建设是构建和谐校园的基础，它是教育文化、教师文化和学生文化相互作用的结果。建设和谐校园需要全校师生员工的共同努力，特别需要广大教师在学校的各项事业中发挥自己的作用，是建设和谐校园的重要力量。教师的作风，影响着学校的和谐团结；教师教书育人水平，影响着全校和谐的教风、学风的形成。只有全校师生共同努力，才能出色地完成构建和谐校园的各项任务。

一、老师心中的管理

可以说，每一位老师，都有自己成功的管理经验，下面撷取一些管理“浪花”，一窥老师们的班级管理理念。

问：请说说您是怎么样增强学生们的凝聚力，组建良好的班风的？

王敏楠：刚接一个新班，我就通过与每位学生“拉家常”式的谈话与他们交流，谈学习、谈生活、谈理想、谈方法、谈自己的不足与需要改进的地方。谈的东西都很实际，都是平凡中的小事，语言很朴实，没有任何的大道理。学生听起来非常能接受，这就给他们一个最初的班主任的印象，在他们眼里，这位班主任“人情味”还行，他们就会产生想接近你的想法。接着在此基础上，一系列班规班纪出台了，所列制度皆是源于他们日常的学习生活必须注意的规定，再通过大家的一致讨论、表决，最终形成了学生们心服口服并乐于接受的卓有成效的班级管理制度。

问：您是如何进行班级管理的？

陈敏：一个集体就像是一支部队，如果没有铁的纪律作保证，是很难打胜仗的，因此，我对班级管理工作一直常抓不懈。我们班的班风一直较好，跑操、考勤、卫生、住宿生管理等各项常规考评成绩均在年级名列前茅。我向学生们传达的是如果你很优秀，你在各个方面都会很优秀，因为优秀是一种习惯。除了这些常规考勤外，对于我们精英班学生来说，尤其重要的是学习习惯的培养。自习课、中午静校和夜自习纪律,这些时间要保持绝对的安静,以有利于学生独立专心的复习,除了每周的班会课上严格要求外,还要经常性的检查和落实。

王雪艳:首先,重视教室的布置。教室前墙壁黑板的上方放置了全班的班级口号“成功成才成就梦想”,激发学生的斗志;黑板两侧贴的是班级的座右铭“每天每科增一分,争分夺秒奔名校”,指明奋斗方向,树立学生的信心;两侧的墙壁上针对不同层次的学生提出了不同的奋斗目标。在教室的后墙壁上贴出了全班的班训“战胜自我、奋勇拼搏、努力进取、追求卓越”,勉励学生:在学习中最大的敌人是自己,要克服自己的惰性,摒弃自己的玩心;在学习中只要能做到不断地超越自己,提升自己,就一定有收获有进步。然而要做到这些,需要有坚持不懈的精神,需要勤奋学习,要有不怕苦不怕累的精神,要不惜付出自己的心血和汗水,要有敢拼敢闯的精神,要为实现自己的人生理想拼一拼搏一搏。无论自己基础如何,不管自己是哪个层次的学生,只要付出努力,就能有所收获有所提升有所进步,如果取得了一些成绩,也不能骄傲自满,要追求好上加好,要追求出类拔萃。其次,讲究座位的排列。我在每一次大型考试之后都要排一次座位,并且在排座位之前就给学生明确规则:分数优先,自由挑选,但班主任针对爱说话的两个同学有“棒打鸳鸯”的权利。我们班的学生绝大部分都理解“平行志愿、分数优先”的含义。同时,这样做有助于提高学生的竞争意识,考得好的不敢松懈,考得差的努力追赶,既激励优秀生,也鞭策了学困生;这样做客观上也有助于优秀生之间互相促进,取长补短,提高学习效率。而学困生只需要掌握较基本知识和解题技能,把他们排在一起完全能达到目标,而如果把优秀生和学困生排在一起,会造成学困生过分依赖优秀生,既降低了优秀生的学习效率,又不利于培养学困生独立分析问题解决问题的能力。

张西才:对于艺术生班级的管理,我认为时间是第一位,制度是铁的准绳,氛围是成功的关键。我作为班主任每天早上都在7:00之前准时出现在教室门口,迎接学生到校,要求每个学生进班后两分钟内进入学习状态,对个别迟到学生进行批评教育,每天的每节自习课都看着,每节自习课都有班干部专门管理,实行责任包干制,争取保证自习课的良好秩序。对于晚自习要求学生提前进班,作为班主任的我时刻都和学生在一起,时刻在关注着他们,通过学生和老师的共同努力,艺术班营造出了一个良好的班级氛围,塑造出了一个纪律严明的优良班级。

别红梅:我带的是文科中间层次班,最引人注目的是女生比例大,全班67人,只有9个男生,而女孩子在高三紧张的学习氛围中,特别容易出现焦虑情绪。高三一年,我把调整学生心态这份工作放在了最重要的位置上。我们班的张毅辉同学高二质量检测时成绩相当优秀,性格相对内向的她进入高三后一直压力很大,也许是高处不胜寒的缘故吧,她生怕自己从全班第一的位置上掉下来,重压之下,她很快出现了睡眠不足、精神不振、成绩急剧下滑等症状。我当机立断,立即采取措施,一方面抓紧时间和她妈妈联系提醒她关注孩子的情绪变化,一方面关照各科任课老师不要对她有太高的要求,在学生心理辅导方面经验丰富的聂书记也及时地伸出了援手,只要聂书记没有出差在外,这对师生每天都会相约见面,或者是聂书记到我们教室去给她传递一个鼓励的眼神或微笑,或者学生到聂书记办公室去聆听聂书记几句虽然简短却令人心安的话。在聂书记的指点和亲自参与下,在全体任课老师和家长的共同努力下,张毅辉同学顺利走出了困境。

问:请说说您是如何抓好学生的思想教育工作的?

张春玲:根据不同的学习阶段,我在班会课上设定不同的主题,向学生介绍学习中的水桶原理、高原现象、时间安排、记忆方法等等有关的学习心理和策略。我开过的班会有"感悟高三""哈佛教你管理时间""学习方法的秘密""考试时如何才能超水平发挥?""如何调整心态""我的学习动力在哪里?""父母寄语""学习无用吗?""爱上高三、爱上拼搏"等。通过班会课给学生以精神引领,方法的指导。还给学生们吐露心声的机会,又在班级形成一个良好的备考舆论氛围,起到了学生自我教育的作用。在我看来,一节班会课不可能对所有学生都有帮助,只要有一半学生有收获或者有体会,我觉得也是有作用的。为了增强班会的效果,我把主要内容都制作成课件,通过多感官刺激加深学生印象。像"学习方法的秘密""考试时如何才能超水平发挥?""如何调整心态""我的学习动力在哪里?"等。我还在班内张贴上墙,以备学生课后查阅。

问:您能具体谈谈您是怎么关爱每一个学生的?

陈敏:一是尖子生,我经常密切关注前10名学生在各次考试中的成绩及弱势学科,及时帮助他们分析和解决问题,并且阶段性找他们谈心,鼓励他们找差距,定目标,做表率,力争在各方面更上一层楼,为班级争光。二是一本范围生，经过全班任课教师的讨论，年级组给我班划出了6位在一本线边缘的范围生，我们对这6位同学进行了成绩分析，协调每个科任老师根据学科需要侧重关注，着重对他们薄弱的科目加以辅导，并让每一位同学感觉到老师们的鼓励和关怀，从而树立信心，经过大家的努力，我们班这次有三位同学在高考中上了一本线。三是学困生，虽然我们班是精英班，但班级后几名同学的成绩也一直是在一本线下徘徊，作为班主任我要鼓励他们不失去斗志，努力学习，每次考试都要有计划地找这部分学生谈心，不断给他们打气，让他们树立信心。我们班平时成绩在最后的郑晓雯同学高考考出了567分的好成绩，这也证明，只要我们老师肯用心关心每个同学，对他们因材施教，都能取得一定的效果。

问：请问您之所以能成功管理班级，有没有其他人的配合？

陈敏：班主任要和各任课老师配合好，支持各任课老师的工作，协调任课老师搞好学生各科的学习外，在对学生的思想教育方面也及时地与各任课教师交流，从更多的角度去了解学生，和任课教师在教育上形成一股合力，在这些方面我真的很感谢我们班任课教师对我工作上的帮助，他们除了业务上十分优秀，还经常鼓励学生，帮我做了不少班主任工作。我们还积极有效地开展家长会，及时和家长进行沟通与交流。我们每次考试都会开家长会，通报考试成绩，告知家长学校的近期工作，也互相交流学生在家、在校的情况，互相理解，互相配合，共同做好学生的思想工作。我们班的家长也很乐意和我交流，发现学生有什么动向或是思想问题都会及时和我沟通，另外我还及时利用校讯通跟家长交流，以便增强家长对学生在校情况的了解。

问：您在班级管理中有没有什么遗憾？

陈敏：2014年高考结束了，我们班有35个同学过了一本线，有两位同学差一本线1分，有3位平时稳定上线的同学没过一本线，这是最令我感到遗憾的。我认为这里面存在的第一个问题是我们划的范围生是按洛阳市平时的一本线有4 400名，而高考只考了3 800名，而这个线附近的部分学生平时没有给予更多的关注。以后在平时的考试中不能盲目乐观，要让学生正确地面对现实。还有一个就是临近高考，有些家长过分关心孩子，改变了孩子的生活习惯，造成孩子不能静心学习，但这个问题我在上一届就认识到了，在高考前通过家长会和校讯通也给家长讲了，但有些家长仍然认识不够。

问:有没有什么例子来说明沟通在班级管理中非常重要?

王雪艳:我们班的王辰同学,遇到问题易钻牛角尖,自我调节能力差,再加上家庭父母的婚姻问题,影响了她的高三心理,于是有一天出现了她拿小刀划了手腕,她的手腕上有一道浅浅的痕迹,我赶紧收了她的小刀将她带到了办公室,同时打电话通知了她的家长。在办公室里,我就做一个倾听的对象,她说了好多,情绪逐渐稳定下来,然后我就及时做以疏导,慢慢扭转她的一些想法,最后她的脸上终于有了笑容。等她的爸妈来的时候,她的心情已经完全平复了,也认识到自己这种不冷静的行为给自己及家人带来了很大的伤害。

问:家长会在班级管理中扮演着什么样的角色?

王雪艳:学生在学校里的一切问题都会在家庭里反射出来,而学校复杂的教育过程产生的一切困难的根源也都可以追溯到家长。因此,家长是学校教育工作有效开展的基石,每学期定期开展家长会是非常必要的,是家长和学校沟通的桥梁,而且高三面临高考,家长会就更加重要。因此,高三的三次家长会,我都十分重视,每一次我都认真写好家长会教案,准备各种材料,准备学生的情况分析以便家长查阅。我印象最深的家长会是一练考试后寒假前的那次,共有几部分内容:第一,学生。我把平时学生在校的一些照片整理下来,在家长会之前以幻灯片的形式播放,并配上《感恩的心》等音乐,整个画面十分唯美。我还在家长会之前给我们全班每位同学都录了一段视频,同学们或多或少地给爸爸妈妈说了自己心里的话、自己的目标、自己的表现、自己的进步等。例如,闫若男同学说“爸妈,我这次考试成绩不赖,你们放心,我会继续努力的”,说着眼泪就流下来了;还有我们班的王跃辉同学,他是一个住校生,他说“爸妈,我有一个月都没回家了,这次放假回去我想吃你们包的饺子”。还有很多很感人的话语。在家长会上播放之后,效果非常好,家长的眼睛里都装满了欣慰的泪水,特别是妈妈们早都泣不成声了。第二,家长。在家长们看完孩子们的视频之后,我又给每位家长发了一张纸——“家长寄语”,让每位家长给孩子们留一段话,给予孩子理解和尊重、关心和鼓励、帮助和支持、目标和期望等。在之后的班会上,我将这些内容让孩子们亲自念出来,这些话就深深地印在了孩子们的心里。第三,认真分析了一练考试成绩,让家长能够清楚地了解班里的成绩和孩子们的成绩在整个洛阳市中的情况,对孩子有一个明确的定位。第四,分析了进入高三以来学生主要的思想状况，让家长也能够以一个正确客观的态度对待孩子的状况，给予孩子鼓励和支持。第五，针对马上要开始的高三二轮复习，给予方法指导，让家长也能明确学校的安排，在家里也能督促孩子学习。第六，对于马上要到来的寒假，强调了寒假的重要性，学生们若是能充分利用好寒假，进行培优补差，调整自己的学习状态和节奏，那么在接下来的百日冲刺阶段就能获得先机。指导家长认识到寒假的重要性，让家长督促孩子制定寒假学习计划，并监督执行，让孩子们过一个充实的寒假。

问：您认为什么样的相处模式才是最合适的老师与学生的相处模式？

李艳：我的最大优势就是与人相处，包括与学生相处，所以一接班我就很快与学生打成一片，及时了解学生出现的各种心理动态，并及时解决。在这期间我发现，孩子是单纯的，只要是真心对他们好，他们是能感知的，只是表达方式不同罢了。由于我带的是普通班，及时了解学生的心理尤为重要，一定要根据不同的学生采取不同的方法，遇到学生犯错误，先从学生的角度去考虑，了解原因，而不是一味地指责与批评，想想他们为什么会有这样的举动，存在什么原因，是否有挽救避免的方法，等学生认识到自己的错误后，再从道理上加以引导，先理解再说理，学生比较能接受。但任何事情都有两面性，与学生打成一片的直接结果就是班级管理工作不好做，纪律不好管，学生不是那么听话，其实我之前认为，并不一定严师才能出高徒，朋友式的关系也能出高徒，但是我错了，高三(11)班上学期的管理及成绩让我栽了个大跟头，还好孩子的本质不错，补救还来得及，所以从下学期开始我痛定思痛，从各个方面开始严格管理，其中最重要的一点就是纪律，学生以前懒散的习惯慢慢改掉了。

问：班上不可避免地出现一些偏科的学生，您怎么处理？

牛益那：我们班里很多同学有着严重的偏科问题，六门学科里喜欢的或者是擅长的只有一到两门，其他的四到五科比较差，有时连及格或平均分都达不到。这些偏科的同学有些到了高三之后由于种种原因对于弱势学科没有引起足够的重视，依然把重心放在自己的优势学科，把提高分数的希望寄托在优势学科上。对于这种情况我在班会和其他场合讲了多次，最终让他们明白：(1)某门学科即使是你的优势学科，你学得再好，在高考中你也不可能拿到满分，或许你花了很多时间和精力拿了这门学科95%的分数，而别人用了六分之一的时间拿了这门学科80%的分数，你比别人高出的这几分很快就会被你的一门弱势学科抵消掉。其他的几门弱势学科怎么办？(2)以数学为例，想要从120分提高到140分所付出的努力要比从60分提高到90分付出的努力多得多。在高三这有限的宝贵的一年时间里我们要精打细算，我们要有十分的付出和努力，才会有百分的回报。所以一定要在保住一到两门优势学科的情况下，把自己的弱势学科补上来。

问：学生感情问题可以说是一个敏感话题，您是怎么处理的？

别红梅：尽管高三面临着高考压力，仍免不了会遇到少男少女的感情问题。我们班在高三阶段就陆续出现过三对儿，我首先没有把这当做洪水猛兽，而是承认这是一种正常的、健康的感情，然后根据程度不同给予不同的处理办法。对于那些尚处于朦胧阶段的，我仅仅是点到为止，给学生留足面子。其中一对影响比较大，已惊动了家长和学校值班领导，但为了保护学生名誉，我一方面说服领导把事情交给我来处理，一方面设法安抚情绪激烈的家长，然后和男孩女孩分别谈心。我在教育学生的时候，没有疾言厉色的训斥，也没有长篇大论的说教，而是从“情”字入手来感动学生。我对女孩说的是：“我把你当做自己的女儿来看待，听到同学们和领导对你的非议，老师真的心痛，女孩子应该像珍惜自己的生命一样来爱惜自己的名誉。”对男孩子我说的是“：这个女孩子很可爱，你喜欢她，我也是，但现在你的不合适的表达方式正在伤害她，一个真正的男子汉应该像珍惜自己的生命一样去爱惜自己喜欢的女孩的名誉。”也许是他们原本就比较懂事，也许是平日对我这个班主任就比较有感情，总之，高三剩余的日子里，他们恰当地处理好了他们之间的关系，以正常的心态投入了高三紧张的学习。家长也对事情的处理结果很满意。

教师是良心活，班主任更是教育工作中的中坚力量，高中班主任对学生的学习、人格甚至人生往往产生深远影响。所以，班主任个人的道德修养、人格魅力、业务能力、工作艺术非常重要。做一个“德艺双馨”的班主任是老师们永远的追求；当然还要与时俱进，不断更新自己的教育理念，适应不同时期学生群体的变化，研究教育方法，不犯经验主义错误；更要尊重每个学生的个性差异，因材施教，要真正把他们当做鲜活的“人”而非机器去和谐相处，促进教学相长。

很多教师会感觉到教育的现状和自己的理想背道而驰，人人都知道教育过程中应该本着有益于学生后续发展、终身发展的原则，希望少一些功利化，多一些人文关怀，多一些评价机制，希望关注学生综合素质的提升和身心的健康。这不仅是一个个教育工作者要反思改进的地方，也是今天整个社会教育领域急需改革的问题。希望通过大家的呼吁能促进这种改革的快速和纵深发展。那样，也许能早日实现真正的素质教育，感受到学习的乐趣。中华民族的教育才真正有希望能培养出更多的卓越人才。

二、学生感受的教育

学生，是学校的重要组成部分，也是班级组织中的一员，每一位学生一样，都是草，都是会开花的草。学校是学生们读书学习健康成长的载体，班主任是班级管理的组织者和教育者，在班级管理中必须了解学生的个性和共性，才能因材施教，对症下药；才能使每一种草都能开花；才能促进学生成长，达到教育的目的。

下面通过一问一答的形式，访问了二中的学生们，从这些回答中可以体味到他们心中感受到的班级教育。

问：请谈谈老师对你有哪些影响？

2013 级 14 班张扬：先说我的班主任吧，每次班会课都会给我们一次精神上的冲击，就像心理辅导课一样能让你麻木的心灵充满斗志，我们每周都要写一次周记，老师在批阅后挑出几本在课堂上念，并加以点评。这样的用意是让我们注意总结与方法，而不是只低头向前。再说说我们的数学老师程文老师，她是一个十分认真负责的老师，在晚自习后，都能见她独自一人在办公室忙碌着，临近期末时，我们的课程很紧，试卷讲评不完，她就主动要求在我们自习时给我们讲完，她连着讲了 2 个多小时，这是多么不容易啊，她完全可以在家里面休息，可是她没有，她为了我们，不惜劳累自己。最后，是我们的化学老师，月考结束后，她为了能及时给我们讲评，坐在办公室内独自批卷，并将剩余的试卷带回家中熬夜改完。我不知道她熬到多晚，但我感受到了她的认真……二中正是有这么敬业的老师们，才能有今天的突飞猛进。

2012 级 7 班江海燕：刚上高中时，新高一的我们无法适应突然间剧增的科目，意志也一度徘徊于低迷。当我们迷茫、不知所措、自暴自弃的时候，老师的一席话给了迷途中的我们前进的方向，她说学习本就是一件苦差事，要耐得住寂寞。当你想要放弃的时候，应该明白你的对手也是这样，而这时你只有付出常人无法付出的努力，才有可能取得他人无法获得的成功。尽管这不是什么特别深奥的言语，但这确实像一只强心剂注入了我们脆弱的心脏，让我们明白，其实我们真的应该坚持下去，不辜负老师的期望，为了我们自己的梦想奋力挥舞着双臂。还记得去年的一节语文课上，对着浮躁得不行的我们，语文老师用一种激昂的语气，念了《你凭什么上北大》。文中那个为了自己梦想拼尽全力的女孩无疑鼓舞了我们所有人，同时她的成功也告诉了我们：学习没有捷径。自那之后，变化一点一滴的在我们之间发生着，我们开始褪去那颗浮华的心，开始，用心去学习。真的很感谢语文老师能念那篇文章，因为她在鼓舞了我们的同时更给了我们未来的希望。还是语文老师，在我因经常跑题而害怕写作文时，能够十分耐心地帮我修改着文章。她没有丝毫不耐烦，有的只是一句又一句的鼓励，鼓励我不要气馁，鼓励我不要害怕，鼓励我要坚持下去。有一篇文章，反反复复她甚至帮我修改了五次。虽然现在的我作文有时还会跑题，但我相信在老师的无私帮助下，我一定能够不断进步，终有一日克服这个心魔。班主任老师的悉心照料，更让我们倍感温暖。每天晚上的夜自习，即使她不是值班老师，也会过来看一下我们的学习情况，看看我们有没有松懈，看看我们有没有偷懒，她就像是一位牧童，赶着我们这群小牛不断前行。当我们因作业繁重而早上起不来床时，她首先做出表率，每天早上第一个来到班里，陪着我们共渡“难关”。当然，她也十分重视我们的课外生活，经常会借着班会的机会去办一些娱乐活动。让我们在放松、开心的同时也增强了我们的凝聚力，让我们7班这个大家庭更加团结，更加紧密。

问：请谈谈你的同学对你有哪些影响？

2013级13班冯万喆：学习生活中的磕磕碰碰在所难免，但我们都怀着激情乐观的心态面对每一次的困难与挫折。记忆犹新的还是那次分完小组后要做小组文化展示，每个小组都需要做一个属于自己小组的明信片，这就让我们组犯难了：四个人都不会画画，在做这些方面都是白痴一枚，又不能让别的小组看不起。没办法，中午回家就立刻上网搜查一些资料，然后再临摹一些比较文艺的画作，但买的红色彩笔又借给别人用没水了，只好用那红色水笔一点一点填图，在明信片上写下我们的豪情壮志，一番工夫下来每个人都筋疲力尽。但是当我们看到自己小组的成功作品，好像也没有那么累了，心中萦绕着冲刷不掉的喜悦感！后来，每每遇到不开心的事，总会抬头看看它，就觉得心里充满正能量，鼓励我向前，带给我拼搏的力量，即使再难的事情，只要团结一心，充满激情，也会有阳光。

马卡连柯说过:“爱是教育的基础,没有爱就没有教育。”可见,师爱是教育的“润滑剂”,是进行教育的必要条件,当教师全身心地爱护、关心、帮助学生,做学生的贴心人时,师爱就成了一种巨大的教育力量。正因为有了师爱,教师才能赢得学生的信赖,学生才乐于接受教育,教育才能收到良好的效果。无论从教师的感悟,还是学生的体会,洛阳二中的班级文化建设中,“爱”是制胜的法宝。

第五章 校本课程开发与家校互动文化

校本课程开发是基础教育课程改革的组成部分,搞好校本课程的开发是落实新课程的改革需要。校本课程的开发与实施,不仅给学校的发展、教师专业素质的提升、学生个性的完善提供了新的舞台,而且对实现学校与学生家长之间的有效沟通提供了桥梁功能。二中重视家校关系,在家校合作的过程中,家庭与学校、家长与教师之间互相尊重,互相支持,取得了合作共赢的良好效应。二中的知名度不断提高,生源越来越好,不同层次的学生在二中都能得到发展,二中成为许多家长竞相选择的学校。这一切都来自二中注重创立和谐的家校关系,注重家庭与学校文化的共建。

校本课程是基础教育课程改革的组成部分,搞好校本课程的开发是落实新课程的需要,校本课程的开发与实施,给学校的发展、给教师专业的发展、给学生个性的发展提供了新的舞台。洛阳二中坚持以"一切为了学生的发展"为本,以趣味性、拓展性为主,发展学生个性,让课程适应和促进学生的全面发展,根据学校的办学宗旨,充分利用学校现有的办学特色以及丰富的资源优势,围绕基础性课程、丰富性课程、发展性课程三个方面,借助于校园社团活动、专题讲座和课程教学等形式认真做好校本课程的开发与研究,带动学校师资队伍建设与课程开发、管理、评价、教学资源开发等方面的和谐发展。

第一节 校本课程内容

一、校本课程实施背景

课程是人类生命意义上的历代创造之积累、选择、重组和更新,是人类过去经验有选择、有组织地作用于当下的中介,也是社会的主流价值有意识、有目的地作用于学习者个体的中介。所以,如何经过筛选、组织,进入学校教育教学,在教育教学中落实具体的育人价值,是所有教育工作者面临的重要课题。

我们知道,能够有成就的人一定是具有个性的人,扼杀个性就是扼杀创造性。过去的教育在“标准化”思想的影响下,对先天素质不同、今后发展又千差万别的学生硬要打一样的基础,扼长补短,把学生培养成“标准件”,使许多人才被埋没。新课改以让“课程适应每一位学生的发展”作为总目标,并明确了“以学生发展为本”的课程理念,对全面推进素质教育带来了前所未有的机遇与挑战,极大地推动了校本课程开发的深入开展。

我校的校本课程开发就是在这样的背景下开展的,几年来我校校本课程由点到面,由浅入深,由设想到实做。应该说,我校的校本课程开发的尝试和探索从起始到如今都是相当慎重的。学校选准了校本课程开发的切入口——教师培训,使教师在学习、思考、实践、反思的过程中,不断调整、加深对校本课程建设的认识,并以此为重点,激励教师进行校本课程实践的胆识和积极性,进而让学生在成长中受益。

二、校本课程内容

校本课程开发的内容是校本课程开发的关键,它直接体现着校本课程开发的理念和目的。由于校本课程开发是一个动态过程,它的内容相应地表现出开放性和拓展性。依据我国人才培养的目标和洛阳二中的发展宗旨,我们校本课程的类型主要分为国家课程的校本化实施、编写和实践我们的校本化教材、组织学生社团刊物活动等三个方面。

(一)国家课程的校本化实施

国家课程是国家教育行政部门规定的统一课程,它体现国家意志,是专门为未来公民接受基础教育之后所要达到的共同素质而开发的课程。国家课程具有统一规定性和强制性。所谓国家课程校本化是在坚持国家课程改革纲要基本精神的前提下,学校根据学生的特点,将国家课程转变为适合本校学生学习需求的创造性实践,包括教材的校本化处理、学校本位的课程整合、教学方法的综合运用和个性化加工及差异性的学习评价等多样化的行动策略。为了高效实施国家课程校本化,我校专门派遣相关人员到上海接受方略教育培训,回来后我们借鉴他人的成功经验,结合我校的具体情况,对国家课程的具体内容、组织形式和评价方式做出调整与补充。其主要内容包含以下几个方面。第一,依据《学科课程实施方案》制订的内容与结构,要求有关学科结合自身学科特点,制定出学科课程实施方案;第二,作业效率的控制与评估,依照国家"减负"精神的要求和学校自身特点,制定校本化作业计划,编制校本化作业化教材;第三,复习迎考计划的制订与实施,试图对学生的学习作出科学的评估;第四,对学习困难学生的鉴别与辅导等。但是学生在学习过程中不同方面都存在有自己的强项和薄弱之处,例如有的学生擅长思考,却懒于操作,有的学生擅长记忆却拙于思维等。把老师的亮点和学生的薄弱之处相结合,开发校本课程。下面以我校语文课程校本化为例谈谈具体实施方案。

我校语文课程校本化主要有七大部分组成:第一,我们分析了近几年来我校语文教学发展状况。第二,明确语文课程校本化的发展目标。第三,确定单元(模块)教学目标(应知应会)。在人教版教材里必修模块有"阅读鉴赏、表达交流、梳理探究、名著导读"等四块内容,其中阅读鉴赏、表达交流是基础和重心所在。依照新课标要求,结合洛阳二中发展现状,特制订必修教材 1 – 5 册的单元教学目标(应知应会)。在后面附录里面我们谈了教学目标的操作过程。第四,明确语文课堂教学要求。课堂要求主要包含了以下内容:语文学科课堂教学的基本课型、语文学科课堂教学的基本模式、语文学科课堂教学的基本要求、语文学科课堂教学的基本方法。第五,强化语文学科教材优化和学生作业系统设计。第六,明确备课、作业布置与批阅、课外辅导基本规范与要求。第七,优化评价标准。分为学生学习评价标准和教学评估的评价标准。每部分都有详细的、操作性强的实施步骤。

这样,教师在教学过程中有了操作性较强的行为规范,可以提高教师工作的效率;学生在完成作业的过程中就不仅仅是局限于几个答案的寻找,而是通过引导学生自己动手解决问题,既可以寻找到问题的答案,又可以丰富学生的知识经验,促进学生的学习。

（二）结合学校所处地域特点，出版校本教材

校本课程的实施离不开校本教材，几年来，学校依据国家校本课程改革精神的要求，结合我市具体情况出版了适合我市和我校具体情况的校本教材。

1. 编制家庭教育校本教材《家庭是教育的主阵地》

人生之中有许多事情对我们来说的确都很重要，比如名誉、地位、金钱和事业，但实际上这些东西都是身外之物，都比不上自己的孩子重要，对孩子的教育尤为重中之重。不知从什么时候开始，一提及对孩子的教育，人们总想到学校应该这样做或者那样做，似乎教育孩子的责任主要在学校。其实，孩子从出生一直到独立生活，都离不开父母、离不开家庭，父母的言行举止一直都对孩子起着潜移默化的影响作用。我们认为学校对孩子的教育有不可推卸的责任，但家庭应该承担着主要的责任，家庭才应该是教育孩子的主阵地。因此，我校为了加强家校合作，共同促进对孩子的教育，专门编写校本教材《家庭是教育的主阵地》。该书内容丰富，主要包括父母教育对孩子的重要性、遵循教育规律、用正确的方法教育孩子等内容。

家长寄语：以前我总以为，不管花多少钱，都要给孩子找最好的学校，最棒的老师，这样自己也算尽到了做家长的责任，对得起孩子了。通过阅读《家庭是教育的主阵地》这本书，我才真正认识到了自己的错误。任何成功都弥补不了教育孩子的失败，孩子的问题大多都是因为家长的问题而出现的。家庭教育是一切教育之根，为了自己、孩子以及家庭的幸福，我们真应该负起对孩子教育的责任，而不是把孩子送到学校就算完成任务了。

2. 出版了弘扬我国古代文化精髓的校本教材《〈弟子规〉导读》

很多人认为，在高科技发展的今天，传统文化已经不符合社会潮流了，这也是造成青少年学生思想混乱的重要原因之一。为此，我校出版了校本化教材《〈弟子规〉导读》。力求给这个急功近利、躁动不安的时代注入一些理性的成分，使教育回归本真，给孩子们提供一些高营养的精神食粮。《〈弟子规〉导读》这本书，从原文翻译、名言荟萃、故事收集都是由学生参与编写的。2014 年 11 月 20 日，《〈弟子规〉导读》新书发布之际，我校向广大师生发出倡议：呼吁全体师生，每个人每一天抽出一点时间，沉下心来，诵读《弟子规》，感悟圣贤的教诲，激发心中爱的力量，祈愿社会和谐，学校文明，家庭和睦。

（1）阅读活动实施的过程

学生在自愿参与的基础上，组织有兴趣的学生进行学习活动。第一步，向学生

赠送《〈弟子规〉导读》，让学生阅读书籍的有关内容。第二步，学生进行分组，每一小组针对《弟子规》选取一个方面的内容进行研读。第三步，同学们结合自己的特长进行合作学习，文学社的写出相关内容的注释，古汉语和现代汉语翻译，收集和编写相关的小故事，动漫社的同学依据所选《弟子规》的内容，网上收集或动手制作动漫。第四步，制作好后，每次活动都由一个动漫社和一个文学社的小组把自己小组所制作的作品和大家分享。最后，社团成员围绕两个小组进行的活动组织交流，讨论。

2013 级 14 班学生在谈到《弟子规》时说道：

这本书的内容虽然我们没能完全记住，但是对于习惯与应试考试的学生来说，这本书贴近生活，看完后，可以扩充我们的知识面，从故事中提取经验，用于自己身上，可以让我们少走许多弯路。《弟子规》是我们生活的典范，它告诉我们许多道理，在日常生活中，我们要孝敬父母，友爱兄妹，在一切言行中，要谨慎。看见别人有了进步，就要虚心向他学习，在和他人交往时，要平等仁慈……

另一个学生说：

“凡出言，信为先”这句话，对我印象最深。它的意思是：人与人之间，只要是说出口的话，就要讲信用，不能食言。这让我想起了博玄说过的一句话：“以信待人，不信思信；不信待人，信思不信。”意思是：对人诚心诚意，本来不相信，也会相信了；但对人虚伪无信，就是本来相信的，也再不敢相信了。看，他说得多有道理啊！我们应该讲信用，这样才能受到别人的尊重。做人要讲究诚信，怎么可以说谎话，欺骗他人呢？

(2)阅读活动的实施效果

谈到《〈弟子规〉导读》，2013 级 3 班学生杨岚岚说：“《〈弟子规〉导读》是一部宣扬长幼有序，教导人们尊老爱幼，孝敬守礼的教育经典。我有幸参与《〈弟子规〉导读》的补充编撰工作。几十名同学，一个月的辛勤努力，最终编写成了这本属于我们自己的书。在这本书里，每一个字，都有我们的心血；每一幅画，都是我们的骄傲。这本书让我们引以为豪，《弟子规》是我心中的‘人间词话’。”

英语教师孙中义谈及《〈弟子规〉导读》时说道：

我们大家都知道《弟子规》是我国清朝康熙年间的一位博学的秀才李毓秀所作，原名叫《训蒙文》，是教导孩子遵守社会规范的儿童启蒙读物，距今已有 300 多年的历史了。

有人问，《弟子规》讲给小孩子的，我们学什么呀？我可以负责任地说，这种理解大错特错了。其实,"弟子"的意思是非常宽泛的。在家可以指孩子,在校可以指学生,在公司可以指员工,在社会大众中可以指公民。因此,我认为如果说中国特色社会主义的强大缘于马克思主义理论与中国实践完美结合的话,班主任要想做好班级管理,最好能将《弟子规》的内核思想与班级管理相结合。首先塑造学生的思想灵魂,然后再抓学生的学习成绩。这样自然会马到成功,水到渠成,游刃有余。

成年人读《弟子规》可以获得许多启示。在倡导健康饮食的今天,《弟子规》中"对饮食,勿拣择。食适可,勿过则",对防止"三高"病及建设"节约型社会"大有裨益。按照"洋为中用,古为今用"的说法,"宽转弯,勿触棱"的训诫对车友,也是一个很好的警示。

也有人说,中国儒家文化,博大精深,浩如烟海,灿若群星,可是只能远观而不可近赏。这次你又 > 理解错了。胡校长及其领导的编写组就是那个摘星人,他们已摘来了这颗明亮的星。现在我们不但可以近赏,还可以拿来把玩。《〈弟子规〉导读》作为我校开发的一本校本教材,它深入浅出地阐释了《弟子规》,并配有精美的插图。

我常年当班主任,深知学习成绩固然重要,但德育教学也要给予高度重视。我很赞同孔子"行有余力,则以学文"的教育理念。在做人方面,最主要的一条就是要懂规矩,知礼仪。因此,我拥护学校的倡议。今后,要把《弟子规导读》诵读作为学生德育的重要内容。

为促进同行学校的共同发展,为学生创设一个良好的学习氛围,我校把自己编制的校本教材赠送给洛阳二十三中、天津路小学等兄弟学校以及部分学生家长,在谈及《〈弟子规〉导读》时,大家也是深有感触,在新书发布会上洛阳市第二十三中学校长李学平校长说:"把经典文化植入课堂,让社团成为学生全面发展的精神乐园,我想这也正是教育的原点和真谛。"学生家长刘卫东说:"《〈弟子规〉导读》的顺利出版发行,是洛阳二中集体智慧的结晶。"这种师生共创的组织形式,在我市中学史无前例,在我省乃至全国也甚为少见。这本书从编写到出版,让参与编写的学生感到无比自豪,让他们获得了极大的成就感。

3. 出版地域性校本教材——《洛阳的文化足迹》

洛阳作为历史古城有着丰富的文化底蕴,传承本土文化原本是校本课程不可推卸的责任,然而,近几年来,由于受应试教育的影响,学校关注的是升学率,家长关心的是考试成绩,地域文化成了被人遗忘的角落。为帮助学生了解河洛地域文化的发展过程,培养学生的乡土意识,矫正当今社会上各种不良文化对青少年的精神腐蚀，丰富学生的精神世界。学校教师与社会有关人士进行合作，开展河洛文化研究。举办有关河洛文化专题讲座，出版了地域性校本教材《洛阳的文化足迹》。在具体实施的过程中，李莹老师围绕洛阳文化发展特点，按照洛阳的古城门、洛阳八大景、洛阳八小景、洛阳的名山四大块对洛阳文化景观展开详细描述。在具体教学过程中，老师每次围绕一个大板块中的一个主题，例如“洛阳古城的应天门”，让学生针对这一题目搜集相关资料，包括应天门的简介、沿革、形制、历史意义以及观后感等内容，自己动手制作电子文档配置相关插画，上课时大家针对所搜集信息进行演讲，交流体会。这样促使学生积极参与学习，提高学生学习的积极性和主动性，培养了学生的团队合作意识，促进了学生健全人格的发展。

（三）提升学生素质的学生社团文化刊物建设

在紧张的学习氛围中，为丰富学生的学习生活、促进学生全面发展、提高学生综合素质、拓展学生能力、激发学生创造力，几年来，在学校积极倡导、学生自愿参加、老师热情指导的基础上，二中组织多种多样丰富多彩的社团活动。社团活动在学生自主管理的基础上，由校团委协助，教师指导，学校提供活动平台和政策支持，利用每天下午大课间和周六、周日及课余时间进行活动。定期进行评比，通过学生活动展示（制作 PPT、讨论、演讲、汇报表演等），评出团体和个人奖励，发放社团活动经费和荣誉证书。并和附近兄弟学校合作，寻求共同发展。这类课程的进行，多以学生探究性学习和开放式学习为主。几年以来，我校有学生自发组成新声文学社、LEZ 动漫社、纯粹化学联盟、九歌汉服社、校园之声广播站、DIY 手工社、魔术社等社团组织。此类课程在基础教育中虽不占很大比例，但对学生一生的发展具有举足轻重的作用。以下是我校几个重要社团活动的介绍。

1. 新声文学社

新声文学社是一个文学性的学生社团。“新声”者，“心声”也。汉代文学家扬雄认为“言由心生”，文学是人类内心情感的真实反映。它是一个文学交流展示平台，抒发了我校师生的心灵之声，成为讴歌真善美的坚强阵容。社团以“增强学生综合素质，提高学生写作能力”为宗旨，为广大师生服务，在近三年的时间里，社团组织了多次大型活动，如：“古典诗词”系列讲座、“写作方法”系列讲座、“名人典籍”系列讲座和“新声杯”诗歌朗诵比赛等等，出版了包括《日新》杂志、《新声文学》报和《谁将年华错落成诗》诗集、《笔尖上的青春》文集、《沟通进行时》采访集等在内的一系列文学刊物，深受广大师生好评。

新声文化社的工作计划:第一,每学期出版两期报纸。报纸是文学社必须要完成的任务,也是最基本的任务。报纸上的大部分版面会留给高一的学生,给他们一个展现自我的机会。第二,每学期举办一到两次文学创作比赛。由校外教育机构赞助,举办书法或征文比赛,充分展现学生们的文采,提高他们的文学水平。第三,参加元旦文艺汇演。

2. LEZ 动漫社

洛阳市二中动漫社于2012年成立。动漫社的宗旨是推广动漫文化,为广大热爱动漫的学生,提供一个发挥才能,展示自己能力的空间和舞台。社团希望同学们在欣赏动漫的同时,学习画漫画,更深入地了解动漫,进而丰富校园文化生活。

社团有两个部门:第一是漫画部,漫画部主要负责动漫绘画以及手绘漫画,可自主选择临摹或者原创。社团将收集到的优秀作品刊登在动漫社社刊,并且在校园内展出。第二是COSPLAY部,COSPLAY是英文Costume Play的简略写法,一般利用服装、饰品、道具以及化妆来扮演动漫作品中的人物或者游戏中的角色。这个部门是社团的亮点之一,可让同学们身临其境的感受动漫人物角色的存在。此部门也负责校园活动以及演出。

动漫社的主要活动及成果:第一,出版《新锐漫刊》。每一期报纸都是社团成果最好的体现。每期报纸有八个版面,每一张都是动漫社社员心血的结晶,所有的内容都是他们的原创。动漫社在暑假的时候为《〈弟子规〉导读》提供了100多幅画稿。第二,由社团干部带领大家去参加动漫展,领略动漫人物的美。第三,放映动漫视频。根据大家的反馈,在每周四下午大课间利用音乐教室的多媒体放映动漫、搞笑短片、动漫音乐,使大家也在繁忙的高中生活中得到放松。

动漫社从2012年的50人到现在的350人,组成了一个热爱动漫的大家庭。报纸是动漫社最大的亮点和骄傲,从刚开始在本校发行的2 000份到现在全洛阳发行1.2万份。发行的学校从本校增到15个学校,这些学校有洛阳市的22中、19中、59中、9中、3中、46中、48中等,还有4个初中。动漫社可以说是一个从无到有的社团,一天天地在成长。

校本课程的重中之重就是"校本"二字,既要符合国家的课程规划,又要结合学校实际,更要体现地域特色。洛阳二中在校本课程开发中,针对学生薄弱的知识点开发校本课程。把地方、学校、教师本体中的亮点和优势都充分发挥了出来,如老师的社会实践教育、老师的语文教学改革、老师的阅读欣赏教学、老师的研究性学习等。反观学生实际,他们在学习的过程中都存在有自己的强项和薄弱之处,例如有的学生擅长思考却懒于操作，有的学生擅长记忆却拙于思维等。把老师的亮点和学生的薄弱之点相结合，开发出校本课程，就解决了学生发展的瓶颈问题，促进学生全面发展、提高学生综合素质和生活质量，也是洛阳二中开发校本课程的手段，我们推出的实践活动型课程学校社团活动和结合乡土文化出版的校本教材，注重了学生情感体验的培养，同时也提供了学生成长所需的经验。

第二节　校本课程实践

开发校本课程的目的在于创造一种适合学生发展的教育。课程的开发注重学生的主体性、差异性，注重针对学生的不同需要及其发展的可能性。在校本课程开发环境下，学生拥有一个自由发展的空间，既可以明确告诉教师自己想学什么，不想学什么，让教师去取舍，也可以不选某些课而让它自动消失，从而真正确立“使每个学生都能得到充分发展”的理念。

一、校本课程开发与教师的发展

教师参与课程的目的是使学校课程更加适合学生的需要，促进学生最大程度的发展，但就教师本身而言是确立教师即研究者的信念，在课程开发的实践过程中促进自身的专业发展。所以，教师参与课程开发不仅是编制出一系列的课程文本，更重要的是参与课程开发过程本身。

（一）校本课程与教师专业发展

在国家课程开发模式下，教师处于权力结构的最底层，教师按照规定的时间和进度，完成规定的教学内容，这无疑扼杀了教师的创造潜能。校本课程的开发赋予了教师课程决策权。教师就是课程编制者、实施者、评价者。

1. 提高教师的参与意识和能力

执行者的角色使教师习惯于服从上级的指令，不需要关心参与课程的决策，也不知道该怎么参与。校本课程的开发可以使他们形成参与课程决策的意识，行使课程决策的权力，并在参与过程中形成参与的能力。

2. 增强教师的课程意识和课程开发的能力

校本课程的开发帮助教师们认识到自己所教的科目与学校整体的教育目标和前景的关系以及与其他学科之间的关系，从而形成整体的课程观和结构性的课程观，形成整体的课程意识而不是狭隘的学科意识。由于传统上，教师并不负责教材的改编或重组，长期处于课堂的具体教学设计，而没有选择学习主题、设计教学内容的机会。校本课程的开发无疑可以帮助教师在校外专家的指导下获得这种机会。

3. 增强教师的研究意识和能力

校本课程开发要求教师研究自己的学生,研究教学内容,研究和思考学校发展的远景和文化的创生。在与校外专家共同开发校本课程中,教师以课堂师生互动的自然情景为研究对象,进行行动研究。在这种研究过程中,教师们的研究意识和能力会大大增强。

4. 增强教师们的合作意识

教师们在传统的情况下,基本是孤立地开展教学,校本课程主张以学校为整体,集体协作共同决策和开发,要求教师们相互学习,共同研究问题并找出解决方案。教师们在合作过程中会增强合作意识,提升合作能力。

5. 完善教师的知识结构

知识可以分为本体性知识、条件性知识、实践性知识。本体性知识是指教师所具有的特定的学科知识,一般可以在高校学习中获得。条件性知识指教师具有的教育学和心理学知识,可以通过系统的学习获得,但更多的是在课程实施过程中逐渐了解和获得,需要动态地去把握和领会,并在实践中加以发展和加深。实践性知识是指教师面临实际的课程开发和课程事实所具有的关于客观现实的背景知识。这类知识只能在具体的实践中才能获得。而教育情景总是处于不断变化之中,所以要求教师在实践中不断地反思。对教师而言,最重要的知识只能在实践中获得。教师参与课程开发,不仅能够加深自己对本体性知识的理解,而且能丰富条件性知识,累计实践性知识,使自己的知识结构更趋合理与完善。

(二)教师在校本课程实践中的感受

老师们经过校本课程的实践,积累了许多有用经验,在这里和大家分享。

> 在英语教学中,我充分挖掘以学生的现实生活为基础的课程资源,让学生易于感知,乐于学习,引导学生开展语言实践活动,鼓励学生用英语流畅地各抒己见。——李建颖老师说。

> 在信息科技课教学中,我特别强调从问题解决出发,让学生亲历处理信息、开展交流、相互合作的过程,结合学生的生活和学习实际设计问题,受到了学生们的欢迎。——耿振文老师说。

> 数学课上,我常常在启发学生运用已有的知识经验或者通过摆学具来解决问题。我想:只要我们在课堂上给孩子创造一切可操作的机会,真正把数学学习的主动权还给孩子,相信他们一定会享受到学习数学的欢

乐。——吕百灵老师说。

在音乐教学中,我鼓励学生自信地在他人面前动情地歌唱、热情地演奏、激情地舞蹈、分角色表演等,发展学生的创造性思维,在欢快的课堂中学生兴趣盎然地走进了音乐。——林雪曼老师说。

二、校本课程与学生的发展

教育作为培养人的活动就是要使每个人的个性得到充分而自由的发展,从而使每个人都具有高度的独立性、自主性和创造性。校本课程力求关注每一个学生的不同需求,给学生一个自由发展的空间。

1. 以人为本

传统的课程强调学科知识,忽略了学生作为一个活生生的人的真实体验。校本课程的开发注重学生的生活体验和学习经验,课程实施中强调学生发展的主体性、主动性。关注每一个学生发展的差异性。让每一个学生都成为与众不同的主体,满足每一个学生不同的发展需要。

2. 给学生留下空间

个性的发展需要一定的自由空间。学生作为校本课程开发的主体之一,有课程决策的权利。课程开发是一个动态的、不断完善的过程。课程内容和结构都在师生互动中完成。尊重学生的兴趣与经验,让学生根据自己的需要进行选择,为学生的个性发展留下一个空间。

3. 差异性教育

国家课程强调人才规格的整齐划一,忽略了学生之间的个体差异。校本课程开发为学生提供了自我个性张扬的现实条件。每一个学生都可以对自己要学的内容作系统安排,根据自己的发展需要形成具有独特性的个别化课程。教师作为课程的组织者与指导者,要研究学生的需要和发展的可能性,注重个别指导,尽可能满足学生不同的需要,从学生经验出发,提供差异性课程,做到因材施教。

4. 课程以学生为中心

校本课程开发是从学生的需要出发的,是为了学生的发展而存在的。学生实际需要什么,成人不一定清楚,校本课程的开发主体之一就是学生自己,更能够从学生的需要出发,精选对学生终身学习必备的基础知识与技能,促进学生的发展。使学生在快乐中获得知识。下面是我校学生对高中生活的描述,从中可以看到,课程校本化给学生生活带来的变化。

一位学生写道:

在几间教室里，学生正在自习。教室里没有老师的身影，学生没有交头接耳，也没有小声议论，更没有打瞌睡的现象。我突然想起今天是周六，为什么周六学生还要上自习，而且在没有老师的情况下，他们能如此自觉地学习？原来，学校在周末，专门为学生提供教室供他们自习，但不是强制的，而是学生自愿到教室学习。

我们胡校长曾经说过，学习分3种境界，即逼学、苦学、乐学。逼学，是家长逼着孩子学习，孩子从不会主动学习，这种情况孩子学习的效果比较差；苦学，即学生学习带着功利性目的；乐学，是把学习当成一件快乐的事去做，不需要家长的督促与逼迫，更没有任何的功利性目的。乐学是学习的最高境界。

“现在好多家长都劝孩子说，高中三年苦一苦，以后荣耀一辈子。这样的观念是错误的，学习不是一件痛苦的事情，它是快乐的。”孔子说，学而时习之，不亦说乎？这句话的意思是说学习和经常温习功课，不也是一件快乐的事情吗？学校要提倡乐学，只有在乐学的情况下，学习才会在有效的时间取得好的效果。

学生要乐学，教师是不是也要乐教？

“教书育人本身就是件快乐的事。这种快乐不同于升官发财，也不同于获得了什么学位、职称的那种快乐。这种快乐培育的是成就感。”二中教师董玉强说，如果教师是一个快乐的人，那么他所教的学生也一定是快乐的，因为快乐是可以传递的。

“推开窗看见星星一直守在夜空中，心中不免多了些暖暖的感动……”每天下午上课前，二中的各个教室都会传出歌声，这是学生们在唱班歌。

2013级10班的李嘉琦说：“上课前唱一唱班歌，能振奋我们的精神，也能放松我们的心情，我们可以更好地学习。每个班的班歌都不一样，如果是统一的班歌，就显不出各班级的个性和特点了。”

类似这样的快乐，就像阳光一样伴随，弥漫在二中学生的身边。

紧张的学习中，学校组织学生们进行运动会、文艺演出、朗读比赛、篮球比赛、唱军歌比赛等。

“上高中前，大家都说高中三年是最苦的。我读高中后，学习任务是比以前重了，但没觉得有多苦。当你认为学习是快乐的时候，它真的就是快乐的。”高一(10)班朱国毅说，钻研一道题，由不会到成功解出，那种快乐是别人无法体会的。洛阳二中,一个老师幸福愉悦尽力工作、学生健康快乐成长生活的地方!一个神韵灵气盈校园,祥光普照花开艳的地方!

三、独具特色的校本课程

一个学校有没有特色,首先要看他有没有自己的教育思想。三级课程管理体制的确立就是在保证基本的教育质量的前提下,给学校一个空间,让学校根据自己的客观现实确定自己的办学思路,确立学校独特的发展方向。特色化课程的建构是实现办学特色的重要载体。

(一)学校功能的重新定位

传统的教育理念认为学校必须顺应现存的社会价值规范和文化传统,学校的任务就是传承文化。校本课程的开发理念认为学校除了传承文化之外,同时肩负着改造现存社会的弊端,抛弃不合时代的落后的文化传统的任务。

(二)学校权力的重新组合

校本课程的开发会使整个教育系统内部的权利重新分配和权力结构重新调整。传统的国家课程所依附的是一个金字塔似的权力结构,学校及教师处于最底层。校本课程开发强调以学校为本,政府下放一部分课程开发决策权,重新调整课程决策的权限和职能。就学校内部而言,教师、学生、家长也应该分享课程决策权。打破学校内部复制的社会权力机构及官僚体制,建立民主开放的决策机制。

(三)学校内部结构的重新调整

在传统的课程开发模式下,学校只是国家课程的执行单位,校长的任务只是上情下达,教师只是完成规定的教学任务,学生必须完成规定的学习任务。学校在课程管理上的主要任务是确保课堂教学按计划进行。校本课程的开发以学校整体发展为目标和学校所有学生的整体学习为基础,需要校长、教师、学生、家长、社区代表及校外专家共同探讨、研究、审议。学校原有的教育管理机构已很难适应校本课程开发的需要。因此学校内部的组织结构需要重新调整,原有的不适应的部门应该精简,成立专门的课程委员会,负责管理课程的开发、实施、评价等事务。与校本课程相适应的组织应该具有以下的特性:一是研究性,以一种研究性的态度尊重差异,处理事实;二是发展性,学校要建立一种可持续发展的组织机构,支持教师个人发展,为每一个人的发展创造机会和空间;三是开放性,教师之间,学校之间要向其他人开放,养成一种开放的心态,在合作交流中进步。

从校本课程开发角度而言,为了有效地推进新一轮的基础教育课程改革,教师必须具备课程意识,形成相应的课程观念。校本课程的开发要求教师不仅会“教”书,还要会“编”书,校本课程开发是提高教师专业水平、研究能力和创新能力的一条有效途径。实践证明,洛阳二中在校本课程开发中关注老师的专业发展,提高老师的研究意识和研究能力。洛阳二中在校本课程的具体实施中,通过小课题的设计、实践、总结和撰写报告来培养学生的合作、探究与创新精神,以张扬学生的个性。校本课程的建设也发展了学生,使学生在学习、实践中快乐地成长。

第三节　家校文化共建

一、和谐的家校关系

和谐的家校关系，是指家庭和学校之间为达成对学生教育的统一认识、统一要求，以保证教育影响的一致性而形成的相互尊重、相互配合、相互支持的合作关系，其最终目的是要培养出全面协调发展的优秀学生。因此，家庭与学校之间的和谐关系是促进教育事业发展的重要条件。

（一）家校合作的理念

二中非常重视家校合作，认为家庭教育是学校教育的基础，也是学校教育的延伸。二中在家校合作方面做得最突出的是家庭教育工作。关于家庭教育，胡玉敏校长和二中人是这样认为的：

第一，家庭教育的重要性，再强调也不会过分。孩子之间的差异，并不在于“智商”的差别，而在于“情商”的差别，如态度、兴趣、习惯、毅力、信心等。情商更多的是后天的，是环境的产物，是家庭教育的产物。家庭教育跟不上，就会大大削弱学校的教育力。所以，要把转变教师、家长的教育观念放在首位，使他们充分认识家庭教育的重要性。

第二，学校不可以选择家长，却可以改善家长。小学、初中是义务教育，学生就近划片入学。学校不可以选择家长，但是，学校可以通过举办家长学校，把家长组织起来，帮助他们转变教育观念，介绍家庭教育的方法，从而促进家庭教育的改进。家长是学校老师的“助手”，举办“家长学校”是一种投资少、见效快的“师资培训”。

第三，家长学校校校可做，家教知识人人可学。社会巨变，教育观念和教育方法也应与时俱进。学校办家长学校大有可为，要帮助家长树立人人能学好，人人都能掌握好家教知识的信心。为此，二中大力倡导以下教育理念：

家庭教育的“三大观念”：①孩子都是可以教育好的；②没有不好的孩子，只有不好的方法；③家庭大于学校，父母大于老师。

家庭教育的“三大任务”：①管思想；②树信心，鼓励和赏识；③抓习惯。

家庭教育的“六大秘诀”：①做人教育是家教的灵魂；②父母的表率作用很重要；③尊重孩子的人格；④民主的家庭教育方式；⑤不给孩子学习压力；⑥从小培养孩子的学习习惯。

家庭教育的“六大经验”：①好父母都是学出来的；②好孩子都是教出来的；③好习惯都是养出来的；④好成绩都是帮出来的；⑤好沟通都是听出来的；⑥好成就都是化育出来的。

新型“五好家长”：创设一个好环境；树立一个好榜样；当好一面好镜子；做好一个好医生；当好一个好学生。

近几年来，二中能够快速而和谐地发展，教学质量不断提高，校风好，学风正，得到社会一致好评和家长的广泛赞誉，这与学校重视家庭教育是分不开的。

（二）家校和谐共生的模式

在二中育人文化的氛围影响下，家校关系发生了根本的变化。在合作的过程中，家庭与学校、家长与教师之间互相尊重，彼此理解，合作共赢，形成了家校联动“策划参与——交流共享——监督沟通”的运行模式。

1. 策划参与

（1）策划参与教育教学活动

家校合作是为了提供全面的教育，合作是努力把这种教育整体而又有系统地推行。各班都建立了校、家两级家委会管理网络，学校的一些重大活动会邀请校级家委会参与，有些重大决定还请校级家委会共同商议，校级家委会在学生的成长过程中的作用不可或缺。

（2）策划开展丰富多彩的活动

二中的家校活动分为三个层次：第一层是学校举办的家长学校；第二层是由班主任开展的主题班会和家教课堂；第三层是随机沟通，可以是到学生家里走访，可以是邀约家长到校访问，可以是利用现代通讯手段随机交流。

二中的家校活动大到整个学校、整个年级，小到几个班、一个班；有时把不同类型、不同层次的家长分别组织起来，针对性很强地讲些具体的和子女有效沟通的方法；有时让家长和学生一同参加；有时请家长上台讲自己教育孩子的成功经验和体会，都产生了很好的效果。

2. 交流共享

（1）交流教育方法

学校为家长提供各种学习机会，让家长掌握教育子女的方法。家长则为学校提供回馈意见，让学校改良教学和管理；鼓励学校面对内外挑战，进行创新。学校开设的家长学校，有时会邀请有心得的家长做讲座，交流自己在教育孩子方面的经验与体会，供大家分享。

(2)资源库的共享

二中注重合理开发利用家校的人力资源，许多班级利用校讯通、微信等现代媒体，汇集教师、家长的各种教育资源，建立“资源库”，对教育资源进行共享。班级的“资源库”除了资料的共享之外，还有活动策划的共享，家长们积极主动地投入班级的各项活动，同样成了非常重要的宝贵资源。在亲情活动中、在毕业典礼中、在仪式活动中，家长更是非常默契地分工合作，很好地做到了资源共享。

(3)延伸教育区域

把家庭教育延伸到附近的小学、社区、机关。胡玉敏校长认为附近小学生是二中将来的学生，犹如二中自己的田，他们的家庭教育对二中影响很大。二中教师应邀到附近小学、社区、机关作家教报告，为他们的家长上课，既扩大了二中声誉，又“锄了自己的田”，保证了潜在的生源质量，可以说是一举两得。

3. 监督沟通

二中学校家委会成员一般由每班推选一名家长担任校级家委会工作。家委会作为家长与学校联系的纽带，在疏通家校信息渠道方面发挥着巨大的作用，能使家长更加了解学校班级的教育计划和要求，也能使学校班级随时能了解家长的意见和建议，这对提高学校班级管理水平与教育质量十分有利。

二中家委会充当着服务的角色、为学校提供资源的角色、进行家校沟通的角色、推动与监督的角色、促进家校共同发展的角色。家委会兼顾老师、学生、家长三方的最大利益，共创新局面，从而使家长成为学校最好的伙伴，使学校成为学生的学习乐园。家委会的监督与沟通成为二中发展中不可或缺的重要一环。

二、家庭与学校文化的共建

家庭和学校是学生教育的两股主要力量，如果形成合力，就能相互支持、相互配合，强化教育作用；如果不能形成合力，就会相互削弱、相互抵消，学校的教育作用就无法充分发挥。家校共建是提升育人效益的重要手段，是全面实施素质教育的迫切要求，洛阳二中重视家庭教育文化的实践，重视学校文化与家庭文化的共生，使学校走上了快速发展的道路。

(一)家庭教育文化的实践

二中认为学生的成长除了学校以外，家庭环境的影响也特别重要。而家长在教育孩子时往往存在种种误区，如把教育孩子的责任完全寄托在学校、老师或校外辅导机构上，如急功近利，只关注学习成绩和考试分数等。因此教育应该有两个主战场，一是学校，二是家庭教育。为此，学校成立了家长学校，组建了家长委员会，开展了形式多样的家校活动，努力为学生营造一个良好的成长环境。

1. 转变观念，达成共识

二中发动教职员工反复学习家庭教育知识，使大家逐步在家庭教育方面达成这样的共识：家庭教育是学校教育的原动力，是教学质量提高的原动力，家长是班主任的助手和副班主任。

二中上至领导下至教师都很重视家教活动。校长胡玉敏长期从事家庭教育的探索和研究，是洛阳市家长学校讲师团成员，曾应邀到近几十个单位和学校作报告。他经常参加家校活动，为家长讲课；还把自己对家庭教育的理解，写成了《家庭是教育的主阵地》一书，该书深受家长欢迎。

二中的班主任是"家长学校"的主力军，他们变家长会为家长学校，系统地向家长传授新观念，交流家庭教育的方法、经验。学校开展了"3312 工程"，班主任每学期至少要召开"三次家长会"，每次要有不少于"30 分钟"的家教知识讲座，每期撰写"一篇"家教论文，每期走访的学生家庭不少于 20 个。

2. 健全制度，规范管理

（1）健全制度

为了使家长学校工作规范化、制度化，将此项工作落到实处，家长学校在不断补充完善的过程中，逐步建立健全了各项规章制度。学校先后制定了《家长学校工作章程》《家长学校管理办法》《家长学校教员备课制度》《家长学校学员考勤制度》《家长教育行为规范》等制度。还依据二中的具体情况制定了系列管理制度，例如《家校问题研讨会制度》《家长培训制度》《表彰优秀家长制度》《开展专题研究制度》《家长学校考核制度》《家长参加教育教学活动制度》等。对家庭教育进行科学化、制度化管理，使家长学校的工作向着规范、有序、高效、务实的方向发展。

（2）建立组织网络

首先，成立家庭教育委员会，委员由学校主管领导、家长代表、校外辅导员和政教处教师和班主任代表组成。其职能是研究家长学校整体工作规划和家教实践中的问题，协调、组织与指导家长学校分校的工作。这个组织不是松散的集合体，而是以关心下一代的成长、实现教育的合力为宗旨，具有很强的凝聚力。

其次，各年级设立家长分校，各班建立家长委员会，其职责是贯彻落实家长学校计划，针对各年级、各班家长与学生实际，有针对性地开展活动。

(3)制定评价标准

为了充分发挥家长学校对家庭教育的指导作用,保证家长学校的质量,学校家教委员会制定了家长分校工作考评细则,包括评价指标、评价要素等。其中评价要素的内容包括:家长签到记录、年级组长讲稿内容(如家教知识、素质教育的有关内容、本年级学生思想状况、心理状况、教改信息等)、班主任讲稿内容、活动特色。此外还对各年级家长分校活动提出了具体要求,比如,各分校要有计划、有总结、有典型材料,每次活动有授课人、有主题、有教案,环境布置要体现主题,等等。期末由家教委员会对各分校的活动情况做出客观评价,充分发挥评价的激励和导向作用。

3. 利用多种形式,普及家教知识

(1)请专家举办家教理论讲座

为了提高家长的教育水平,普及家教知识,二中定期请教育专家、校领导、优秀教师为学生家长举办家教讲座。引导家长更新家教观念,树立全面教育观;引导家长掌握相应的教育学、心理学知识;引导家长掌握恰当的教育方法;引导家长以身作则,注重身教。这种定期举办的家长培训班,受到了家长们的普遍欢迎,他们都反映受益匪浅,希望学校能多举办类似的活动。

(2)开展评选"百名优秀家长"活动

为了提高广大家长科学育子的水平,研究家教中的热点和难点,将家长点滴、零散的教子经验系统化、理论化,减少家教的随意性和盲目性,二中每两年在全校学生家长中开展"教子艺术"征文活动。近几年共收到几百篇高质量的家庭教育文章,从中评出优秀文章,其中有谈教子经验的,也有谈教训的,还有谈针对家教中的难点提出自己的思考与探讨的。学校将家长的教子经验及时进行了交流,对此,家长反应强烈,认为这些家长讲的是家教实践中的切身体会,针对性强,有典型性,易懂、易学,非常好。

4. 开展多元互动活动

如何让家长参与教育的过程?如何营造家庭、社区的全程育人环境?如何为学生求知、做人,培养创新精神、实践能力提供尽可能多的实践和空间?学校非常重视开展多元互动的活动,达到家长与学校沟通、合作,共同优化育人环境的目的。

(1)引导家长参与学校的教育实践

从目前的形势看,学校自身的理念在变化,学校的外部环境在变化,种种社会因素都会对学校产生影响,特别是社会上的不良因素更是时刻在侵蚀学生,因此,请家长参与学校的教育实践活动,用家长的现身说法教育学生是学校教育不可替代的。

①邀请家长参加学校活动。学校每次举办的大型活动我们都邀请家长参加，每学年一次的艺术节、新生军训汇报表演都邀请家长观看，与学生一起分享军训成果等；邀请家长参加学校开放日，让学生家长深入了解自己孩子在学校的表现情况，了解学校的教育教学水平，增加学校办学的透明度。

②邀请家长参与主题班会。二中的主题班会有时会邀请优秀家长登上讲坛，这些家长讲解和传授解决问题的办法、经验，可以使其他家长和学生从中学习到有用的东西，在最短的时间内找到解决问题的途径和方法。不少家长用自己的亲身经历对当前教育的热点、难点问题进行剖析。例如：对减负的看法、对交友的态度、对理想的追求以及如何遵守法规等，他们的发言生动具体、讲求实际，很有针对性，对学生很有教育意义，加深了学生对实践的认识和对社会的了解，增强了自身的责任感，激发了学生求知的欲望和奋斗成才的决心，家长的直接参与为各班的班会增添了光彩。

【案例】李建颖老师的班级，经常开展各种主题的教育班会，学生热情很高。有时也会邀请家长参与这样的活动。她曾与家长一起，带领8名学生，带着全班同学和她个人的总捐款1 200元，及十几袋大家捐赠的衣服、新买的食品，去洛阳市儿童福利院看望那里的孩子。看后学生感触良多，一回到班里，学生就自发地开了个班会。去的同学激动地挨个讲了所见所闻，呼吁大家珍惜所拥有的幸福，不可虚度光阴。老师和家长的合作为学生开了一次成功的班会，懂得了珍惜和感恩。

(2)开展家校互动

家校互动活动形式多样，如让学生为父母做一件事，给父母写一封信、说说心里话，等等。虽然，学生做的不过是为家长做饭、洗碗、洗衣服之类的小事，谈的不过是所思所想，但很多同学从中体会到了劳动的艰辛，体验到了亲情的温暖，提升了自己的道德修养。在家校互动中，学生和家长的交流沟通多了，加深了彼此的理解，密切了彼此的关系，间接地促进了学校的教育工作。

二中长期坚持让学生给父母写封信的活动，下面是一位学生写给父母的一封信：

爸爸、妈妈，也许你们不愿让我面对挫折与失败，不愿让我受到伤害，可我总有一天要面对，因为生活还在继续。风平浪静是一种美，波涛澎湃也是一种美，我希望你们不仅是让我停泊的港湾，也是助我扬帆起航的海浪。就让我去接受暴风雨的洗礼吧！（摘自二中《日新》2010年第2期）

(3)定期召开家长会

期中、期末考试一过，二中马上召开家长会。由家长唱主角，既有成绩突出的学生家长介绍经验，也有成绩差的学生家长摆问题、找原因，同时有科任老师与家长之间的交流，还有班主任的家教知识传授。使每一次家长会都是交流会、恳谈会、会诊会，缩短了学校与家长间的距离，发挥了老师与家长相辅相成的教育作用，深受广大家长的好评。

王雪艳老师认为，家长会特别有利于家校沟通，所以她每一次都会精心准备。一次，她把家长会的内容分成两部分：第一，让学生说说心里话。第二，让家长说说心里话。之后让学生念出爸妈的话，感受到父母殷切的期望和关爱。这次家长会因为准备充分开得非常成功。

(4)利用现代通讯工具进行家校沟通

校讯通、微信等现代通讯工具向教师和家长提供了一种便捷的联络方式，使老师和家长能够及时了解学生的情况，并进行沟通和交流。二中利用校讯通开展内容丰富的家校联系，内容涉及家庭教育方法、励志短信、学习技能、心理健康、信息交流、祝福短信等等，收到了较好的教育效果。

李功明老师经常利用校讯通向家长发送信息，内容涉及学习、生活、交友、运动、通告、班主任寄语等方方面面，每月 20 ~ 30 条。李老师常常自编短信送祝福，如用《正月十五寄弟子》给学生鼓劲加油："正月十五灯花艳，爆竹烟火铺满天。元宵美酒惹人醉，遥祝吉祥乐团圆。寒窗数载磨一剑，屈指仅剩百十天。我劝弟子再发奋，高考过后尽开颜。"李老师还为每位学生精心准备班主任寄语，一位家长感动地说："看到您给孩子写的期末评语，我当时都感动得哭了。"

(二)学校文化与家庭文化的共生

一分辛苦，一分收获。家校共建共生的大胆尝试，使学校尝到了甜头。

1. 家长素质有了明显提高

家校合作增强了家长重视家教的意识和提高家教水平的自觉性。通过家校合作，家长改变了重智轻德的观念，改变了严重依赖学校教育的错误的观念，提高了教育子女的方式方法，懂得了家庭氛围对孩子的健康成长起的关键作用。

2. 提高了教育教学的效率

很多学生的成绩不取决于智力的高下，而在于对学习的态度。个别学生有孤僻、自卑、懈怠、消沉、厌学、偏颇等情况，这些学生大部分都是出自家庭不和、再婚家庭、留守儿童、单亲家庭等，他们因家庭的特殊原因，再加上家庭的教育方式不当，学习成绩很容易下滑。家校合作可以有效解决学生的思想问题，使学生能够安心学习，高效学习。

【案例】　　家庭危机的化解

学生小波，家庭生活条件优越，学习还算努力，高考有望考取二本院校。但是父亲的大男子主义作风较严重，父母亲年龄悬殊较大，母亲深感压抑、痛苦，提出离婚。

此时，家长为了不让小波受影响，准备让孩子到美国去学习，母亲决定跟孩子一起去陪读，让父亲一人留在家。小波内心郁闷，却又无奈，天天愁眉不展。班主任发现孩子的情绪不正常，就向孩子询问原因，孩子感觉家丑不可外扬，也就掩饰了过去。久而久之，小波的学习成绩下滑。家长也顾不上这些，依旧硝烟弥漫。班主任看在眼里急在心里，决定和小波进行一次长谈。班主任先夸他的聪明、懂事，又夸他诚实、正直、有爱心，再谈及感恩、责任等问题，让他解除疑虑，然后又关心他的生活问题。一个小时后，小波终于道出了内心的痛苦，抱住班主任失声痛哭。班主任慢慢平复了他的情绪，得知事情的原委，劝他说："爸爸、妈妈都不愿失去你，都疼你、爱你，你就是全家的中心人物，是全家的希望，只有你才能解决好这个问题。你不想让这个家庭破碎，就要做好父母的工作。一方面劝说妈妈不要出国，在家陪好爸爸，另一方面，要劝说爸爸改掉懒散的坏毛病，主动承担起家庭重担，并向妻子赔礼道歉，争取妻子的原谅。对爸爸要说妈妈的好，对妈妈要说爸爸的好，特别要强调不完整的家庭会给孩子造成心灵的创伤，一生都难以愈合。让父母彼此都做出让步，保住这个完整的家。"

小波按照班主任说的回家劝父母，班主任又利用孩子学习的事情请他爸爸到学校来，两个男人面对面谈孩子、谈家庭、谈男人的艰辛、谈生活的烦恼等等。不知不觉就说起了家庭矛盾，班主任借题发挥、因势利导，道出和谐家庭中男人的重要性，以及分离后对孩子的危害性。一番长谈后，对他触动很大。后来班主任又邀请小波的父母一起到学校来，分析小波成绩下滑的原因，孩子借机道出自己内心的苦衷。事后，家庭矛盾暂时缓和下来，孩子也能安心学习啦。经过多次努力，小波告诉班主任："老师，我妈妈决定不出国陪读了，我爸爸现在也勤快了，也知道心疼我妈了，他们再也不吵闹了。我真高兴，老师谢谢您！"

小波出国的签证下来后，本来不打算参加高考了，但他对班主任说："老师，我跟您三年啦，您是我遇到的最好的老师。如果不是您的帮助，我现在不知沦落成什么样了。您的恩情我一辈子也报答不完。为了咱们班的荣誉，我也要拼一把，决定参加高考。”最后他考上了二本院校。家长万分感谢，班主任更是感到欣慰。

3. 家校形成了教育合力

近年来，二中在各类比赛中屡获殊荣，取得全面的进步与发展，这正是学校教育与家庭教育密切配合的结晶。一位学生家长在谈到家长学校时这样说道：

二中这几年的教学质量不断攀升，这里面有一条很重要的原因，就是这个学校不但在精心地教育孩子，而且还在下工夫教育家长。他们通过家长学校、定期开家长会、个别沟通、校讯通等形式，教会家长如何进行家教，如何配合学校对学生进行管理，如何来营造一个好的家庭环境。二中确立的这一办学思路是非常正确的，他们主动消除了学校与家庭之间的“游离层”，让家长参与到学校的教育教学计划中来，确实起到了事半功倍的效果。

三、家长论校

洛阳二中致力于专家办学，秉承“育人为本、追求卓越”的办学理念，积极实施素质教育，一切为了学生的发展，让学生学会学习，学会生活，学会生存，学会做人，不断促进学生的全面发展。近年来二中高考上线人数连年攀升，社会美誉度逐年提高，成为许多家长争相选择的学校。

二中由于坚持正确的办学方向，积极进行教育改革，促进学生全面发展，学校呈现出良好的发展趋势。二中的育人模式、师资力量、校园文化不断获得众多学生家长的好评。

采访者：让孩子选择二中，您怎么看？

家长：孩子在二中上学很快乐，孩子进步大。当初选择二中，孩子心理上有一定失落，原因是他的同学绝大多数都在省重点高中，二中名气不够大，所以他情绪不高。我们家长的心情更是复杂，好像有一种拿孩子前途在赌博的感觉，因为我们太不了解二中了。但一年过去了，这段时间发生的一切证明了我们当时的选择没有错。

采访者：能谈谈孩子在二中的变化吗？

家长：首先孩子变了，他改掉了以往懒散、满足现状的毛病，变得更加自信、开朗、上进，成绩也大幅度提高了，这个进步是我们父母根本想不到的；同时他还积极参加学校组织的各项文体活动，像运动会、篮球赛，还连续在校刊《日新》上发表文章，用他自己的话说：“在二中上学很快乐，老师、同学之间很融洽,还能经常见到校长!”这样的成绩在别的学校是不大可能取得的,就连许多昔日的初中同学都很羡慕他。

采访者:二中有哪些事让您感受比较深?

家长:我们通过多次参观、亲身感受,认为二中的老师职业操守好,责任心强,教学理念新,校风及学风都很好;班主任更是一心扑在工作上,严格要求每名学生,经常收到的班主任的短信能证明这一点。另外我们直接或间接地听了胡校长的治校方针,也感受到了他学者般的人格魅力。

二中有坚强有力、积极进取的领导班子,有许多经验丰富的老师,更有富有朝气的高学历年轻教师,他们会不断调动学生的学习积极性,使学生都有能力达到自己希望达到的目标。

采访者:能谈谈您对二中班级文化的看法吗?

家长:班级文化是二中德育工作的一大亮点,每个班都有自己的班旗、班徽、班歌、班级誓词和学习园地,班主任老师同时也给班级学生制定了班级升学目标、班主任寄语等。班级文化建设做得踏实有效,对学生起到了潜移默化的励志作用。

一所理想的学校,学校要善于搭建家长了解教育、理解教育、支持教育的平台,要凝聚家校力量,多方联动,搭建孩子健康成长的舞台。一所成功的学校,要以学生发展为本,把学生从考试的优秀提升为学习的优秀,从学习的优秀提升为成长的优秀;要善于激发学生潜能,使学生得到卓越的发展。哪所学校能做到这些,哪所学校就能得到家长和社会的认可和大力支持,促进学校健康和谐的发展。洛阳二中得到了家长和社会的认可和支持,所以二中得到了健康和谐的发展。

洛阳二中语文学科校本课程实施方案

一、洛阳二中语文学科目前发展现状

当校本课程在大部分老师心中还只是个概念、名词时,国家课程校本化的实施非常及时,如果能够有效、完整地做下来会对学校发展有极大的促进作用。我校已经着手在做,目前已经出版了语文组的校本教材《洛阳的文化足迹》。课程教学的现状是,平时教师按照必修1~5依次上课,选修也基本上成必修,学校有文学社、英语社、音乐社等这些社团,偶尔开展一些社团活动,其中活动较好的文学社有过几次文学欣赏课,出版了8期社报。

二、洛阳二中语文学科的发展目标

1. 教学质量发展目标

我们在提高学生语文素质和各种能力的同时，会利用好语文课的阵地，培养学生识别清楚社会的真善美和假恶丑的能力，继承发扬中国优良传统文化。提高学生欣赏水平、写作水平、书法水平、演讲水平……高考成绩目标力争超过同类学校的语文成绩！

2. 资源库建设的发展目标

一年内完成必修一、必修二、必修三、必修四、必修五各个单元应知应会清单、教案学案及作业资料整理，两年内完成选修《中国古代诗歌散文欣赏》《中国文化经典研读》的应知应会清单。三年内完成各个专块应知应会清单。

作文话题、素材、结构模式的资料系统整理。一年内做好话题的归类与素材的整理。两年完成各类写作模式的整理。以配合三年完成学生写作学习的“2 +4”模式。

3. 教师队伍发展目标

今后三年，坚持以人为本，以教师为主题，充分发挥广大教师的主体性作用，强化教科研的引领、现代信息技术的运用，着力提高教师的学历层次，着力提高教师信息技术的应用水平以及新课程的教学能力，全面实现教师综合素质的提升；重点培养和形成中青年骨干教师群体，逐步形成骨干教师成长机制；健全我校教师管理制度，逐步建立教师队伍可持续发展的长效机制，全面建设起一支师德高尚、结构合理、业务精湛、富有生机和创新活力的专业化教师队伍。

4. 校本课程建设发展目标

通过自修与反思，促进教师自主发展；通过我校传统的师徒结对合作，促进教师共同发展；通过引领与规划，促进教师协调发展；通过交流与调查，促进教师的均衡发展。力求达到：在核心素质上，全面提升教师的专业知识、专业技能、专业态度、专业自立意识，突出教育技能的培养；在发展策略上，实现教师的全面协调和可持续发展，突出教师的教学与科研能力的协调发展，教师与学生的教学相长、教师与教师的和谐共进；在师德建设上，提高教师的荣誉感、责任感，突出时代精神的需要和教师职业的特点。最终目标：促进教师职业专业化，教师专业发展环境不断改善，教师事业成就感和幸福感明显增强。

三、单元(模块)教学目标(应知应会)

在人教版教材里必修模块有“阅读鉴赏、表达交流、梳理探究、名著导读”等四块内容,其中阅读鉴赏、表达交流是基础和重心所在。依照新课标要求,结合洛阳二中发展现状,特制订必修教材1－5的单元教学目标(应知应会)。

四、语文课堂教学要求

1. 语文学科课堂教学基本课型

2. 语文学科的课堂教学基本模式

语文学科的课堂教学采取“2＋3”高效课堂教学模式。这是我校于2011年起重点推出并打造的高效课堂模式。

(1)“2＋3”课堂模式包括五个教学环节

教师课前导学

学生课前自学

教师课堂精讲(10～15分钟)

学生课堂讨论交流,探究体验(10～15分钟)

学生展示总结,练习巩固(10～15分钟)

(2)“2＋3”课堂模式的理念基础

新课程倡导自主、合作、探究的学习方式,认为“学生是学习的主体,教师是学生学习的主导”,“知识是主动构建的,而不是被动接受的”,教师在课堂教学中要重视学生学习的过程与方法,教师的教学方式由“以灌输式教学为主”向“以探究式教学为主”转变;学生的学习方式由“以接受式学习为主”向“以研究性学习为主”转变。

3. 语文学科课堂教学的基本要求

(1)语文教学活动做到四个结合

教学与学习活动做到课内课外相结合;课堂组织做到教师讲授与学生自主学习相结合;教师精讲与学生精炼相结合;学生的学习活动做到讨论探究与交流展示相结合。

(2)语文课堂教学做到“三讲”“三不讲”

三讲是指:讲难点、重点、关键点,讲易混点、易错点、易漏点。

三不讲是:学生自己已经会了的不讲,学生自己能学会的不讲,老师讲了学生也学不会的不讲。

(3)语文课堂教学活动的实施策略

抓两头促中间:一方面要加强语文备课组的集体教研工作,做好导学案的编制和课堂教学的设计,组织指导学生进行充分的自主学习活动;另一方面要加强对课前学习活动的展示与检测工作;"促中间"是指教师发挥主导作用,在课堂上组织学生进行高效学习的过程。

4.语文学科的课堂教学基本方法

阅读法、讲授法、自主探究法、小组讨论教学法等。

五、语文学科教材优化和学生作业系统设计

1.语文教材分析

在学校实施新课程实践的过程中,老师普遍反映的一个问题就是"量多时少"的问题,即需要教学的内容太多,而课时太少。特别是我们选用的人教版语文必修教材,每册安排的"阅读鉴赏"内容又十分丰富,篇目多,再加上"表达交流"五个专题和"梳理探究"三个专题还有"名著导读"以及"语文读本"等。新课程实行了5个年头,根据学校老师的教学进度和感受,其结果大致有几种情况:一是基本完成必修内容;二是基本完成教材中的"阅读鉴赏""表达交流"部分,"口语交际""梳理研究""名著导读"只字未提;三是选修部分囫囵吞枣过一遍,没有时间精读和精炼。而这样下去就造成了学生跟着老师走,老师跟着教材走,疲于应付。

2.语文教材优化

如何在保证质量的前提下,有效地利用好高中语文新教材,是一个需要研究与重视的课题。我们在教学实践中,结合学校发展现状和学生的不同特点,灵活多样、省时高效地处理教材,具有一定的可行性。教师在处理教材时,可以考虑四个方面因素:一是学校的具体学情,二是学生知识体系的构建,三是学生语文能力的培养,四是高考考查的内容。

对每册教材的处理要有整体设计,要做到删繁就简,这是完成教学任务的关键。

六、备课、作业布置与批阅、课外辅导的基本规范与要求

附:教学设计参考格式

课题:　　XXXXX

(一)教学目标

(二)重点、难点

(三)课时安排

（四）教学过程

（五）作业或活动设计

（六）板书设计

（七）教学反思

七、学生评价标准

1. 学生预习的基本要求

对于语文这种需要长时间积累才能见成效的学科来说，是否需要预习，语文学科在预习的时候又该从哪方面着手呢？

（1）通读课本文章，把握文章脉络

语文课本是以众多内容相互关联的文章作为学习的基本载体的，学生应该对这些文章倍加重视。在高考当中也是这样，阅读题是除作文之外赋分最高的题目，不管是古文阅读还是现代文阅读，其做题的基本出发点就是能够充分地理解文章含义。所以在平日当中，我们可以试图将预习过程中的文章阅读看作是一种阅读题的日常练习。

我校语文课要求学生在条件允许的情况下，要有声朗读课文。一来可以锻炼自己的语言表达能力，及时纠正一些自己在发音方面的问题，二来还可以对文章的内容有一个大概的认识。

（2）利用工具辞书，攻克字词难关

高中语文学科在考查学生是否对所学知识牢固掌握时，往往会从字、词和句的角度进行考查，因此，我们在平日中就要注重这方面的练习和积累。

在课前预习环节中，我们首先应该把课文中自己不认识的字、无法准确理解其含义的词及句子标记出来，通过查询工具书的方式进行初步理解。

（3）了解文章背景，浏览课后练习

2. 学生在课堂中的基本要求

（1）充分做好课前预习，能够带着问题到课堂。

（2）积极地参与课堂教学，能够提出自己的见解和主张。

（3）积极参与小组讨论，能够在讨论中找到自己的问题的答案并形成新的问题。

（4）能够在课后完成作业的同时解开自己在课堂上遗留的问题，学会举一反三。

(5)在每一节课能够积累一些生字词,好的语言段落,能做到学有所得。

3. 学生完成作业的基本要求

(1)用黑色或蓝色水笔书写。

(2)按时完成各项作业,因故不能及时完成时,在日后补全。

(3)态度认真,书写端正,格式规范,标点正确,文面整洁,杜绝抄袭作业的现象。

(4)作文、练笔,标题写在首行中间,如有副题,前面应加破折号写在正题的下一行正中;段落规范。

(6)摘抄、读书笔记,摘抄要有出处,不同书籍、文章的摘抄段落之间空1~2行。读书笔记按作文、练笔要求。

(7)除书面作业之外,按要求完成预习、复习、朗读、背诵、观察等软性作业。

(8)不合规范要求或有错误的作业,要订正或重做。

4. 学生语文学科期末成绩的构成与标准

我校语文学科期末成绩就是期末考试的卷面成绩,无其他相关的构成。

八、教学评估指标体系(略)

第六章　感悟二中文化

文化是需要人们慢慢品读的。一百位读者就有一百个哈姆雷特。一百个人的视角,便有一百种关于二中的感悟。

媒体人从更为宏观的角度审视二中,评判校长,描述管理,体味课堂;小记者们从独特视角向二中领导发问,用稚嫩的笔记录下他们看到的点点滴滴;在职老师们以学校主人公的身份诉说着自己的教育心得;退休教师们努力回忆起曾在二中奋斗的日子,吐露着对二中割舍不掉的情愫;学生们撷取一个个鲜活的例子,描述出他们对二中的热爱;社区人用质朴的语言,表达了他们对如今二中的认可;同行们用一篇篇小文,一句句名言,肯定了“二中现象”。千人千面的感悟,有相同却也不尽相同……

第一节　媒体眼中的二中

洛阳二中的发展赢得了媒体的关注。《洛阳晚报》《洛阳商报》《东方今报》人民网、海外网等众多媒体对于洛阳二中现象予以报道,向社会各界传播着该校的文化育人特色。各家媒体的报道既提升了洛阳二中的知名度和美誉度,也推动了洛阳二中的进一步发展。

校长必须读书　管理需要智慧

记者　刘可可

10日上午,市二中校长胡玉敏应邀在东升一小,为百余名涧西区校长作了题为“你凭什么当校长”的报告。在报告会现场,胡校长谦逊平实,妙语连珠,其管理智慧赢得了现场听众的一致好评。本报记者特节选部分精彩内容,与您共享。

1. 当校长要拿好望远镜和放大镜

一个好校长能成就一所好学校。一只雄狮带领一群绵羊,可以打败一只绵羊带领的一群雄狮。

社会衡量好校长的标准是:学校发展快,老师成长快,自己成长快,本人不受伤,简称“三快一不伤”。

管理的本质是通过别人来完成任务,一定要调动别人去干。自己一个人干的是“劳模”,调动别人去干才叫“管理”。

一个人一辈子干好一件事,我们评价他是“合格”;干好十件事,我们评价他是“优秀”;干好五十件事,我们评价他是“卓越”。如果他一个人干好了一百件事,那是在找死!

一名卓越的领导可以点燃下属心中的火种,使下属自觉、自愿、负责任地干好工作。但是,再高明的制度也不可能面面俱到,再严密的控制也不可能没有遗漏,管理必须使下属满怀责任感。

当领导应该做好四件事:只关注异常,不关注正常,只关注例外,不关注例行；一手拿望远镜，一手拿放大镜，拿好望远镜找准靶子，拿好放大镜找出钉子；做别人做不了的事；读书。

2. 领导班子相互补台才能好戏连台

只有摆正位置，才能坐稳椅子。校长不要把自己当成官员，管理老师和学生不能依靠行政命令。

当好校长要做到“七要与七不要”：

要举旗子，不要坐椅子，即既要引领学校发展，又要接地气；

要搭台子，不要打棍子，即要为员工成长搭建平台，而不是给其发展设限；

要给面子，不要揪辫子，即要尊重员工，尊重自己；

要做样子，不要喊嗓子，即要求员工做到的自己必须首先做到，身教胜过言传；

要出点子，不要吊脸子，即遇到问题时要想办法和员工一起解决，而不是先给员工脸色看；

要补台子，不要争位子，即领导班子内部要团结一致，相互补台才能好戏连台，互相拆台只能一起下台；

要秤杆子，不要楼台子，即涉及员工切身利益时必须公平，不能“近水楼台先得月”。

当校长，切忌“色难”！一个校长的“风水”就写在脸上和嘴上，你“和颜色，吐美言”，那就不用场地不用钱，美言变成催化剂，笑脸带来生产力！

3. 校长要离书桌近些，离酒桌远些

用人如器，取士当下。用人上切记“用好能人干大事；用好好人干成事；用好坏人不坏事”。

对涉及员工利益的问题不能“一刀切”，要给老同志分饼，给年轻人画饼，和中坚力量一起吃饼。有时候，绝对的平均反而是不公平！

当校长要会给员工搭平台、创机会、鼓干劲，要有心胸去用人、容人。一个校长的心胸有多宽广，其事业就有多大成就。心胸太狭隘的人做大事业，首先对健康是一种损害。

当校长要学会放权，放权也是放心。忙乱是领导的大忌，往往是由于工作不分主次、做事没有条理、分工不明确造成的。

当校长要“举好旗子，搭好班子，摆好位子，架好梯子，定好框子（完善制度）”，离书桌近些，离酒桌远些。一个不爱读书的校长怎么能办好一所学校呢?

校长要把握好教师的"穿衣吃饭,尊重高看,自我实现"三大需求,通过有效的管理满足教师"被赞美、想表现自己、实现个人成长"的精神需求。

校长在管理老师时应做到:客客气气尊重你,有了困难帮助你;理念先进影响你,学校发展惠及你;搭好平台成就你,身子站正不怕你!

(摘自 2014 年 4 月 22 日《洛阳晚报》)

媒体眼中的二中管理是这样的——

洛阳二中:抓管理 促发展 创建优质特色学校

记者 梅淑娥 贾晨

洛阳市第二中学的教育教学实践告诉我们,学校管理也是学校发展的"生产力"。抓管理的关键是抓队伍。教师是学校发展的决定因素,是办学水平的"硬指标"。好教师再加上好的管理,可以成就一所好学校。

洛阳市第二中学荣获全国思想道德建设先进单位、河南省教育系统先进集体 、河南省教育变革榜样学校、河南省师德师风先进单位、河南省行风建设先进集体和"十佳"魅力学校等荣誉。记者近日采访了该校胡玉敏校长,寻觅他们取得骄人成绩的答案。

洛阳二中秉承"以人为本,追求卓越"的办学思想,提出了"树立终身学习理念,做学习型教师,和学生一同成长"的口号。他们通过学习型团队建设,达到了四个目标:转变教育观念;医治职业倦怠;陶冶师德师能;提升幸福指数。他们定期举办讲座,开办校内"百家讲坛"。在每年暑期集中学习培训,聘请专家到校讲学,外派教师到北京、上海、山东、江苏等教育发达地区学习。平时利用全体教师大会、班主任会、党员会等来学习,并使学习系列化、制度化。《教育时报》头版曾经整版报道,充分肯定他们的做法。

在 2006 年洛阳二中开始制定"三年发展计划",提出了长远性和阶段性奋斗目标,使教师把个人价值实现和学校发展目标相统一。去年制定了第三个规划,描绘了发展愿景,目前全校上下众志成城,为实现目标而努力工作着。今年高考成绩辉煌,实现了"开门红"。学校每年隆重召开教师节庆祝及表彰大会,每年确定一个庆祝主题,设立"校长特别奖""功勋教师奖""教坛新秀奖""杏坛奖""首席教师""优秀教研组""优秀班主任”等奖项，在每年的教师节大会上给予表彰和奖励。实施青年教师“135工程”，成立青年教师“成长发展学校”，开办青年教师“成长沙龙”。一大批青年教师茁壮成长，已成为教育教学的骨干力量。别红梅老师被评为“河南省十佳班主任”；李保国老师被评为河南省首届“最具成长力教师”(十名之一)；杭行云老师被评为“河南省优秀教师”等。现在洛阳二中风清气正，生机无限。这是他们长期坚持精神引领带来的可喜结果。

从前年开始，洛阳二中开展了寻求并激活学校发展动力源活动。他们制定班主任提升计划，加强年级组权威，进行“五好教研组”创建活动。学校要求每个青年教师都制定读书计划和发展规划。学校和各职能处室签订“目标责任书”。他们特别注重过程考核和过程管理，使各项教学管理真正落到了实处。

洛阳二中始终坚持“以人为本”的教学管理理念。首先树立教师“主人翁”责任感，坚持教代会制度，实行民主集中制，坚持校务公开、公示制，尊重、信任、关心每一位教职工，坚持“从群众中来，到群众中去”的工作方针，遇事和群众商量，使大家能感受到学校的温暖；学校领导率先垂范，真抓实干。学校出台了《破格晋升职称的有关规定》《低职高聘的暂行规定》《破格推荐市级以上荣誉称号的有关规定》，真正做到了凭成绩说话，让为学校做出较大贡献的教师成为受益者。学校的评先晋级、分配住房、职称评定做到公开、公正与公平。学校及时解决教职工的后顾之忧。二中以活动为载体，让每位教师真正快乐工作、健康生活。

在教学管理过程中，洛阳二中始终坚持面对全体学生，像抓生产力那样抓好学校管理，像重视尖子生那样重视学困生。近七年来，洛阳市第二中学快速跨越式发展，高考连续取得了优异成绩。这些成绩的取得，是他们精诚团结、不断进取的成果，也是二中人以人为本、追求卓越的智慧结晶，更是众志成城的见证。他们一定会勇往直前，为完成新的目标而努力。

(来源：海外网2013年08月04日)

媒体眼中的课堂是这样的——

智慧课堂之洛阳二中“2 +3”智慧课堂:让课堂焕发思辨的魅力

记者　崔宏远

1. 课堂概念:“2 +3”智慧课堂

“2 +3”智慧课堂是洛阳二中基于新课程理念打造的高效课堂模式,具体内容包括五个环节:教师课前导学、学生课前自学、教师课堂精讲、学生课堂讨论交流探究、学生展示总结并练习巩固。

课前两个环节加上课堂三个环节构成了“2 +3”智慧课堂。

2. 课堂流程:感受·归纳·探究

导入:学生就课前导学案进行交流,并进行小组讨论。

精讲:播放视频、图片资料,突出直观感受。归纳知识点,让学生以小组合作的形式进一步熟悉课文。

探究:以小组为单位,将学习成果展示在黑板上,不同小组间互相补充。学生交流与分享有独到之处的探究体验,畅谈收获,课外思考。

3. 创新设计:发挥学生的主观能动性

教师依据教学实际情况,对课堂三个环节进行随机组合、科学调控,充分发挥教师和学生的主观能动性。

学生自学无法掌握的难点重点,教师精讲;学生通过自学能学会的知识,教师不重复讲;学生通过合作探究思考的内容,教师引导讲。

“2 +3”智慧课堂重视小组共同学习,教师只是引导者、点拨者、服务者,课堂环节的学习活动多以小组为单位进行探究学习,以达到发展学生个性、增强学生综合能力的目的。

4. 课堂观察:在质疑与思考中产生真知灼见

走进教室,每个学生手里都有一份由张会芹老师编写的导学案,除包含了学习目标、学习重点、学习难点等传统环节外,还增加了“调查学习”环节,要求学生对洛阳湿地情况进行调查并给出保护建议,精心指导学生进行自主学习,自主探究。这些用张会芹老师的话说就是“从教师备课的角度来看,编写导学案绝对是一种创造性的劳动”。

黑板一侧的“学习之星”“思考之星”等标记,也引起了在场听课老师的注意。原来,这是根据学生回答问题得分以及课堂表现,最后要争夺小组荣誉。毫无疑问,这是一节充满竞争和自主探究的地理课。

当张会芹老师把课前自学问题呈现在黑板上后,学生纷纷举手,一名女生拔取头筹,为所在小组拿到了第一分,也得到了其他同学的掌声。

紧接着，张会芹老师通过一段视频和一些图片，精讲课文内容，并引导学生拓展探究。此时，学生全部站了起来，按小组围在一起，你一言我一语，展开了激烈讨论。之后便到了展示环节，黑板上写满了学生们通过思索得出的湿地保护措施和建议，不同小组间还互评打分。

探究中，质疑和思辨最难得，也最“夺目”。围绕“如何保护湿地”问题，这边一个小组解读声刚落，那边各组的质疑声又起，学生的个性得以表现，学生智慧的火花得以迸发。

这时，张会芹老师适时进行相关知识点拨和引导，真知灼见在质疑和思辨中产生了。

课末，学生走上讲台，畅谈收获，分享所得。当张会芹老师宣布获奖小组时，班级里再一次响起了热烈的掌声。

（当天上午展示的还有语文、英语课程。）

5. 专家点评：教学方法灵活，密切联系实际

韩经权（市教育局副局长）：教学模式即教学流程、教学结构，通过辩证法的基本规律——否定之否定规律，才能形成并不断优化教学结构，让高效课堂稳步前行。从课堂展示来看，“2+3”智慧课堂亮点不少，如多媒体的合理应用，多种手段激励学生，课堂上掌声不断等。当然，也有一些地方需要改进，如课堂流程没有形成一个封闭的系统，各个环节的设计需要进一步提高。

张金萍（市教育局中小学教研室地理教研员）：这节课，教师重视直观教学和学习成果呈现，灵活运用多种教学方法，紧密联系身边实际，课堂调控能力很强，彰显了智慧课堂的个性与特色，也促使学生掌握了学习方法与技能，提高了学生的综合能力，十分精彩。如果能注意课前、课中和课后的联系，合理分配时间，进一步精炼导学案，课堂会更高效。

李学平（市二十三中校长）：这节课很精彩，采取了一些激励措施激发学生的学习兴趣，如果激励措施能多样化，也许效果会更好。

张良（市五十一中校长）：我听的是英语课，教师对重点难点的讲解比较到位，希望可以在准备导学案和电子白板的应用上再改进一点。

卢明国（市一中校长）：这节地理课讲得精彩，具有思辨性。课堂气氛也十分活跃，师生互动中充满智慧。如果能稍加改进，让学生在拓展发言时走上讲台，会让学生的自主学习收到更好的效果。

（摘自 2014 年 4 月 21 日《洛阳商报》）

温家宝在2010年《政府工作报告》中指出:“要创造条件让人民批评政府、监督政府,同时充分发挥新闻舆论的监督作用,让权力在阳光下运行。”同样,媒体对二中进行监督的同时,发掘了二中的闪光点并加以可观报道,其有效的做法对兄弟学校必然有启迪作用。

第二节　小记者眼中的二中领导

二中领导与其他学校的领导不太一样，不是神秘的、威严的，是平易近人的“大家长”，是零距离的领导，是心与心交流的朋友。二中小记者眼中的胡玉敏校长知识渊博、文采斐然、以校为家、爱生如子。小记者眼中的聂建萍书记知性优雅、乐做园丁、辛勤耕耘、无私奉献。

小记者眼中的二中校长是这样的——

我与校长面对面——小记者采访胡玉敏校长

是他的笑容让我们从幼稚走向成熟，是他的睿智让我们从蒙昧走向文明，是他的辛苦创造了二中现在的成就。他是我们学校的领导，是我们二中全体师生心中平易近人的“胡老大”。

近日，新声文学社组织了“小记者采访校园新闻人物”活动。在一个凉爽宜人的上午，我们轻轻敲开了胡校长办公室的门，并有幸采访到了他。

小记者：大家都非常喜欢您，觉得您是一位平易近人的校长，您是如何做到如此受人爱戴的呢？

校长：谢谢同学们！能够受到学生们的肯定和喜欢我很高兴。我认为“严”与“爱”并不矛盾。对学生首先要有爱，只有对学生付出了爱，才能做好教育，学生们才会健康地成长。拿我自己来说，我喜欢经常与学生们进行交流。在路上，如果有学生对我打招呼，我一定会热情还礼。我认为这对学生成长很重要，同时也是对学生表现出的尊重。

但是关爱并不等于不严格要求，严格是爱的另一种体现。就像父母对孩子的爱，方式有许多种，无论是慈爱还是严格，这都是爱的体现。当我看到有的同学不用心学习的时候，我也很着急并且会批评他，甚至严厉地训诫他。因为老师也像严父一样，尽管训斥很严厉，但是这份严厉里也夹杂着爱。同时，我也希望同学们能理解老师对于你们的严格，理解“严就是爱”的道理，严师出高徒嘛。

我自己的性格比较温和，待人接物方面也是这样。我想只有这样，老师们、同学们才更容易亲近我，接纳我，才更容易与我交流。我想，这也是我能受到广大师生喜欢的原因之一吧。因为我爱大家，所以我才真心地对待大家，大家也用真心回报我。

小记者：您是理科出身的，但是您还出了一本诗集。可以谈谈您是如何做到文理兼通的吗？

校长：说我文理兼通，不敢当。我是学化学的，文科知识是在工作中自学的，并且拿到了教育学、心理学的本科和研究生学历。我认为，人的成长需要多方面的营养，文科、理科都能给人智慧。我曾经听到过清华大学教授的讲座，其中记忆尤为深刻的一句话是“不能做半个人”。我认为科学素养与人文素养都很重要，是组成一个人两个方面。如果缺失任何的一个方面，都只能算是“半个人”。因此我鼓励同学们把文、理科都学好。老师也应该加强相互学习，做到文理兼通，这样才能把课讲得精彩。如果一位理科老师文学素养好，能用文学艺术的手法去讲理科知识，那他的课堂肯定会是兴趣盎然、妙趣横生的。如果我仅仅只有理科的知识功底，就不可能有先进的教育理念，那我就无法做一个称职的校长。咱们学校里的大部分标语是我拟选的，楼名诗也是由我创作的。我想以此鼓励同学们，这里面寄托了我对大家的殷切希望。现在的高中教育存在分科过早的问题，这就造成学生基础知识的不全面、不丰富。现代社会需要文理兼通的复合型人才。如果文科生只学文科知识，那么文科生不仅仅缺乏全面的营养，还缺乏缜密的思维能力。这对于当前的学习不利，对今后进入社会都会有不良的影响。所以文科生也不能轻视甚至放弃理科的学习，理科生也应该注重文科的学习。

我认为自己沾了文理兼收的光，我在一步步弥补自己人文素养的缺陷，不断提高自己的讲话、写作能力。我不能算文理兼通，还达不到那样高的标准。但文理兼通是个方向，我正在向着这个方向努力。

小记者：大家都知道，我们二中是一所远近闻名的学校。请问，我们二中的办学特色是什么？

校长：近年来，我校有了突飞猛进的发展，获得了社会、家长和学生的广泛认可及好评。我们逐步形成了良好的校风和办学特色。我校的办学特色，可以用以下三个方面来概括：

我们二中是一所对社会负责的学校。责任心是贯穿整所学校的主题，我们注重培养有用人才，始终坚持对社会、对家长、对学生负责的办学理念。所以对社会负责是我校的第一个办学特色。

办学理念先进，是我校的另一个办学特色。先进的办学理念是一所学校的核心竞争力，它决定着学校的前进方向。有些学校虽然升学率较高，但他们的办学理念不一定先进，他们可能在片面追求升学率，或者是在吃生源好的老本。例如有些学校存在歧视学困生的情况。我校的办学理念先进，其中重要的一点就是没有歧视，让每一位学生都能感到"阳光"。虽然我们也分宏志班和非宏志班，学生分有不同的层次，但是我们对各类学生一律平等、一视同仁。首先，分在非宏志班的任课老师，他们的授课能力并不比宏志班的老师差；其次，在学校组织的一系列活动中，也鼓励非宏志班的同学积极参加并给予奖励。这些现象都能体现我校先进的办学理念。

实施真正的素质教育，是我校办学的第三个特色。我校积极实施素质教育，追求学生德、智、体、美全面发展。我认为素质教育才是真正的教育，所以，我校经常开展一系列丰富多彩的活动。像班级文化展示、校园艺术节、朗诵比赛、毕业典礼，还有你们的赛诗会、你们班出的诗集等，这些都是素质教育的具体体现。素质教育与升学率并不矛盾，学生的综合素质提升了，就在其周围聚集起正能量，学习就会有无穷的动力。我始终认为，单纯抓学习，学习上不去；单纯抓高考，高考好不了。教育切记不要急功近利，不要揠苗助长。在素质教育方面，我们学校不一定能做得最好，但一定要去做，这个方向是对的，我校一定要坚持做下去。

小记者：目前，我们学校存在学生电子产品屡禁不止的现象，您有什么看法？

校长：教育不仅在课堂上完成，更要在大环境中完成。学生要在家庭、学校、社会等环境的综合作用下成长。校风和学校文化就是学校的环境，它特别重要。在家庭、学校和社会环境中，有的会产生正能量，有的则会产生负能量。电子产品同样是一种环境，也会产生相应的正、负能量。由于学生的自制能力不强，世界观还没有形成，往往会在环境负能量面前不能甄别，抗拒不住诱惑，抗拒不住负能量的拉扯。所以，高科技也是一把"双刃剑"。我认为手机、电脑等电子产品，如果使用不当的话，就是危害中小学生的一大"杀手"。学校必须通过"疏"和"堵"的方法，禁止手机等电子产品进课堂。学校的“后门洞开”制度,就是为了抑制电子产品的出现而制定的。这不仅可以提高教学质量,展现良好的校风,而且也便于家长、老师的监督。

小记者:我们学校组建了许多社团,并且开展了许多活动,您不担心这些活动会耽误我们的学习吗?

校长:参加社团活动本身就是一种学习,怎么会“耽误”学习呢?你们说的“学习”指的是书本知识的学习吧?社团活动可以让同学们得到锻炼,增长能力,陶冶情操,应该说是一种更重要的学习。平时学校在进行表彰的时候,大部分普通班的学生很少有上台领奖的机会,有的同学因此会感到自卑。而社团活动是全体参与的教学活动,为许多同学提供了展示的舞台,这特别有助于提升普通班学生的自信心。所以,社团活动是学校教育的重要组成部分,是一种更重要的学习。学校大力倡导学生参与社团活动。

但同时让人担忧的是,一些同学过于浮躁。在活动前投入太多的精力,以致把课堂上文化课的学习丢在了一边,活动进行过后又一直沉浸其中,把课本知识的学习耽误了,造成得不偿失。

所以,同学们应学会处理社团活动与文化课学习的关系,理性把握时间。这样,社团活动和文化课学习就会起到一种相互促进、相得益彰的效果,做到双赢、双丰收。同时我也希望做得好的同学不要骄傲,让其变为一种正能量,把这种能量迁移到文化课的学习中去。

小记者:自从学校实行“2+3”教学模式之后,有些班出现了一种不“加分”就不回答问题的现象,您如何看待这一问题?

校长:老师在课堂上给回答问题、表现好的同学或者其所在的小组“加分”的方法,只是一种鼓励性手段,或者说是一种“游戏”。因此,大家不要在是否“加分”问题上太过较真,不能本末倒置,不能让“加分”成为一种目的。“加分”是老师为了提高同学们的积极性、活跃课堂气氛、提高学生注意力的一种方法。同学们在课堂上发言是一种自己锻炼、提高的机会,是“占便宜”,为什么非要得到“加分”不可?学生在发言的过程中,可以表达自己的观点,是一种极好的锻炼,这种锻炼比加多少分都重要。我们做任何一件事,首先应该考虑的是这件事情对自己有什么价值?有什么意义?而不是看能加多少分。如果仅仅盯着分数,那样就太功利化了。我认为,“加分”只能满足一时的虚荣心,而不能真正的提高自己。

希望同学们不断增加自己判断是非的能力。

小记者:我们的校歌非常好听,在二中贴吧上曾被誉为“神曲”。请问您作词时的创作灵感是什么?

校长:谢谢同学们对校歌有如此高的评价。首先是我很热爱创作,如果我的灵感突然涌现,我会在纸片上或手机上把它记下来,等到空闲时再进行整理。目前,我创作的歌词已经有好几首了,当然水平都不算高。在我看来,写作应该是一件很轻松、很快乐的事情。在疲劳的时候,创作可以让人静下心来,也是一种放松和享受。

如果说这首校歌朗朗上口,那是因为它的旋律非常优美,这可不是我的功劳。这得益于我校茹素琴老师,是她谱的曲,曲调特别好听。同学们传说的“神曲”,是夸赞茹素琴老师的,不是夸我的。我们应该感谢茹老师的辛勤付出。

我校校歌,首先体现的是洛阳传统文化,道出了洛阳人的自豪感。歌词写道:“中华母亲河,南岸是我家。”黄河是我们的母亲河,她哺育了我们,黄河流域是整个华夏文明的发源地。我们家在黄河的南岸,因为有黄河的庇佑,我们的生活才可以那么安逸富足。“伊洛瀍涧门前过,河图洛书传天下。”还有伊河、洛河、瀍河和涧河这四条比较大的河流穿过洛阳。“河图洛书”,代表着中华文明的源头,也代表中华文化的源远流长,是中华民族的骄傲。“继承传统、涵养精神,天天绽芳华”是要求我们继承中华民族的优秀传统,珍惜时间,不虚度每分每秒,让我们每天都有新收获,让我们的生命天天都绽放出绚丽的光彩。

歌词的下半段来源于校园生活,其中包含了学校对学生的殷切期望,包含了对二中校园的热爱。“人才出摇篮,栋梁遍华夏”是说洛阳二中这所学校是人才的摇篮,二中培养出来的人才,都是祖国的栋梁,遍布华夏大地。“德、智、体、美齐发展,学富五车报国家”“德、智、体、美齐发展”,说明我校追求的和正在进行的是素质教育;而“学富五车报国家”,则是对国家的责任感和使命感的体现。最后一句“开发潜能,追求卓越,成就你我他”表现的是要开发潜能,不断超越,成就每个人的理想,一个也不能少。歌词中的每一句话都内涵深刻,寄托了学校对你们的希望。

同时,我也鼓励同学们好好传唱你们的班歌,用班歌展示出你们的精神面貌。在你们长大以后,也许有许多歌曲都忘记了,甚至学过的知识也忘记了,但是,我们的校歌和班歌会一直萦绕在你们的耳畔。

小记者:请问学校的发展蓝图在您心中是怎样的呢?

校长:办一所让社会、家长、学生满意的学校,是我们的终极目标。虽然我们学校近些年来发展很快,但是距离老百姓的期盼仍有一定的距离。我校的目标就是"优质、特色"四个字。"优质"指的是我校学生品德的优良和教学质量的一流;"特色"指的是,我们注重打造学校特色,办有特色和个性学校。只有做到了"优质、特色"四个字,我们学校才有旺盛的、持久的生命力。我们的总体目标就是促进全体学生的发展,为每一位学生的可持续发展打好基础。一句话,做到"优质、特色"这四个字,就是为了让社会满意、让人民满意,使我们的学生从离开母校后带走的不仅仅是知识,更主要的是一种精神,一种自强不息、昂扬向上的精神。

以上就是本次采访的内容。胡玉敏校长全方位地向我们展现了一校之长的风采。这次采访,也使我们比较深刻地了解了我们二中的办学特色、教学模式以及领导层的教育理念。相信我们洛阳二中会在胡校长的带领下,越办越好!

小记者眼中的二中书记是这样的——

命里面就应该做老师——与知性优雅的聂建萍书记面对面

她是一位兢兢业业、和蔼可亲的女老师,她也是一位平易近人、温柔大方的女领导。从她的笑容里,你读出的不仅仅是善意友好,更有宽容和奉献。她用笑容为我们煲出了一份浓香醇厚的心灵鸡汤。她就是我们知性优雅的聂建萍书记。在一个炎热的下午,我们有幸采访到了她。

问:您是二中公认的一位优秀的女教师,也是一位与同学相处得很好的女领导。请问您是怎样做到这一点的?

答:一方面,我非常热爱我的工作,从小我就喜欢老师,并且希望自己将来有一天也能成为老师。在我儿时的那个年代,当老师是一件非常令人尊敬的职业,从小我就认为我"命里面就应该做老师"。现在,老师这个身份也成为我生命中不可或缺的一部分。另一方面,我认为能够在校园里与同学们相处很快乐,很轻松,很有趣。

记者:《日新》杂志上经常出现您的文章,同时您又出口成章,给人一种您是文科生的错觉,请问您是如何处理文科与理科的?

答:我本身是非常热爱文学的,特别喜欢演讲与写作。在大学的时候我就经常参加学校文学类的比赛,并成为社团的骨干。虽然我的专业不是语文,但是多年的写作也让我形成了自己的风格。尽管我是理科生,但是我多次在老师与同学面前强调，自然科学与人文科学是相通的，所以文科生也应该了解理科，这样可以锻炼自己的思维逻辑能力，同时，理科生也应该多读一些文学作品，可以开阔视野，陶冶情操，丰富课余生活。因此，作为学生来说，应该文理兼备。

记者：作为文科生的我们，数学一直是我们的弱项。那么在学习数学方面您有什么建议给我们呢？

答：在文科的学习中，数学相对于其他学科来说在思维上有一些区别，但是区别不大。文科生要想学好数学，首先要热爱数学，然后在做题的过程中要钻进去研究，虽然研究的过程有些痛苦，但是最后解题成功的那种成就感是幸福的。我们不应害怕挫折，在遇到困难时，可以请教老师，可以与同学交流，要学会举一反三，在一次又一次的成就中找到乐趣，逐渐培养出学习数学的兴趣。

记者：我们二中近年来的发展十分迅速，您作为资深领导人，见证了学校的进步，可以为我们讲解一下我们二中越来越好的原因吗？

答：我认为，首先最重要的一点就是我们有一批优秀的老师，有一批勤勤恳恳、以身作则、乐于奉献的老师。其次，我们有坚强的领导班子，有优秀的胡校长带领着我们前进。最后，我们对于学生有着非常科学、有规律的教育方法。大家都拧成一股绳，一起团结努力，向着美好未来前进。

记者：听说您上次开了一个“女儿当自强”的讲座，我们非常遗憾没有听到，大家都非常想听。

答：学校对学生的身心教育一直抓得很紧，很重视在各种大会中与学生的交流。没关系，这个活动一定会持续下去，一定会让全校女生参与其中。

记者：谢谢！那么现在您对我们女生以后的学习与生活有什么建议呢？

答：第一，要明确自己在现阶段应该做什么，制定出目标并且为之努力、奋斗。第二，女儿当自强，应该学会自强。为了成人之后能够拥有独立的人格、独立的经济、独立的生活而努力。第三，我要送给大家八个字，这八个字也是我不断重复的：善良、温柔、坚韧、优雅。我们首先不应该离开善良，不脱离女性拥有的温柔、执著、坚韧。当我们经历了很多事情与时间的洗礼之后，才会变得优雅。优雅是最后的境界，是综合的体现。

记者：现在市面上有许多会给我们一些错误引导的书籍，我们的鉴别能力还不够，您在我们选书方面有什么建议吗？

答：经典作品是一定要读的，比如四大名著、《论语》等。我记得我曾经看过一本叫做《红与黑》的书籍，在我读完这本书之后，我就产生了一种不可名状的感觉。每本语文书后面的经典诵读也是我们阅读的关键。还可以多看一些成功学生的经验，要自信，多与更优秀的人接触。我们要看一些与学生相关的文章，可以在做人、学习方面给我们指导的文章。有一些杂志也是不错的，比如《读者》《青年文摘》等的卷首篇。在阅读的时候一定要戒躁，好的书籍无论看多少遍都是不会厌烦的。在不同时期看同一本书的感悟也是不同的。我们要读好的“杂书”，多读书。不断提高精神素养，扩宽眼界，多看一看这个世界的精彩。

采访结束了，但是聂书记的谆谆教诲我们一定会记在心中。回想起采访过程中聂书记温柔的话语，不需要太多的语言就表示了对我们的爱。我们一定会谨记聂书记对我们的教导，同时，我们也感受到了校领导的温暖。我们衷心祝愿聂书记，人生道路越走越宽，越来越漂亮，越来越健康！

小记者们热情主动、认真尽责，2013 年，出版了校园新闻人物访谈录——《沟通进行时》。采访对象有胡玉敏、聂建萍，有分管各项工作的副校长、主任，还有一些诲人不倦的良师益友以及一些在平凡岗位上默默奉献的普通校工师傅们。梁金贵副校长在序中写道：

那天，在校园里，两个同学跑过来对我说，她们想采访我。我先是愣了一下，才想起她们应该是校园小记者。去年开学后不久，学校有几个同学自发组织成立了新声文学社，后来他们又自己拉赞助创办了一份报纸，每期出版后，都亲自到我办公室给我送一份。单是清新的设计风格就给人一种艺术的清爽，写作内容尤其贴近学生的现实生活，充满高中学生特有的朝气活力，与考卷中的作文完全不同。

我很欣赏同学们的创造力。然而，令我欣赏的还远不止这些。当两位小记者坐在我面前时，我几乎真的把他们看作正规媒体的记者。两位同学很守时地敲开门，礼貌地打招呼，文静地坐下来，自然流畅地发问，快速地记录，适时地用眼神交流。同学们极其认真的态度把我也带入了角色之中。后来我就特别关注他们的活动和工作的开展情况，时常看到小记者们出入各个年级老师的办公室。我由衷地赞赏他们的这份热情，惊叹同学们的巨大能量，祝贺他们取得的突出成绩，也诚心希望能为她们的活动提供帮助。所以当新声文学社准备把采访稿集结成书，并希望我给该书写序时,我欣然答应……

古语中说:“众人拾柴火焰高”。李莹老师写的后记《沟通无极限》描述了学校各个部门对这本书的出版贡献的力量:

今年年初,《洛阳晚报·教育周刊》在我校举办了一次教育大讲堂活动,特邀政教处张守明主任做了一场题为“做个快乐的老班”的报告,之后用整版篇幅对本次活动进行了报道。我将其收入了当期的《日新》杂志中。

报道中,张主任培养自信的“5+1”公式很受学生关注。先后有几个学生问我,怎么套用这个公式激励自己。我教了他们几次,他们还是不太清楚。于是我随口说:“你也可以去采访张主任呀。”学生们采访张主任回来后非常兴奋,说他们了解了很多信息,也学到了很多东西。这给了我很大的启发,我忽然想,这对学生来说不是一次很好的学习机会吗?应该把采访对象进一步扩大。我把想法跟学生沟通之后,同学们立刻兴奋起来,各小组开始讨论各自的采访对象,商议采访话题,分配各自职责。活动就轰轰烈烈地开展起来了。他们想了很多办法,有的还从家里带来了录音笔、照相机、小型摄像机等先进设备。采访之后又进行了认真的整理。

随着活动的蓬勃开展,学校特邀《洛阳商报》的记者毛凤,为新声文学社的同学们进行了“如何进行新闻专访”的专题讲座,以指导他们采访。小记者们采访的焦点是学校领导、班主任以及自己喜爱的老师们,甚至还把目光投向了在校园中默默奉献的普通的职工,如电工师傅和门卫大叔。领导们都非常热情地接待同学们,不厌其烦地回答他们的每一个问题。

我们常说师生之间需要沟通,其实校领导和学生之间也需要沟通。因为学校的很多办学理念和教育措施需要学生了解和认同,师生双方的期许需要真诚的沟通。我想,沟通和交流也是一种教育,而且这种教育的效果是深远的,甚至无法度量的。这种交流不应仅仅局限在课堂上,也不应局限于任课老师和学生之间,而应该是随时随地、全方位、多角度的。而小记者采访活动恰恰为这种沟通搭建了一个很好的平台。每次采访归来后,学生们都会兴奋地把他们的过程和收获告诉我。忽然间,我发现他们懂事了、长大了。

原本想把采访稿分期刊登于《日新》杂志上,后来发现稿件太多了,若分期刊登历时会很长。因此，结集成书出版，以飨读者。最后，衷心感谢学校领导和老师们的大力支持和配合！希望我们新声文学社的小记者采访活动能持续开展下去，办得越来越好！

后记的言语叙述了这本书从萌芽到成长，以及最后壮大的过程，每一个阶段都离不开领导、老师、学生们的亲密合作，这期间的种种也都印证着“人心齐、泰山移”这样的警示名句。

作为新闻人，就意味着有一双发现的眼睛。小记者的新闻敏感让他们比普通的学生拥有更独特的视角，通过他们的采访，更深刻地了解到二中领导对学校管理的用心，对学校工作的细心，以及对学校发展的信心。

第三节　师生眼中的二中

一、教师眼中的二中

教师是学校的重要组成部分,是学校系统的重要一环。在教师眼中,二中是精神家园,是奉献青春年华、教书育人、建功立业的温馨家园。为二中喝彩,为二中骄傲,是所有二中教师的心声。

（一）在职教师眼中的二中

教师在学校的时间,不少于在家的时间。可以说,学校发生的点滴变化,老师们既是参与者又是旁观者,他们的感受是真切的。

被采访者一:李功明

问:您在这个学校工作这么多年,对学校的感情是什么样的?

李功明:因为我也是二中毕业的,这是我的母校,我对这里的感情肯定比你们更深一层。我爱我的母校爱我工作的地方,也抱着一颗要回馈母校的心。我在这个学校有三十多年了,我已经把学校当成我的家了,每天早出晚归,两点一线,家——学校,学校——家。

问:您从事这么多年教育工作,培养出那么多人才,您有什么心得吗?

李功明:第一,我认为身为老师,一定要有一颗真心去爱学生,以爱为出发点,要真心和学生交朋友。第二,要有责任心,对学生负责。第三,要有一颗奉献的心,不要计较个人得失,要以学生为重。我在这个学校工作这么多年,周六自习,我一定会来,就算是生病也不会耽误给学生上课。因为在我眼中,学生是最重要的。学生在,老师就一定要在,要和学生心连心,为学生奉献,无怨无悔!

被采访者二:张守明

问:您对学校的现状有什么感触呢?

张守明:相比以前,学校在家长眼中的地位提高了,学校的管理方式也被认可。但还必须加强很多细节管理,比如有些学生认为佩戴校牌是个麻烦。有些学生对自己的行为习惯很不在意,一下课便在走廊大声喧哗打闹,学校悬挂了警示标语,但收效甚微。还有些学生总随便乱扔果皮纸屑,学校卫生难以保持。在以上问题中,学校既要加强对学生的管理,也要培养学生自我监督自我约束的意识,使我们的校园变得更加文明、更加和谐。

(二)退休教师眼中的二中

2014年夏日的一个午后,一群退休老教师们又一次坐在了二中的会议室里,有些已经头发全白,有的还需要其他人搀扶。但说到他们眼中的二中时,声音洪亮,吐字清晰,饱含深情。

问:请您说说您眼中的二中是什么样子的?

唐家彬(原校长):二中能有今天的成就,可以总结为四个字,就是"群众力量"。众人拾柴火焰高,二中的发展历经了颠簸起伏,但是有了所有教职工和学生们的努力,我们乘风破浪,终于在洛阳市的中学里占据一席之地。说到这变化的原因,可以说我们有一位好校长、好书记,以及所有的领导们,共同发挥各自的职能,凝聚了老师们的心,让正气弘扬!我先后填写了几首词,赞美二中的发展。

满江红·三赞洛阳二中

九月金秋,教师节,欢欣庆祝。校园内,频传喜报,师生鼓舞。服务高楼拔地起,学生食宿安居处。育英才,为再创辉煌,齐迈步。

新观念,老师树;爱心献,灵魂塑。施精雕细刻,器成无数。稳四跨一雄心立,三年计划宏图布。志成城,办特色一流,名学府。

李书高(原校长):我主要来说说胡校长。自从2006年,胡校长走马上任,渐渐地,胡校长领导的班子就成了受广大职工欢迎的班子。为什么这么说呢?胡校长经常深入老领导、老教师家中座谈,悉心听取意见。这样一来,不但加强了几代班子的联系,也唤醒了我们退休老师们心中的希望。就觉得,胡校长的到来,像是给我们每个人的心中打了一剂强心针,让我们相信虽然已经离开教育第一线,但不用再为二中的未来操心了。而且,据我的观察,胡校长是一个凝聚力非常强的人,和教职工同心同德,步调一致,扎实做好所有的工作。可以说在他的领导下,学校的班子成了一个肯干的班子,培养人才、发现人才的班子。这样的领导谁不爱!更重要的是,胡校长非常重视学生的全面发展,比如,体育课、音乐课,绝对不会因为课业压力重而取消。同时，胡校长也特别尊重每一位老师，每一位教职工，有很多次早上看到胡校长早早来到学校，会一一和早到的老师们亲切地打招呼。所以，我觉得，在胡校长的领导下，二中的明天一定会越来越好。

龙建荣（特级教师）：我先来说说二中的老师们。二中的老师可以说是将全部精力放在了学生身上，在课堂上没有保留的教给学生知识，而且在辅导学生竞赛上奉献非常大，不计日夜，却也从来不讲报酬。再来说说二中的领导班子，二中的领导班子是一个平易近人的班子，并且教育理念很新。谈到这个教育理念，说来话长了。比如学校会经常邀请教育界专家来学校开展讲座以及交流，通过这样的方式，老师们能够接触到最新的教育理念和教育方法，在不断地交流中成长；再比如学校尊重教师成长，组织老师们共同讨论教学方法，帮助分析采用不同方法运用不同类型的班级，并且让新老教师结对子，互帮互助共同获奖。此外，学校还给有突出进步、突出贡献的老师颁发教学特别奖、功勋奖。每年教师节的时候，都会设立一个节日主题，慰劳我们这些教师们。所以啊，二中真的是好啊！

沈春敏：说到二中，我真的要举一个我自己亲身经历的变化了。我有一个固定的理发店，在那里修剪头发很多年，理发师也总是很爱闲聊。几年前，我刚去这家理发店剪头发，闲聊中理发师问我在哪里工作，得知我是二中的老师便不再往下接话，匆匆剪完便让我洗头了，好像是要与我迅速撇清关系似的。但是，这几年，每次我去剪头发，理发师总是热情地接待，并想尽一切办法和我拉近关系。理发师的态度从一个侧面反映了二中从以前的门可罗雀发展成了今天的门庭若市，这期间的功劳，胡校长功不可没。胡校长在我眼里是心理疏导师，老师、同学们有什么心理上的问题都可以找他解决。“两手抓，两手都要硬”这句话在胡校长这里也有新的解释：抓落后学生，鼓励他们不能放弃，要越挫越勇，只有落后学生迎头赶上了，整个学校的层次才能够有质的提高；抓班主任老师，班主任老师是一个班级的灵魂，就好像一棵大树的根基，根基不牢，何以生出硕壮的大树？

黄丽娟：要说对二中的爱，永远也说不完，但我想特别说说二中对我们退休老师的爱。虽然我们已经离开工作岗位很久了，学校却仍然心系我们。每两周都会组织我们退休教师进行集体活动，唱歌、跳舞、聊天。

有一年假期，还组织我们去旅游，让我们这些退下来的人都觉得心里暖暖的。

魏俊仪：我想说说胡校长，我家就在二中后面住，对学校里的一切还是非常了解的。你也知道老年人本来睡眠就比较少，所以我每天起得都很早，却每次都能在清晨的校园中看到胡校长的身影。据说胡校长每天都是早晨五点钟起来看书写文章，对他来说，根本没有什么周末假期，每天都是工作日。而且，胡校长还特别善于发现别人的优点，及时地表扬对辛勤工作的教职工们可以说是一剂强心针。所以啊，将心比心，教师们也都愿意为学校“卖命”。

二、学子眼中的二中

学生，每天都生活在校园文化、教师教学、管理的氛围之中，对学校的发展、变化，他们最有发言权，这里通过一问一答的形式，访问了二中的学生们，从这些回答中可以感悟他们心中的二中。

问：请描述一下你眼中的二中校长。

2013 级 14 班张扬：我们的校长在我眼里就是一个和蔼可亲的长辈。他常说：“一个人成功，情商的因素占了 80%，智商仅仅占 20%。所以，开发学生的情商要比开发智商更重要。”因此，他平等地看待每个人，他更关心我们的日常生活而不是仅限于学习。每次见面，校长都能叫出我的名字，并与我交谈，询问最近的情况。学习有没有压力啊，学校住宿是否习惯啊，和同学们相处得怎么样啊，老师教的怎么样等等这些家长常问的问题。这在以前初中或小学时是根本没有发生过的，为此我还激动了好长时间。与此同时，校长还会给我一些关于学习和与同学之间交往上的建议，建议我要尽快地适应高中的学习生活，适应得越快，我就跑得越快。这就促使我更加快速地适应了高中的环境，虽说一切都是陌生的，却又是熟悉的。记得有一次，我和同学们去办水卡，但管水卡的那个师傅不在，正当我们一筹莫展的时候，校长走了过来，了解情况后，他拿出手机联系了师傅解决了问题之后便匆匆离去，看得出他很忙。自那时起，我们都很佩服校长，佩服他的为人。

我们的校长同时也是个知识渊博的“思想家”。还记得第一次听他演讲时，有许多人笑他的口音，但之后都因为他言说的内容而赞不绝口。胡校长专门为我们精英班进行指导，从中看得出，他很有经验。胡校长还出过几本书，特别是对诗词的见解，颇有深度。这个暑假，他还带领我们进行有关洛阳的古诗词的探究学习活动。

问：请描述一下你眼中的二中是什么样子的。

2012级6班刘晨艺：还记得刚到学校时，正值春夏之交，学校里绚烂多姿的花木，就像一场场刚开始的盛宴，阳光和煦，洒在墙角有金色的光斑，照得人心里暖洋洋的。我抱着录取通知书经过树下，抬头仰望，只见那株海棠，花朵明媚动人，绿叶错落有致。未开的花苞好似胭脂点点，盛开的花朵犹如晓天明霞。那天我为了新生入学的事情一直忙碌到日头西垂，回家时不经意地瞥见那校园一隅，月上柳梢，清幽的月光柔柔地越过校园的半截粉墙，海棠树的影子交杂错落，层层叠叠，清风徐来，花影婆娑，沐浴着如水的月华。

2013级13班闪伊帆：走进二中的校园，首先看到的便是操场了，而操场上吸引人眼球的是一个个富有朝气、阳光热情的奔跑的身影。操场旁的告示牌上展示的是二中近几年的成就。再往里走，花坛中的花开得正好，一阵阵花香飘来，让人身心放松。花坛正对的墙上那些选自《论语》的富有哲理的语句，令人陷入深思。而教学楼上挂着的红条幅上印着的更是一句句激励人心的标语。教室里，同学们激烈地讨论、积极地发言、认真地听讲的场景也是二中一道靓丽的风景线。

问：请讲讲你在二中记忆最深刻的一件事。

2012级6班刘晨艺：我永远都会记得高二期中考试那件事。我因考试失利，愁眉不展，一个人躲在小花园里，望着那株海棠，伤心得几欲落泪。因为担心我而紧随其后的朋友面对如此情形，讷讷起来。就在她无奈地准备离去之际，海棠树随风而落的花瓣飘洒在我们的脚边，她愣了一下，想了想，轻轻地问我："你这么喜欢海棠，但你知道为什么海棠有色却无香吗？"我呆住了，因为对于海棠，我只是爱她，爱她的色泽，爱她的典雅，爱她的无香，却从没深入了解为什么，于是我顾不得伤心，急切地发出我心中的疑惑："为什么？"朋友笑了笑，带着一点俏皮地说："因为海棠花本身的色泽过于动人，人无完人，花也不可能十全十美。可是海棠没有因为自身无香而不再绽放，如此欣赏海棠的你也不应该因为一次的失利就停滞不前啊。"我看着她明媚的如同海棠一样的笑脸，似懂非懂地笑了，心中的郁闷也随着身边的风离我而去了。

问：请聊聊二中有什么活动。

2013级13班闪伊帆：学校的活动可多了。2014年5月，学校组织几名学生带着同学们捐献的书、玩具等物品送给洛阳市儿童福利院的孩子们。这一活动，让我们找回“人之初，性本善”的本性，让我们成了一个个善良、正义的人。学校不仅重视学生的应试能力，也十分重视综合素质的培养。“阳光大课间”活动，让我们懂得，要通过玩与体育锻炼来放松身心，从而更好地学习。现在每天操场上奔跑的身影越来越多，同学们肆意地挥洒着汗水，即使是“学霸”，到了乒乓球台旁也成了运动健将。校园里充满欢声笑语，同学们变得越来越快乐。

问：请谈谈你的老师们。

2013级14班朱怡霖：古人云：“师者，所以传道受业解惑也。”斯大林也说过：“教师是人类灵魂的工程师”。每一位老师都是美的耕耘者，美的播种者，我们学校的老师更是这样。语文老师利用自己双休日时间为大家解答疑惑，讲解试卷，他总可以将课本上的古文古诗声情并茂地为同学们叙述出来，让人仿佛置身于古人们淡泊名利的闲适中去；数学老师会不厌其烦地为每位同学解答难题，即使同一道题她已经重复了不下十遍；英语老师会为了不耽误同学们的课程进度，熬夜将大家写好的英语作文批改完……二中的每位老师都尽心尽力地完成教学，不仅仅是因为这是他们的工作，更多的则是他们希望看到自己的学生能够得到更好的发展空间。春蚕一生没说过自诩的话，那吐出的银丝就是丈量生命价值的尺子。老师们从未在别人面前炫耀过，但那桃李满天下，就是对他们最高的评价。

2012级7班江海燕：高二的一次期中考试，我的考试成绩一路跌到谷底，我心里感到无比的沉重，看着不堪入目的成绩，我懊悔、哭泣，我怕看到同学们那嘲笑的神情，我一直认为我挺用功的，踏踏实实，却仍然考得不理想，也许我根本就不很了解自己的学习状况。后来，我主动找班主任聊聊我的想法，她帮我分析了很多问题，甚至把我自己都没有发现的问题一一提出，并帮我想办法解决，我觉得舒心很多。再后来她帮每一位同学都做了一个学习成长表，能够有机会与各科老师接触；获得增进了解与交流的机会，帮助每一位同学进步。

问：请描述一下你的校园生活。

2012级7班江海燕：我们的校园生活就好像一个万花筒，展示着一个五彩斑斓的世界。一年一度的运动会是我们一直憧憬的日子，我怀着激动的心情报了一项田径比赛。为了能有一个良好的状态参加比赛，在比赛前几天我特意在放学后到操场上强化练习。我一到操场就震惊了，操场上明显比平时多了不止一倍的人！经过一周的训练，运动会终于拉开了帷幕。操场上人山人海，座无虚席，到处充斥着同学们“加油”的呐喊声，其声音响彻云霄。

因为我的项目下午才开始，就拉着同学观赏其他同学们的比赛。他们一个个情绪高涨，势在必得。最让我难忘的是1 500 m田径比赛上那激烈而又温情的一幕——那一抹白色在不断地向前挪动，即使她呼吸急促，双腿颤抖，脚步虚浮，仍在坚持！其实我关注她好久了，从上场开始，她的同学就不断给她加油打气。枪声刚响，她如箭一般冲出跑道，后来她好像感到越来越力不从心，我为她感到有些焦急。她的同学在旁边助跑，不停地为她鼓励，给她关怀，我禁不住为她呐喊，她感激地看了我一眼，继续努力地前进。虽然她最后没有拿到什么奖项，但我相信她收获了更多，失败的教训，坚韧的品质，弥足珍贵的友情。

“哇！”大家一窝蜂地向操场角落中飞奔而去，我也不甘示弱，原来是有人实心球又破新纪录了，他居然扔了20多米，我们真心为他感到高兴。

时间总是过得那么快，下午——即将上场的我迫不及待，满怀期待，不断给自己加油，甚至已经幻想起我站在领奖台上那骄傲的神情。“嘭”的一声把我拉回到现实。呀，已经开始了！我没有得到先机，刚才那女孩超过我了，不行，鹿死谁手还不一定呢！我不断地加足马力，就差一点了，啊，她已经到终点了。唉……脑子里回想起李宁主任一句话：“不要把自己看太高啊，同学们。”要不是我之前洋洋得意，哪能落得如此败绩，失策啊，失策！“别丧气了，有什么大不了的，不就是一次比赛吗，我挺你！”“没关系的，没拿第一又怎样，你还是最棒的！”他们给了我安慰，让我真正理解了这次运动会的真正含义，它不仅传扬了阳光体育精神，还播撒了爱的种子！

2013级14班朱怡霖：顺着“展示长廊”，我看见许多优秀的作品展示其中。有绘画、作文、剪报，这其中无不渗透着同学们的文化修养。长廊对面是学校的操场。操场上很安静，只看见400 m的跑道和一墙的壁画。跑道虽然有些磨损，然而依稀可见我们留下的脚印。来到主席台旁，抚摸着它粗糙的皮肤和深深的裂痕，我们在这里升旗、做操。阳光照射着我们，也照着那面鲜红的国旗，伴着它一同升起。走上主席台，可以完整地看到操场和学校的大门。主席台后方便是两块花园，里面种着牡丹、月季,还有高大的树木。校园不仅仅是学习园地,更是文化娱乐的传播地,学生可以观赏电影,定期还会进行班级文化展示,丰富的娱乐节目使校园生活变得不再单调。在这美丽的校园里还有藏书丰富的图书馆,摆满各种化学药品的实验室……总之是样样齐全。

问:请说说你对阳光校园的理解。

2012级6班樊晨璐:阳光,象征着力量,给深陷迷途的我们指明前行的方向。阳光是一种神奇的力量,它能使人积极向上、心情愉快。快乐就是一件能振奋人心的事情,它就是善待自己,关爱他人。拥有阳光,就是要拥有"泰山崩于前而色不变"的坚定心态;拥有阳光,就是要拥有"富贵不能淫,贫贱不能移,威武不能屈"的人生标准;拥有阳光,就是要拥有"走自己的路,让别人去说吧"的自我坚持。阳光总在风雨后,请相信有彩虹。在漫漫求学路上,难免跌倒和彷徨,但只要你勇敢面对,耐心地等待,必将穿过重重迷雾,欣赏到那灿烂的阳光。

在二中学校的文化创建活动之中,体现着阳光精神。文化是一个民族进步的灵魂,同样也是一个团体奋勇争先的动力之源。在学校发起的班级文化创建活动中,每一个"家庭成员"都希望为自己的集体挣得一份荣誉:班徽凝结着每一位学子对班级的爱与梦想,它的设计既要体现班级的鲜明特点,又要象征我们光明的未来,大家都将班徽的设计视为己任,一时间设计手稿如雪花般飘落;班歌是班级整体风貌的核心,一首昂扬向上的班级之歌能够在逆境中给予我们搏击长空的力量,大家齐心协力,共同为自己班级选出旋律欢快明朗的班歌……学校在文化创建活动中无不体现着共同参与的阳光精神!

文化固然重要,但促进道德与身体的全面发展才是学校发展的目的。与文化建设相同,学校举办的各项体育活动和赛事也体现着阳光精神:每天上午大课间,学校的"阳光体育－课间跑步"活动,同学们沐浴在与花样青春一样光彩夺目的阳光下,声声响亮地喊着"一、二、三、四……"身体也因此更加强壮;运动会是每年必不可少的盛大体育赛事,在田径场上,处处可以看到运动健儿们的奋勇拼搏的身影。大家都怀着必胜的信念去参战,令人难忘。

老师和学生是学校的重要组成部分,他们对学校的发展和变化,如温度计感受自然界温度一般敏感。他们的访谈最具有真实性和代表性。分析他们的对学校的感悟,涉及领导班子的办学理念、外界对学校腾飞前后的评价、普通教师对学生的关心以及学生通过活动得到锻炼和成长的事例,等等。这样的感悟是立体的,基本反映了学校的发展全貌。历史是一面镜子,学校过去的作为,即可以让我们欣慰,也可以引起我们的反思,使我们在反思中总结经验、提炼教训,以便使将来的教育之路走得更好。

第四节 社区人眼中的二中

洛阳二中能快速发展，和二中的育人理念分不开，二中在应试教育的环境下，不仅关注学生的学业，也关注学生非智力因素的培养和学生整体素质的培养，关注学困生的教育，这种理念使二中获得了社会的赞誉。

采访者：能谈谈二中近些年的变化吗？

社区自由职业者：二中近几年在洛阳的知名度不断提高，高考成绩在洛阳市名列前茅，生源越来越好，录取分数不断提高，成为很多学生抢着上的学校。

采访者：您认为二中知名度不断提高的原因是什么？

社区退休教师：选择一所学校，不仅要看它的升学率，更要看这所学校的办学理念。在长期的教育实践中，洛阳二中形成了自己独特的办学理念："知识与能力并重，课内与课外兼修。"在教导学生养成良好的学习习惯的同时，引导学生心灵的健康发展，辅导学生快乐学习。

在洛阳二中，有一种独特的课堂，就是该校特有的"2＋3"高效课堂模式。这种特色课堂针对性强，让学生学会学习、学会做人、学会合作、学会生活。

采访者：您认为二中在培养学生方面有什么特色？

社区公务员：长期以来，高中教学笼罩在以高考为中心，为考试而学习的教育气氛之中。中学生受"应试教育"的影响，造成一个错觉：成功靠智商，情商无所谓。在千军万马争过独木桥的高度竞争性升学教育中，重视知识的传授，而忽视个性的充分发展；偏重智力教育，重视培养训练记忆、理解、概括、抽象等智力因素，而忽视情感、态度、意志、兴趣等非智力因素，即情商的培养。但二中比较注重情商的培养，二中有一句话"情商大于智商，态度决定高度"说得很好。

采访者：你认为学困生在二中能得到发展吗？

社区毕业生家长：教育学生不分好坏等级，才是教育的最高层次。评价一所学校不能只看升学率，而在于是否对每一个学生负责。二中重视学困生的教育，不放弃一个学生。二中提倡把爱洒向缺少关爱的学困生，推行"精神扶贫、习惯补差、心灵环保、方法优化"，对学困生进行引导教育，很多孩子在二中无论是学习还是思想行为都有了很大进步。

刘爱峰：近几年洛阳二中的快速发展，与胡校长的敬业、执著、严谨、创新、高效、智慧和积累密不可分，还来源于班子成员的团结一致，英明领导。他们有着独特的办学理念，才有了洛阳二中今天的辉煌，更重要的是建立了一支优秀的教学团队，还有刻苦用功、品学兼优、德智体美全面发展、听话懂事的学子们。在二中我感受到了谦和善让，明德守礼的风气。教室里、校园里处处洋溢着和谐与欢乐。在这么好的氛围中孩子们怎能不好好学习呢？在二中体现出了团结就是力量的道理！他们有一个共同的办学理念，那就是"理性看，齐心办"。他们以实际行动实现了"一切为了学生，为了一切学生"的办学宗旨。

傅歆：我想着重谈谈我和孩子当初如何选择了二中。说实在的，孩子临近中招时，我一直认为孩子上洛一高线应该是没问题的，所以我和孩子的目标都是洛一高，没有去想其他更多的事情。谁知道，因考试时孩子未能正常发挥（只考了 589 分）。这突如其来的状况，让我和孩子都懵了！这怎么办？孩子究竟到哪个学校上高中，着实让我夜不能寐。我到处打听学校消息，做比对、做分析，最后锁定我们二中！主要原因有三：第一，是二中近年来不断提升的高考上线率及社会美誉度；第二，就是招生简章中对本届"精英班"的郑重承诺，即三年后高考升学率高于本市省级示范性高中的一类班级；第三，就是我的孩子不愿意让家人为她的失误承担后果，为她支付高额学费，执意要来二中上学。可说实话，作为家长，一方面怕不进省重点高中耽误了孩子；另一方面也怕别人说我们抠门、不舍得为孩子掏钱。总之，当时让孩子来二中上学，我们心里总觉得亏欠了孩子似的，忐忑不安，矛盾重重！直到高一上学期学习结束后，特别是期间两次统考与省级示范性高中同等程度的孩子成绩比对后，我始终悬着的心才慢慢轻松了下来，不再为当初的选择感到烦恼了！对二中也越来越充满期望！

陈艳艳：我们孩子来二中以后，学习上是一步一个台阶。她刚进校时，只多 3 分进入宏志班，那时我只期盼孩子能在宏志班保持前二十名，我就很知足了。经过了一段时间的学习后，孩子不但考进了班里前十名，而且用孩子们的话说就是又“滚”进了精英班，真是太意外了！孩子进入精英班，我很明显地感觉到她的压力大了起来。记得孩子当时说：“我好不容易在宏志班争取到前十名，这下可好，到了精英班只排27名了。”孩子到了精英班后，老师们很会及时调整孩子们的心态。短短几个星期，我发现孩子给我们说话的语气，不再是失望和气馁，而是很积极、很上进，甚至还说出了许多自己向往的大学和专业。这让我发现孩子长大了，有了自己的想法。很快，孩子的成绩也跟着提升了上来。先是期中考试排了第10名，接着到期末考试排到了第6名。这让我深深地感到二中这所学校的教育体制和理念，很能提升孩子们自身的潜在能力，令我们由衷地佩服这些优秀的领导和老师们。我深深切切地感受到这所学校虽然不大，但是从领导到教师每个人身上都有一种教育者的风范。

学生是学校的教育对象，也是服务对象。学校时刻把每一位学生装在心里，老师们了解学生，尊重学生，关爱学生，做学生的知心朋友；坚持以学生为本，把学生的“安全、健康、快乐”作为学校一切管理措施的出发点和落脚点，把关心、关爱学生落实到了细枝末节上。也正是这样，洛阳二中才能做出成绩，才能得到外界的肯定。

第五节　同行眼中的二中

草木不经霜雪，则生意不固。一所学校不经历坎坷、磨难，就难有发展，更遑论辉煌。洛阳二中，历经六十载沉浮。今日二中，上下同心、务实创新、追求卓越，创造了令人瞩目的“二中现象”，赢得了社会各界的肯定，并获得了洛阳市教育战线同仁的赞誉。

同行眼中的二中是这样的——

二中成功有原因

我和胡玉敏校长共事多年，他是我的老领导，因此我对洛阳二中有更多的关注。我是在他的指导帮助下，一步步走上校长工作岗位的。我非常高兴地看到，近十年来，洛阳二中在胡校长领导下逐步从一个不知名的中学发展成市级名校，教育教学质量等各项指标在洛阳市名列前茅，深受学生和家长好评。我认为，洛阳二中成功的原因在于以下几个方面：

胡玉敏校长有先进的教育理念；有奉献精神和人文情怀；有宽广胸怀感召力和凝聚力。他珍惜学校名誉，形成了自己独特的办学风格，追求自我价值的实现，在洛阳教育界有很高的威望。

以聂建萍书记为代表的每个班子成员都在想工作干事业，给老师们创造了一个干事创业的舞台，营造了学校浓厚的文化氛围和优美的环境。真可谓党建育人齐奋斗，教学德育共精彩。

二中的老师们认可学校的共同愿景并为之努力奋斗。老师们勤于学习、善于合作、充满爱心、教育学生润物无声，深受学生尊敬。

衷心地祝愿二中“日日新，又日新”，百尺竿头，更进一步。

（洛阳市第四十一中学校长　王建林）

如沐春风里

和胡校长接触多了以后，会越来越感到他是一个不平凡的教育人。

他对当下的教育有更深刻更全面的理解，总能整合各种资源，扬长避短，为学校发展提供源源不断的动力。他当校长，也看不出身上的一丁点儿“官气”，使人感到更多的是那种随和与感召力。他带领的学校，正如他本人一样，总是活力四射，充满激情。他做得好，既能实干，又会创新；他说得好，每次交流发言，都观点新颖，使人信服；他写得好，读他的书、读他在报纸专栏上的文章，都能体会到他语言朴实无华而又蕴含哲理的文风，都会有一种耳目一新的感觉。

我每一次走进他的学校，或者聆听他的讲座，都如沐春风，回味无穷。胡校长为人谦和，很是低调，但他抓学生行为习惯养成和教师队伍的建设，却敢于推陈出新、不拘一格。他是地地道道的校长，始终没有变成社会活动家。但是他以自己的才学胆识，执掌一个学校就能红火一个学校。

认识他很荣幸。他传递出的都是正能量。他孜孜不倦、锲而不舍的进取精神，无形地影响着每一个他身边的朋友；他勤奋好学、严谨踏实的工作作风，无形地感染着每一个从他身边走过的人。

（洛阳市老城区坛角小学校长　乔宏超）

教育界的一匹黑马

我对洛阳二中的关注和深入了解，始于胡玉敏校长到洛阳二中履职以后。我曾和胡玉敏校长受洛阳电视台的邀请，作为特邀嘉宾一起在洛阳电视台《成长面对面》栏目做过五期节目。在电视台做教育节目的过程中，我发现胡校长不仅有丰富的教育理论，而且对学校教育教学工作有自己独到而深刻的理解。胡玉敏校长善于从人的心理需求去研究和关心人，和风细雨地激励人。和他在一起，你会感觉自己是满满的正能量。胡玉敏校长不仅有思想，有理念，有智慧，而且极具亲和力和感染力，是极具个人魅力的专家型校长。在胡玉敏校长的领导下，洛阳二中教育教学工作大踏步前进，取得令人瞩目的成绩，成为洛阳教育界的一匹黑马。祝洛阳二中再创辉煌，再展宏图，为洛阳人民带来更大的惊喜。

（洛阳市第四十中学校长　王安立）

一位好校长就是一所好学校

从我的眼中感受到二中年年都有新面貌，年年都有新成绩，从硬件到软件都有了很大的提升，师生呈现出良好的精神面貌，学校呈现出良好的校风。和周围朋友、学生家长聊起来时，和小学校长们座谈时大家都有同感，洛阳二中之所以有辉煌的成绩，除了有广大师生家长的奋力拼搏外，更是因为有一位学者型、专家型的好校长。众所周知，一个好校长就是一所好学校，因为成绩的背后是有理念的支撑的。胡玉敏校长具有前瞻的科学的教育理念，又有务实拼搏的精神，他引领广大师生谱写出了教育改革的新篇章！

（洛阳市涧西区东升第二小学校长　谭正海）

桃李不言，下自成蹊

古人云："桃李不言，下自成蹊。"正是不言，方能六十载默默地恒心坚守；正是不言，才会六十年静静地生长成熟。洛阳二中正是靠这执著的坚守与宁静，六十年栉风沐雨，披荆斩棘，一路前行，终修成正果，造就了河洛大地独特的教育现象——二中现象。

二十年前的二中，校舍陈旧，设施落后，生源相对薄弱；十年前的二中，办学规模增大，抓住高考扩招和办宏志班的机遇，乘势而上，小有名气；今天的二中，办学理念超前，文化底蕴深厚，教学与管理模式先进，高考成绩连年攀升，已成为洛阳教育的一张名片，成为学生争相往之的名校。

六十年的文化沉淀，六十年的发展历程，特别是近年来在胡玉敏校长领导下，学校实现了跨越式的发展，这不禁让我们教育同行们反思，二中发展的秘诀在哪里，二中制胜的法宝在何处？我个人的看法有三。

一是学会了传承。教育是薪火相传的事业，对学校而言，这里不仅是学生读书习德的圣地，也是教育人精神成长的殿堂。我们在授业，更是在传道。传做人之道，传经典与先进文化之道，传优良办学传统与开拓创新之道。道可道，道传道，一任一任地传播，一茬一茬地继承，学校文化玉韫而珠藏，学校发展必将厚积而薄发。二中学会了传承，二中自然在传承中发展。

二是学会了引领。教育圈内有一句流行语：一个好校长就是一所好学校。对此，我不敢完全苟同，但我认同以校长为首的领导班子对学校发展的引领作用，认同学校要营造全校上下同心共谋教育发展的氛围。近看二中，正是胡校长善于发挥舵手作用，善于精诚团结班子成员，善于激发教师们的积极性，善于用智慧和人格魅力引领学校，才有了这几年的大手笔、大发展。

三是学会了守望。守望教育，静候花开，促进学校发展和学生成长是个慢工夫。每一个学生因智力不同，习惯不同，生活背景不同，成长过程也各有差异，这需要我们的教师遵循规律，因材施教，静候学生转变。同样，学校发展也是一样，不一样的校情，不一样的地域，不一样的师生，只有找准发展的突破口，脚踏实地去一点一点地改进，必将积小变成大变。

我心中的二中就是这样，从不张扬，从来低调做事，从来实实在在，成功的花儿却在静静中开放，给人以惊喜，给人以平和，大家也都愿分享她成功的快乐。

时值二中六十华诞之际，谨以此文表示真诚的祝福！

（洛阳外国语学校校长 段华松）

二中的软实力让人瞩目

和洛阳二中的缘，还要从八十年代市总工会两年一度的“园丁杯”篮球赛说起。那时候，二中的大门还在牡丹广场南吉安街上开着。每逢球赛，我便骑辆旧“东方”自行车乐此不疲地去看球、打球。那时候我还年轻，看各学校老队员们水平参差，愈战愈勇，甚是羡慕。现在那些老队员差不多都退休了，但最难忘的是赛后球友们在一起小酌几杯的酣畅和情怀。

那时候的洛阳二中还很破旧，不平的水泥场地、木栏板，还有几处低矮的平房。但各校篮球精英争霸的场面却深深留在我的记忆里。当年最大的渴望就是能调到二中做一个老师。

如今的洛阳二中真是不同了！错落有致的教学办公楼、窗明几净的教室，名木香草的花园、曲径通幽的小路，干净整洁的瓷砖路面和点缀的励志文化石，构成了今朝洛阳二中的一幅美丽画卷。更有五彩的300 m环形跑道和六个标准篮球场，完全涤荡了二中在我心中的古老形象。

洛阳二中今昔硬件对比足以让我惊叹，这些年二中的软实力提升更是让全市人民瞩目。从表象上看，规模扩大、质量提高、声誉大增，其内涵远远不止于此。一是教师队伍结构和素质已经形成良性循环，洛阳二中的教育教学质量已经进入发展的快速通道。二是学校的管理在先进理念引领下更加包容开放，办学特色越来越彰显。三是坚持不懈地走课改兴校之路，新的增长点使二中更具可持续发展潜力。“2＋3”课改模式凝聚了二中人的智慧和勇气，为洛阳二中的更高、更远发展注入了新的活力。

（洛阳市第二十三中学 校长 李学平）

陶行知先生说过，校长要“做整个的校长”“不做部分式的校长”。校长要有一种精神,“捧着一颗心来,不带半根草去”。执著追求,积极奉献,全身心地投入,做教师专业发展的精神引领人。校长是学校行政的负责人,是学校法人代表,是学校集体的组织者和学校发展的决策者。可以这么说,校长是学校办学的关键,有什么样的校长就有什么样的学校。二中正是有这样一位好校长,才有了今天的成就。

第七章 学校品牌塑型

特色学校品牌建设是全面推进素质教育的需要。办特色学校、打造学校品牌,是实现由“应试教育”向素质教育转变的重要手段和载体,其归宿仍是全面贯彻教育方针,全面提高学生素质。应试教育把升学率作为衡量学校发展水平的主要依据和标准,导致的直接后果是学校教育同质化,最终结果既不能面向全体,又不能注重个体差异,使“全面自由发展”成为一句空话。实施素质教育正是为了克服“应试教育”所造成的不良后果和影响。只有从人的多元发展的需要出发,面向有差异的每一个个体,才能满足学生多样化的发展需求,从而促进学生的全面发展。

洛阳第二中学非常注重特色学校品牌建设。他们在理念、文化、特色、师资、教育质量等方面把品牌建设落到了实处。从而使学校拥有了好的知名度和美誉度。

洛阳二中品牌建设中,首要的品牌是校长具有教育专家的睿智和胆识,换一句话说,胡校长已经属于教育专家型校长。其次,在办学理念上,他和领导班子关注每一个学生,尊重每一位老师,让他们带着阳光心态去生活、工作和学习。在文化建设上,学校精神、校风、学风、教风等通过多种形式渗透在师生的生活环境中,让他们耳濡目染,潜移默化效果明显。在教学特色建设中,大胆而科学地探索出“2+3”高效课堂教学模式,对教师的教学理念、教学能力和教学艺术的形成和磨砺提供实践的空间和平台;在管理特色建设中,又强调以人为本、自我约束,使师生愉快地、自觉地投入工作和学习。正由于此,形成了他们自己的特色。概括地讲,他们的品牌建设把重点放到了素质教育的成效上,注重对学生的终极关怀,关注师生在学校学习、工作、生活的幸福指数,强调学生终身学习能力的养成。

第一节　教育品牌经营特色学校

教育品牌的形成，与学校的教育观念、发展决策以及国家的教育制度、社会政治经济文化发展水平都有密切关系。二中之所以能形成口碑较好的教育品牌，是从培育特色办学开始的。

一、树立品牌教育理念

洛阳二中，无论是领导干部，还是一般教师，在教育理念的确定上，都把"服务"放在了首位，认为学校是一种服务性组织。首先，学校生产和提供的是服务产品。有人认为教育产品就是指"每一位学生的认知、能力、素质和个性的培养，促进个人的发展不断地得到提高"，即"学校的毕业生和科研成果"。教育服务的直接结果提高了受教育者"人力资本存量"或增加了其"知识资本"，间接的结果是提高了教育生产者（教师和管理人员）的生产能力，包括其教育教学能力、管理能力、学术能力。学校的产品不是学生，而是使学生发展的教育服务活动。

（一）学校品牌内涵

学校品牌包含办学特色、教育教学质量、公共影响三个方面。学校品牌是在学校名称和学校教育教学质量、办学特色之间建立的一种稳定的信息结构。学校品牌为家长和学生提供了关于学校教育质量的稳定预期。办学特色是一所学校区别于其他学校的教育教学特征，既对学生发展提供独特价值，是学校品牌的标志性特征，同时也是学校教育教学质量的有机构成，只有当学校承诺的教育教学质量、办学特色通过广泛持续的消费者体验得到认可时，学校品牌才会具有足够的公共影响力。

只有将学校的办学理念一以贯之地贯彻到学校教育活动的各个方面，才能形成稳定而有内涵、鲜明而有个性的学校办学特色；只有在学校教育活动的各个方面一以贯之地传播和实践学校的办学理念，才能为学生最有效地提供独特的教育价值；只有稳定而统一的品牌形象，才能在消费者心中形成稳定的质量预期。

为保证学校品牌内涵的稳定性,品牌内涵传播的统一性和深刻性而采取的学校品牌建设与管理活动,就是学校品牌建设与管理中的“一以贯之”策略,也是学校品牌建设中具有方法论意义的基本策略。“一以贯之”地建设学校品牌和传播学校品牌包含两层意思:第一要用学校办学理念“一以贯之”地丰富和完善学校品牌内涵;第二要“一以贯之”地传播学校品牌内涵形成统一的品牌形象和良好的公众口碑。

二中的品牌建设,始终从学校的实际出发,经过五到六年的摸索,结合自身的文化环境和可用资源,经过不断的实践,才趋于完善。注重从教师、学生的阳光心态入手,让师生在精神愉悦的前提下去面对工作或者学习,从而使他们由被动变主动,从应付到担当……这样就形成了教师中的“骨干效应”,骨干带动,进而形成特色学科及项目,最终以优势的特色项目带动整体,促进学校全面发展。

（二）重视教育消费者的价值

美国兰德公司曾花20年时间跟踪了500家世界大公司,发现其中百年不衰的企业有一个共同的特点,就是他们始终坚持四项基本价值观:一是人的价值高于物的价值;二是共同价值高于个人价值;三是社会价值高于利润价值;四是用户价值高于生产价值。这些价值伴随企业的发展变迁和经营活动的成败考验,日积月累沉淀为企业文化,并转化为企业凝聚力和竞争力的源泉。这些文化融入企业长期发展的战略方针之中,渗透到企业经营和管理的每一个环节,并随着企业文化的不断延续和更新,最终通过产品和服务在市场中形成自己独特的品牌竞争优势。可见,以产品经营为基础的成功企业,非常重视消费者的价值。

随着义务教育的普及,高等教育大众化,学校教育的选拔功能开始退化,让每一个孩子受到最好的教育成为一种时代理想。家长“择校”呼声的增长和择校能力的增强、家长对学校管理的实质性参与程度提高,使学校不得不回应教育消费者的这种合理要求。凡是主动适应这种变化的学校,就会受到家长的欢迎,凡是教育消费者投诉多的学校,其发展就会面临许多危机。因此学校品牌经营的基础是教育消费者价值。洛阳二中,就非常注重社会对教育消费的这种合理要求,努力使教育消费者获得的价值最大化。

基于消费者价值的学校经营理念体现了学校的文化本质和现代学校管理的人性本质。从知名中小学的发展来看,学校文化是精髓。而学校文化的本质是人文化,构成学校文化的核心内容是校长的故事、教师的故事、学生的故事,这些故事包含智慧的成长。从短期效应来看,学校的升学率似乎是学校存在的前提,但从长远的效应来看,学校的文化才是学校的根本。从现代管理的本质来看,以人为本就是要为消费者提供优质教育服务。

(三)建立教育服务质量观

教育服务质量和企业有形产品的质量是完全不同的两个概念。英国社会活动家佩恩将服务质量分为技术质量和功能质量两部分。他认为:“在服务质量中已论证了两个重要的组成部分:技术质量——服务运作过程所产出的结果部分;功能质量——服务提供者和顾客在服务过程中相互影响的部分。”教育服务质量也存在技术质量和功能性质量。教育服务的技术质量,就是教育服务过程的产出,即学生从教育服务过程中获得的知识、技能、态度等。功能质量是教师在向消费者提供服务时的行为、态度、情绪、方法、穿着、举止、言语等对学生的影响。是教育服务质量的重要内容。

“二中人”深深明白,打造学校品牌,要树立科学的质量观,并使之贯彻于整个教育管理中。他们认为,科学的教育质量观,至少应包含两个层次:(1)学校教育质量主要是教育服务质量,包括过程指标(学校文化和校风、校本管理制度的建立、教与学过程采取的措施、学生个人成长及发展情况、与校外组织的联系与合作等)和产出指标(学生在不同学习阶段素质提高,如学业成绩、公民意识和道德观念、参与体育和课外活动、社交和沟通技巧、面对压力的应受能力等)。学校要想创造名牌,不仅保证学校教育服务设施一流和学校教育环境优化,而且关键要保证其核心产品——教育服务质量优势。(2)教育质量应以教育消费者满意为最高标准。传统的质量观主要由外部评价,主要评价教师的教学方法和学生的成绩,这当然是至关重要的。但是,随着市场经济的发展,随着家长和学生的教育选择性扩大,学校的质量意识要转变到通过提供优质的教育服务满足学生的兴趣、知识、智力和个性发展需求上来。

胡玉敏校长把服务理念贴在办公室门口:“心中有爱,目中有人。热情服务,主动服务。”这是他自己的办学服务理念,也是全校教师的在工作中践行的理念。从中可以看出,二中服务理念的核心是“爱”;二中服务理念的方式是“热情主动”。二中的服务理念已深入人心,上至管理人员下至教师,都在默默地贯彻着。

二、学校特色及教育策略

学校有特色是现代学校的鲜明标志,也是现代学校的追求。有特色才有办学质量,有特色才有办学效益,有特色才有学校的可持续发展。特色发展的最终结果是形成学校的品牌。

学校特色是指学校具有的一种或多种自己特有的思路或做法。特色是一个事物特殊的质量和品质，是一个事物的内在价值，是一个事物存在的依据和标志。一所学校要形成品牌，就必须先形成特色。特色体现优势，优势形成品牌。

（一）特色与学校特色

“特色”，《现代汉语词典》解释为“事物所表现的独特的色彩、风格等”。与一般相比，特色具有独特的单一性；与共性相比，特色具有鲜明的个性。特色意味着某事物在与同类事物相比中，既有同类事物的共性，更彰显着与同类事物对比鲜明的个性特征；也意味着特色既可能突出地体现在与同类事物相同的共性中，也可能突出地体现在不同之处。因而“特色”是在共性基础上所展现出的独特的色彩、风格、特征和个性。

“学校特色”，从宏观认识的角度来看，我们的基础教育是属于社会主义教育范畴，因而才有关于我国教育方针的规定和具体阐述。这种认识是站在高维度上看问题，把“学校特色”的概念理解得相当宽泛，并把其作为中国特色社会主义理论的一个组成部分，成为基础教育发展的一个战略思想。

洛阳二中按照国家的教育方针，确定了学校精神：勇于拼搏、善于创新、博爱博学、自信自强、乐于奉献、追求卓越。这一学校精神体现着学校的宏观特色。

从中观认识来看，把学校特色看作学校办学的特征和学校整体的风貌，因而可将“学校特色”界定为：学校在较长时间的办学实践中，逐步形成的自己独持、稳定、优质，并带有整体性的个性风貌，可以是学校的课程特色、学校管理特色，等等。具体来说，“学校特色”涵盖三个方面的内容：一是学校在思想观念、价值规范上的特色；二是学校在制度、模式、结构等行为方式上的特色；三是学校在物质环境、校园建设等方面的特色。实际上它是一所学校各方面工作的综合反映。

洛阳第二中学，在阳光教育理念指引下，把“涨不了工资涨得了精神”“以精神富有而自豪”作为思想观念、价值规范上的特色；把“注重精神引领，构建和谐校园”“细化教学管理，锐意改革创新”作为学校的行为方式特色；把建筑做成文化，把长廊做成文化，楼宇各有其名，行知楼、明德楼，楼楼励志；长廊里名人名言随处可见，处处鼓劲。这些构成了校园环境的特色。

从微观认识来看，“学校特色”可以认为是学校在新课程背景下的教育特色。从这个角度出发，可以把学校特色界定为，学校在实施素质教育过程中所表现出来的独特的、优化的、相对稳定的教育特征和风格。

洛阳第二中学在课堂结构上大胆尝试，探索出“2 + 3”课堂模式，在学科优势上，创“金牌理综”学科，等等，以此把学校特色具体化。

(二)学校特色与学校品牌

特色与品牌有着密切的联系,两者都需要具有一定的美誉度,为"消费者"所赞誉。在一定意义上可以说,学校特色发展的终极方向是形成学校的品牌,成为学校的一张名片。

教育教学质量是品牌的本质、基础,也是品牌的生命。品牌其实是教育教学质量对应的社会、家长群体的情感需求。这里的教育教学质量不仅仅体现为学生的考试成绩,更重要的是体现在世界观和价值观上,表现在学生的能力上,进一步获取知识的能力上。学校所塑造的品牌应该对应的是家长和社会的情感价值的具体体现。

洛阳第二中学在学校品牌建设中,主要从以下几个方面入手。第一,建立学校的核心价值。学校在阳光教育理念的指引下,形成"精神引领、文化育人"的核心价值。第二,通过调研进行准确的行业定位。学校根据本校的特点,提出"服务理念、改革创新理念、专家办学理念、终身学习理念、精神立校理念、建设和谐校园理念"等办学定位。第三,全力打造学校的产品特色。第四,设计学校品牌形象,并运用各种传播手段塑造学校形象。二中一方面加强教育教学实践,一方面通过《教育时报》《洛阳日报》《洛阳晚报》《洛阳商报》等媒体及时深入学校,及时总结经验教训,让社会了解二中的教育智慧和成败得失。胡玉敏校长还在媒体开设"'胡言妙语'话教育",让社会认可学校,让教师产生教育动力。第五,建立学校品牌发展的生态关系。为了加强学校的横向交流,学校组织参与了五校联考。通过联考,让社会了解二中教学质量的可信度,让教师明白自己教学中的差距,知不足然后而努力。第六,科学进行品牌管理和品牌创新。虽然学校取得了一些成绩,但二中人经常反思,经常聘请教育专家到学校"把脉寻病",并且让管理者、一线教师走出去,汲取先进学校的教育理念和办学思想,同时,加强教师自身的充电,使他们始终处于教育教学的前沿阵地,把崭新的教育观念、思维方式、教学思路引进、消化、吸收,从而运用到自己的工作和教学之中。

(三)品牌创建策略

品牌战略是以优质教育质量追求为最终目的的,要保障这一目标的实现,唯有教育创新,而教育创新的根本是建构科学的管理制度。之所以要进行制度的创新,是因为现代教育的整体功能在向服务职能转换,教育的社会环境与制度资源发生了根本变化,传统的学校管理制度已经无法实现教育的服务功能。制度可以规范人们的行为,新的制度可以运用科学的方法,调动教职工的工作积极性,更加有效地规范教育管理者、教师的行为，提高制度的效能，实现教育服务的公平和效率价值。

洛阳二中，为了打造过硬的教育品牌，在制度建设上大胆创新，制定了科学的考核评价体系，即定性与定量相结合的教职工业务量化考核机制。这样的评价，既重视过程又重视结果，使教师不仅关注优秀的学生，也关注学困生；不仅关注教学，也关注教学之外的学校工作。在这样的考核评价体系指导下，学校制定了教学管理制度，学生管理章程，行政、服务人员考核细则等。这样就形成了全校教师既分工明确，又乐于合作的立体化的、零死角的品牌成长策略。

二中重视品牌的建设与经营，注重学校优势的发挥。二中十分重视信誉、学校形象、知名度以及品牌的培育，注重建立各种长期信任关系，纠正微观主体的短期行为，重视从整体上提升学校的素质，以便使学校的竞争力、社会亲和力等多方面得以提升。

战略大师迈克·波特曾经说过："一个企业要生存、发展，只有两种战略：一是差异化，一是成本优先。"他认为企业发展定位一是指向特色，二是指向效益。这对于学校发展来说也同样具有重要的参考价值。特色和品牌一脉相承，是学校发展过程中的不同层次、不同阶段。特色是品牌的基础和标志，品牌是特色发展层次和水平的体现。

三、建立师生特色发展平台

教师、学生是学校的主体，品牌学校建设依靠主体才能把特色落到实处。教师依托学校氛围，凭借自身的努力，在某个领域成为骨干、领头雁，带动学校声誉、美誉度的提升；学生依托校园文化，凭借自身的勤奋，在某个学科或几个学科成为"尖子""学霸"，为学校在社会上的影响力做出贡献。二中以胡玉敏为首的领导班子，清醒地认识到其中的道路，所以千方百计地为教师、学生的特色发展提供有益的平台。

（一）发展教师特长

综观具备办学特色的学校基本上都和学校拥有特长教师有关。有的是因为具有数学教学特长的教师，所以在数学教学上形成了自己的特色；有的是因为有文学功底深厚的教师，使学校形成了语文教学上的特色。因此，学校特色依赖于特长师资队伍，特长师资队伍支撑着学校特色的形成与延续。

学校为了使教师具有特长，主要做了几方面的工作。第一，提出终身学习理念。第二，给有特长潜质的老师提供绿色通道，外出学习优先，经费使用优先，媒体宣传优先。第三，激励青年教师成长。第四，通过校本课程建设，让有特长的教师提炼自己的特色。第五，构建科研氛围，以科研催生教师特长的发展。我们从优化科研素质出发，对教师提出了几个方面的要求：①积淀广博的理论知识（基础知识、专业理论知识、相关理论知识）；②养成较强的科学研究能力（发现问题并据此确定选题的能力，筹划设计的能力，对文献检索、整理分析的能力，文字表达能力）；③养成严谨的治学精神；④具备良好的沟通协作能力；⑤具有强烈的创新意识和较强的创新能力。以此实现由“经验型教师”向“科研型教师”转变，在具备科研能力的基础上形成自己的特色。

（二）构建展示平台，发展学生特色

时代飞速发展，精英教育已经转变为平民教育。素质教育成为共识。素质教育作为全面提高学生整体素质的教育，应从人的个性、差异出发，使每个学生在原有的基础上得到充分发展。在这样的教育理念引导下，我们让学生在和谐开放的学校环境中，不断学会做人，学会学习，学会创造，学会合作，不断弘扬人的主体性。在品味成功的愉悦中，不断发挥潜能，在中学阶段就让他们站上很高的人生平台，在全面发展的同时，形成自己的特长。

1. 让学生学会选择

可以说，人的一生是由大大小小的选择联结而成的，小到每时每刻对意志品格的选择，对坚强和软弱的选择；大到人生十字路口一步决定命运的选择。人生的艰难就在于：不得不一次次面对大大小小的选择，一次次经受着精神上的纷扰和感情上的折腾。于是，学会选择是中学生的必修课，让他们在学会选择中成就特长。

苏格拉底说：“认识你自己。”我们学校培养学生选择意识的第一课就是让学生真正认识自己。思考自己的兴趣点、自己较好的基础学科、自己具有的天赋禀性，然后让学生对自己的特长方向做出选择。

在这种理念指引下，有的学生选择了写作，把写文章作为自己的特长；有的学生选择了绘画，把视觉艺术审美作为自己的特长；有的学生选择了歌唱，把音乐作为自己的特长……

2. 成功源于好奇心

我们每个人都有浓厚的好奇心和求知欲，只是一部分人的求知欲被过早地压抑了，没有得到有效的开发。不压抑学生的天性，满足学生求知的欲望，对学生未来的成长至关重要。向往知识、探求世界其实是学生的天性。

洛阳二中，善于培养学生的好奇心，引导学生在好奇心的驱使下增强探索知识的兴趣和主动性。胡校长认为，学生学习的创造性是学生个性发展的最高表现，是

个体综合素质中最具生命力的一种特殊素质，是推动个性顺应环境、开发智力、走向成功的内在潜能。其发展目标是灵活性、创造性、开放性、批判性。其外显指标是动手实践能力、好奇心、想象力等。在“2＋3”课堂实践中，学生探究知识的好奇心、动手实践能力以及想象力都得到了很好的锻炼，为他们将来进入大学深造奠定了良好的基础。

3. 潜能的开发源于自信

苏霍姆林斯基论述教育对象时指出，最主要的是在每个孩子身上发现他们最强的一面，做到使孩子能够最充分地显示和发展他们的天赋素质，达到他们的年龄可能达到的最卓越的成绩。可以说，学生“最强的一面”就是学生的个性。学生的个性差异是学生主体的内在特性，只要学生在进行认识、实践，学生的个性特征就必然会表现出来。作为一个生动的自我，每个学生不仅存在外显性的差异，而且还存在自我发展、自我完善的内在差异。教育的任务就在于提供适宜的个性发展的教育条件和教育环境，发展学生的个体差异，发挥学生的主体精神，发掘学生的发展潜力，全面实现学生的主体潜能。

洛阳二中的教育理念中形成了这样的共识：如果说每个人都有巨大的潜能，那么，自信就是开发巨大潜能的金钥匙。不管什么时候，我们都坚信，人与人之间虽然存在着差异，但每个人可供开发的潜力所能达到的高度是不可限量的。只要自己敢想、敢做，永不服输，就一定会走向成功。自信是学习成功的先决条件。

在增强学生自信的同时，还提醒学生正确面对高中阶段遇到的挫折。因为任何事情都不是一帆风顺的，尤其是在繁忙的高中阶段会不止一次遇到挫折。通过大量的名人成功案例，告诫同学们，当学习生活中陷入低谷时，遭遇挫折时，千万不要心灰意冷，绝对不能放弃，即使高考失败，那也决不意味着人生道路的终结，还有许多道路可走，请相信，是金子总会发光的。

4. 学生的成才得益于阳光的校园文化

校园文化在一定程度上反映着学校的本质，它由教师和学生共同创造，反过来又潜移默化地陶冶着它的创造者。它本身就是一种强大的教育力量，所以，要促进学生主体发展，就必须创建以学生主体发展为追求目标的阳光的校园文化，营造适合学生主体发展的校园氛围。

在学校教育活动中，有许多复杂、多变、综合的因素参与其间。而教师在处理学生的各种错综复杂问题的时候，始终把握了几个原则：①重视背景材料。一般来说，偶发性事件存在必然性，分析背景资料可找到发生问题的原因，从而也就抓住了解决问题的关键。②实事求是，公正客观。这是教师取得学生信任、成功处理问题的前提条件。③运用教育学、心理学等理论，结合自己的人生阅历和教育经验，对问题行为发生者动之以情，晓之以理，情理结合，以理服人。④问题处理过程中，有很多我们意想不到的变化，这就要求处理者沉着冷静，审时度势，随机应变，表现出教育智慧。

除了处理事件时表现的智慧之外，处理之后还要善于进行反思与评价。反思与评价的一般思路是：①教师对该事件的处理是否恰当？当存在不恰当处理的时候，应如何补救？②该事件是否只是初步处理了？是否还需要进一步跟进，治标又治本，从根本上解决问题？③事情已经处理了，是否达到了最佳效果？在该事件中运用的办法是否是最佳办法？还有没有更好的办法？（该事件是否具有共性？是否有必要通过此个案教育全体学生？）通过反思或评价，教师从中可以发现新问题，也可以通过对同类个案的比较研究，概括出一般性的结论。教师可以从大量案例研究的积累中总结出教育策略和普遍规律，这就为教师的教育行为提供了科学的指导，使教师逐步摆脱对经验的依赖，从而实现“以教育的科学推进科学的教育”，更加有利于学生特长的养成。

二中特色是立体结构，注重宏观、中观和微观，体系完整，环环相扣；具体到特色内容上，从精神富有到改革措施务实服众，再到环境育人文化熏染，可以说，全覆盖、无死角。特色体系的抓手放在教育教学质量的提升上。在提升的过程中，二中没有仅仅抓学生的学习成绩，而是重点引导、培养学生正确的世界观和价值观。其目的是在学生有了正确的人生态度之后，再加上科学的教学改革，学生成绩自然会得到提高。事实证明，这样的理念是有效的，是成功的。为了使学生具有正确的世界观和价值观，二中加强师生发展平台建设，关注教师特长的形成，力促学生发展的途径建设。这样的顶层设计和务实的策略实施，促成了学校特色的形成。比如，在阳光校园建设中，教师处理学生的各种错综复杂问题时，避免了简单粗暴的方式，而是采用尊重学生、理解学生基础上的科学、冷静、动情、晓理的教育智慧。真正实现了“科学的教育”。

第二节　学校育人特色

学校在发展的过程中，势必会向着有自己特色的目标努力。在成为一所特色学校的过程中，形成学校独特的办学特色，并逐渐明确与办学特色相一致的办学理念、校园环境、特色教学、校本开发等内容显得尤其重要。一所学校的育人文化最重要的莫过于其一贯秉承的教育传统及其久而久之形成的育人特色。学校育人特色的形成，主要从育人特色的正确定位、思考，特色机制的确立，育人工作的举措来逐渐形成整体育人特色运行机制。

一、校长人格魅力的影响

作为成功的学校领导，胡玉敏人格魅力鲜明，学识渊博、责任心强，善于思考、勤于动手，会透过表面现象敏锐地把握较深层次潜在的问题。他会解码复杂的文化代号，找出其言外之意，并认清目前真正的形势。一旦他对局势有了全面的把握，就会开始思考是否需要改变现状以及如何改变现状。

（一）校长的人格魅力影响着学校文化

校长个人魅力显现在日常工作和生活的一言一行、一举一动中，集中的表现就是校长的个人形象。这种由个人魅力凝聚成的个人形象在很多情况下是不经意的流露或表现。这种无意间流露出的言语或行为，表达出来的是对办学思路的一种阐释，对学校办学特色的一种理解。这些都会在教职员工心中产生一种思维定势，都会影响到教师们的工作思路和教学方式。许多的教育专家将校长的人格魅力表述成为“校长的人格文化”，明确地指出校长应该在自己的灵魂深处点亮一盏明灯，用理性和常识的“自我”、高尚和纯净的道德意识的“超我”，不断战胜人的本能欲望的“本我”，在不断地反思和自省中，形成一种感染下属、催人上进的人格魅力。可以这样说，对于一所学校来讲，学校文化从表层的物质文化到深层的精神文化，都贯穿着校长的办学意图、校长特定的价值观念、办学个性和人格文化。

（二）校长的办学思想指引着办学特色

办学特色并非凭空创造，办学特色需要一个富有创新意识、特色思维的校长。校长是学校管理的决策者和组织者，校长要有特点、有个性，有开拓意识和创新精神，这是形成特色办学最关键的因素。也就是说，学校要形成办学特色，关键是要看校长的办学思想是否有特色。一个学校的办学特色，实际上是校长办学思想个性化的表现，可以说，没有特色的校长，很难办出有特色的学校。在办学特色形成的过程中，校长既是一位总设计师，又是一位总工程师。校长要在工作实践和思考中形成更高的办学目标。只有这样，校长才能带领全校师生把学校办出水平、办出特色，不断开创学校工作的新局面。

（三）校长的工作作风决定着办学效益

校长是办学治教的核心，校长的工作作风、教育观念直接影响着一所学校的教育质量和效益。校长的个性总会自觉或不自觉地体现在对学校的领导和管理上，总会不经意地给学校打上他自己的烙印。愈是作风踏实、个性鲜明的校长，这种烙印也愈加深刻。为了使学校办出特色、办出效益，校长必须具备战略眼光和创新意识，能从宏观上思考问题、分析情况，确定自己学校的“位置”和“角色”。在此基础上，作为校长还必须要有踏实诚恳、雷厉风行、严谨治教，敢做教师领头雁的作风。校长的工作作风影响着一所学校所有教师的工作作风和工作态度，如果一个校长没有先进的教育思想、强烈的事业心、博大宽广的胸怀、开拓创新的意识、实事求是的精神、公道正派的作风，那么整个学校就会松散、缺乏上进心，办学效益就会直线下降。实践证明，凡是形成特色的学校都有一个工作作风实实在在、个性鲜明的校长。

二、教学育人特色

未来教育的竞争，既是质量的竞争更是特色的竞争。没有特色的学校，必将缺乏持久的生命力。而创建特色教学，推动学校内涵发展，是新形势下全面贯彻教育方针、深入实施素质教育、深化教育教学改革的一项重要工作，也是优化学校管理、提升学校品位的重要举措。我校紧紧围绕个性化特色教学发展的主题，立足课堂教学，立足教师发展，立足学生个性发展，在构建“教学有特色，教师有专长，学生有特长”的个性化特色教学方面取得了长足的进步。

所谓教学特色，就学校而言，主要是学校积极的教育价值观的体现，是学校某一方面或某些方面优于其他方面或超越其他学校，得到社会公认的独特品质，如“2

+3”高效课堂建设就是自己学校在教学中探索的特色；就教师个体而言是指构建教师自主的教学思想、教学方法的个性化教学，如李功明老师的教学思想体现了教师专长对教育产生的正能量。

我校的教学特色就是“2+3”高效课堂模式。这样的课堂模式，防止了老师的“满堂灌”，能够把大量的时间还给学生，学生由“观众”变成“演员”。老师由“演员”变成“导演”，老师在幕后进行引导，学生进行自主学习、自主探究。学生以及师生之间的交流互动频繁，所有学生动脑、动手、动嘴、动耳、动眼，没有沉默寡言，不再被动接受。

教师的教学特色个性鲜明，比如李保国老师用心教育，让学生“陶醉”于课堂，把枯燥的生物课上成既传授知识又让学生感恩父母的综合课；比如别红梅老师用爱心与赏识，让学生有兴趣和成就感……

分析这些教学特色，具有诸多亮点。

（一）操作层面立体化

主题词：开放课堂，以学定教，发展个性，注重创新；发现问题，主动探索，自主学习，差异发展，考虑个别差异。

总目标：面向全体学生，考虑个性差异，尊重和信任每一个学生，调动和培养学生的独立自主性，依靠学生自身的心理动力机制，促进学生潜能的发挥，使他们成为有个性、有特点的学习者。

具体目标：独立——能够掌握适合自己的学习方法，独立完成基本的学习任务，逐步提高学习能力，养成良好的学习习惯；独创——能够创造性地参与学习活动，善于质疑问难，善于想象和联想，养成勇于探索、乐意实践的习惯；自律——能够有效地排除消极因素的干扰，及时调整信息、行为和习惯，具备初步的自我控制的能力；自信——相信自己、相信潜能，善于总结和改进学习方法，对自己充满自信，坚信自己，学而有成。

（二）收效方面显著化

教学目的新原则：教学目的主要体现为“五有”。即知识上有收获、技能上有提高、方法上有拓展、思想上有升华、情感上有体验。

教学理念新转变：主要体现为“三变”，即“教教材”为“用教材教”，变“被动输灌”为“积极参与”，变“知识传授”为“知能并重”。

课堂关系新体现：努力做到“三让”：让学生喜欢你的学科、让学生喜欢你的课堂、让学生真正成为学习的主人。

教学形式新变化：教学目的不再是教，而是引导学习、指导方法。因此学校要求课堂上教师讲的时间不超过三分之一，学生读书、思考和练习的时间不少于二分之一。整个学习过程教师仅仅点拨、引导，学生是课堂的真正主人。

（三）教师队伍创新化

只有具有创新精神的教师才能培养出具有创新精神的学生，只有富有个性的教师才能培养出富有个性的学生。因此，学校一直把转变教师角色、建立民主关系、培育教学个性作为教师队伍建设的重点。

1. 转变教师角色

《学会生存》一书指出：教师的职责更多地体现为激励思考，除了传授知识外，他将越来越成为一位顾问，一位交换意见的参与者，一位帮助发现矛盾论点而不是拿出真理的人。在教学中教师从以往的知识的主宰者、传递者变成为学生的合作者、引导者、促进者；学生的角色从以往被动的知识接受者变成主动进行有意义学习的探索者，变为积极进行实践活动的主体。师生在互动和合作学习中形成增值型教学合力。

2. 建立民主关系

师生之间建立平等、信任、尊重、真诚的密切关系。

在民主关系的前提下，教师引导学生做到"四破除"和"四善于"。"四破除"指：破除对教师的迷信，鼓励学生和教师进行学术争论和思维碰撞；破除对权威的迷信，鼓励学生发表自己的观点，敢于向权威挑战；破除对古人的迷信，敢于推陈出新；破除对书本的迷信，让学生明白书本也会出错，既要向书本学习，也要向社会和实践学习。"四善于"指：善于标新立异，多问几个还有什么；善于质疑问难，多问几个为什么；善于奇思妙想，多提几个假设；善于合作学习，包括同学之间和老师之间的全方位的合作。

3. 培育教学个性

要实施个性化教育，作为教师必须具备现代教育理念、善于想象的品质，并能不断更新知识，培育教学个性。这种教学个性主要从三个层次体现：(1)体现新意。能有意识地进行个性化教学，教学设计有新意。(2)具有特色。在不断创新的同时，逐步形成自己教学上的特色。(3)形成风格。教学上形成鲜明特色的同时，也促使自己成为一个个性化的教师。

三、文化管理特色

随着社会的进步、教育的发展，个性化教育凸显出来。个性化教育主要体现在办学和教学的个性化上。换言之,就是办学和教学都要有特色,做到“人无我有,人有我优,人优我特”。学校的管理内容,从条块上看,可分成“教学管理”“德育管理”“后勤保障管理”等。其中“教学管理”是核心,“德育管理”是重点,“后勤保障管理”是基础。

(一)管理文化核心

我校的文化管理可以概括为“精神引领,以人为本”前提下的执行力管理。执行力管理是通过对文化、信息、知识、艺术和权变五种执行力的协调管理,达到整体执行力的最大化。没有文化执行力意味着可能会做错误的事情,这时其他几种执行力不再具有任何意义;没有信息执行力意味着对事情的确定性程度没有了解,决策失去信息依据,此时知识执行力等于零,而文化、艺术和权变执行力则大打折扣;没有知识执行力意味着用错误的方法做事,它使其他执行力失去效率基础;没有艺术执行力意味着不能因人而异地有效激励和领导人们积极努力工作,这时其他执行力必会事倍功半;没有权变执行力意味着做事僵化教条,不能变通,它会大大增加其他执行力失败的概率。在此管理体系中,文化是统帅,信息是前提,知识、艺术和权变是手段,执行力是结果。

拥有好的执行力文化,教师一定会用心去做事,一定会讲究速度、质量、细节和纪律。他们重视细化目标任务,将任务有效分配给各个职能部门和教职员工,并确保每个部门、教职员工理解部门、个人任务与学校战略的联系;他们明晰管理层的责、权、利等。这样的管理,能最大限度地调动大家的工作积极性,快乐地投入到工作去。

(二)创设班级特色

随着基础教育新课程的实施。发展学生综合素质,促进学生个性全面发展已经成为学校教育追求的共同目标。为实现这一目标,学校教育中的特色班级建设是一个很好的载体。因为特色班级建设是一门潜在的课程,对构建健康文明、富有特色的班级文化,满足学生发展的内在需求,培养学生良好的行为习惯等方面往往起到“随风潜入夜,润物细无声”的作用。特色班级建设的关键在于充分张扬学生个性,大力促进学生的全面发展。它直接关系到特色学校的品牌,关系到学校的持续性发展。

1. 特征鲜明

学校高度重视德育工作,树立了人人讲德育、全员讲德育的主导意识,形成了形式多样化、内容系列化、教育制度化、活动特色化的教育模式,这种模式具有鲜明的特征。

(1)倡导班级精神,增强班级凝聚力

有句名言说得好:倡导一种行动,就能获得一种习惯;倡导一种习惯,就能获得一种性格;倡导一种性格,就能获得一种命运。班级精神就是与习惯、性格、命运息息相关的一种班级的品格和素养。我校每个班都有自己的班训、班歌,这些都体现了一种精神,在这种精神的鼓舞下,同学们的凝聚力大大增强了。

(2)遵循德育工作原则,科学实施教育策略

这种原则主要包括全员参与原则,通过每个人动手参与,使每个人都得到充分锻炼;活动育人原则,通过举行一些大型的、有明确主题的活动,使学生在活动中得到锻炼。

(3)丰富教育实践活动,提升学生崇高的人格

军训活动磨炼意志,培养学生战胜一切困难的勇气和信心;运动会培养集体主义精神;教室寝室文化建设,培养同学们团结、协作等团队意识;感恩教育活动,提升同学们的道德修养和心灵境界。

2. 取得的实效

经过多年实践,通过特色班级建设,我校在德育工作模式上取得了显著成效:

(1)特色班级建设目标明确化,让学生心中亮起一盏“豁然开朗”的明灯;

(2)特色班级建设方法多样化,让学生主动自觉地提升道德修养和人生境界;

(3)特色班级建设过程科学化,让学生循序渐进、满怀信心走向美丽的人生殿堂;

(4)特色班级建设环境优美化,让学生实实在在感受到真、善、美的熏陶;

(5)特色班级建设活动实践化,让学生在鲜活的实践中克服缺点,“脱胎换骨”;

(6)特色班级建设评价更优化,让学生个性张扬,全面发展,健康成长。

3. 在学生个性发展中产生的积极效应

特色班级文化建设是班级教师和学生在班级活动和交往过程中形成的理想信念、价值取向、思维方式、行为方式、群体心理及其物化的表现形式。特色班级文化建设对班级学生个性的发展具有积极的效应,具体表现在以下几个方面:

(1)导向作用。班级文化不仅影响学生个体的行为,也影响班级集体的行为,而且引导班级的发展方向。积极的班级文化能够让学生意识到自己对班级应尽的义务和责任,感受到集体的要求和期待。我们的大多数班主任总是善于利用这种班级文化的导向效应,达到引导学生行为的目的。

(2)驱动效应。特色班级文化建设对班级学生的行为具有重要的激励和驱动效应。积极的班级文化能够形成催人向上的心理氛围,成为班级和学生发展的驱动力。班级文化的驱动效应能够促使学生树立信心、追求成功和乐于交往,从而形成学生之间良好的互动。

(3)规范效应。特色班级文化建设是对班级起主导作用的舆论、班风的反映,代表大多数学生的价值取向,对学生的行为具有规范效应,起着调控作用,影响着学生的行为模式。所以,积极的班级文化建设能够激励和强化学生的积极行为,调节和控制学生的偏离行为,把学生行为引向班级规范的轨道上来。

(4)陶冶效应。特色班级文化建设尤其是班级精神层面的文化建设对学生的影响是以潜隐的方式实现的。学生正确的人生观和价值观、高尚的道德品质、良好的行为习惯以及师生之间、学生之间的真诚、信任、友爱、关心能够激发学生热爱集体、热情乐观,激发出学生积极向上的情绪体验,并且在学生之间互相影响,进而形成和谐的"心理场",对学生具有陶冶、感染的效应。

综上所述,特色班级文化的形成和发展离不开班主任的精心设计和用心培植,需要通过在班级各项活动中有意识地渗透和积淀。事实上,班主任都能够根据班级各方面的具体实际,在班级文化特色内涵的引导下,创造性开展多种多样的活动,丰富班级的文化生活,促进班级文化特色的逐步形成和不断发展,进而促进学生个性的全面健康发展。

四、育人特色形成经验

育人是学校、社会、家庭通力合作的工程,不能单单依靠某一个领域,也不能总把学生放在"净土"或真空中,而应该放到更广阔的空间中去磨炼,循序渐进地引导他们向社会人的方向发展。

(一)育人特色理念到位

优质教育具有特色性。优质教育应该是特色教育,离开了特色谈不上优质,优质寓于特色之中,特色体现优质。纵观中外名校,无不以特色著称。这一点可从各校校训得到佐证。我校校训就体现了我们的育人特色。

(二)特色本源正确把握

合理的组织结构和明确的制度规范,是形成特色的本和源。从组织结构来看,育人组织的网络化为学校实现全员、全方位、全程育人创造了先天的优势,可谓育人特色之"本"。建立校长负总责,职能部门各司其职,全员育人的"大育人"工作体系是“二中人”的共识。在这种大的氛围下，突显育人人性化、实效性特色。制度和规范的制定与实施，是形成德育特色之“源”。

（三）育人系统有效支撑

特色的形成与发展必将有一个平缓到起伏、起伏到稳定的过程。只有在长期的不断深化、巩固、提炼中，才能真正形成有效的特色。因此特色的形成，必不可少需要一个重要的系统来支撑。

我校的特色育人，主要抓好了如下三方面工作：

（1）健全育人组织网络。学校育人工作管理是学校管理的重要组成部分，育人工作的成效如何，直接关系人才的培养质量；而育人工作管理队伍的建设，直接影响着育人工作的成效。

为了使育人工作卓有成效，我校成立了三个层面的育人网络：一是以校长为组长，学校总支书记、各分管副校长及各处室负责人为组员的育人工作领导小组；二是以科任教师为骨干，全体教师共同参与的育人实施体系；三是以家长学校为依托的家庭、社区化育人网，从而形成了三位一体的、全面覆盖的育人工作格局。

（2）抓好教师队伍建设。教学质量的高低，从根本上取决于教师素质。要探索育人模式，首先必须抓好师资队伍。我们要求教师严格做到：一是必须具有高度的责任感、事业心、竞争意识和奉献精神；二是具有过硬的业务素质，如美的语言、美的行动、艺术的教学方法，从整体上推进育人工作；三是开展课题研究，总结经验收获，加以交流推广；四是定期召开育人质量分析会议，寻找不足，明确努力方向。

（3）落实家长队伍建设。家庭是特色育人的合作者。为此，我们做了以下几项工作：一是积极加强理论研究和宣传，让家长了解育人具有全面性、深刻性和长期性的功能；二是加强家校联系，采用校讯通、家长会、观摩活动等，让家长了解学生在学校的学习生活实情，让家长配合学校落实具体措施；三是积极开展“五比较”活动，即比较子女道德情操的变化，兴趣爱好的变化，学习习惯的变化，学习能力的变化，学习成绩的变化，通过比较，让家长感受到学校对子女教育所起的作用，从而进一步取得家长的理解和支持；四是积极组织家长参与学生的考核、评价活动，让家长既享受到子女成功的喜悦，又开阔了眼界，进而找到差距，以便鞭策子女的进步。家长队伍的建设，不但从教育教学上帮助了学生进步，更欣慰的是通过家长队伍的建设，使育人特色教育取得更大的成效。

学校育人是一个系统工程，洛阳二中之所以能形成特色，主要有几个方面的原因：其一，有一个好的领航者。火车跑得快，全靠车头带。胡玉敏校长前瞻性的思维模式，给解决问题赢得时间；专家型的严谨，给特色办学提供了科学的思路。其二,有一个网络化的管理队伍。务实管理是实现办学特色的有效保障。洛阳二中的管理体系从校级的副职到中层,再到班主任,层层衔接、环环相扣,保证了特色办学的指导思想、实施措施百分百地落实。其三,有一个实干的教师群体。“教师有特长”,是实施“学校有特色”的根本。教师要形成特长,就需要下足劲练内功,就需要不惜力学绝活。二中教师的可贵之处就在于实干而不讲报酬,在精神富足、体力受苦的二元对立统一中形成自己的特长。当然,在这样的特色建设氛围和科学思路的引领下,学生形成“专长”自然是水到渠成了。

第三节　创新成就未来

一位哲人说:“如果说,在创新尚属于人类个体或群体中的个别杰出表现时,人们循规蹈矩的生存姿态尚可为时代所容,那么,在创新将成为人类赖以进行生存竞争的不可或缺的素质时,依然采用一种循规蹈矩的生存姿态,则无异于一种自我溃败。”当前的社会,创新已经成为生存竞争的常态,文化具有发展性特征,学校文化同样也要随着实际情况的变化不断地创新、发展。“二中品牌”的创立,也是不断摸索的结果。在探索过程中,注重创新是“二中人”创立品牌的经验和法宝。

一、创新来自对教育案例的总结

学校每天都在发生着鲜活的教育案例,抓住身边的案例,进行总结,往往可以让这些案例成为后事之师。我校的具体做法是:

(一)反思出智慧

教育学生时,我们充满激情,并且自以为通过努力,已使事情得到圆满解决。但我们更应该思考:在整个教育过程中,我们还有哪些地方做得不好? 或者我们是否可以做得更好? 我们的教育如何随着时代的发展进步,而不断地调整、充实、创新和完善? 教育是科学,也是艺术,因此永远有遗憾。我们通过组织教师对教育案例进行分析和反思,从而提高教师分析和处理问题的能力。

(二)研究出经验

我校把教育案例分析作为教育科研的一个重要课题,我们经常集合集体的智慧,共同对教育案例进行分析研究。优秀的教育个案分析源自教师的教育实践,因此当事人的分析、处理意见是最直接的第一手材料,尤其是成功处理的教育个案最有说服力,最有参考价值。在研究中,我们围绕教育个案提出的问题展开讨论甚至争论。在争论中辨析出差异,在争论中形成好的经验,以便因材施教。因为每一位教师和每一位学生都是有着独立个性的发展中的人,有时候,类似的事件,在不同的环境、不同的对象下,就要用不同的教育方法。

(三)培训生后劲

教育案例是教师教育工作的真实记录。在每年组织的青年教师培训活动中,我们从教育案例中选取一些丰富生动的教育实例,并提出参考意见,提供给缺乏教育实践经验的新教师学习,以开拓他们的视野,激活他们的思维,加快他们的成长步伐。

如果说,研究是教师持续发展的动力,那么反思就是教师超越经验最根本的途径。把教育案例分析用于培训、研究、反思的过程,正是我们运用理论知识,调动各方面的积极性,团结协作,以严谨治学的精神和强烈的创新意识开展学校文化建设的历程,正是教师优化教学、管理素质的过程。现在,我校“以教育的科学推进科学的教育”已成为教师的共识。

二、管理职能下移,教师主人公意识增强

胡校长常说,一名卓越的领导可以点燃下属心中的火种,使下属自觉、自愿、负责任地干好工作。但是,再高明的制度也不可能面面俱到,再严密的控制也不可能没有遗漏,管理必须使下属满怀责任感。这种管理上的创新就是大胆放权,让教师成为管理学校的主人。年级组管理是管理创新的具体抓手。这种管理的优势主要表现在:第一,校长对基层管理只进行促进与指导,腾出更多的时间思考、研究学校的发展问题。第二,教师成为学校管理的主人。年级组管理模式使教师不仅对课堂教育教学进行管理,而且承担着对年级组和学校的管理。教师能主动参与决定学校的目标和任务、资源的分配和使用,充分地挖掘出各种潜能,促进了其综合能力的提高。第三,行政、党团机构行使监督、服务职能。新型的年级组管理创立了多元的、由教师参与的决策组织,调动全员参与管理。而行政部门则从具体的事务中解脱出来,专门负责监督、指导、服务于年级组管理工作,强化了学校的教育执行力。第四,教研组角色职能进一步明确分工。年级组管理的实施使教研组的功能定位在教学研究和科研层面上,而原来教研组负责的教学质量的部分功能转移到年级组管理下的各备课组层面,备课组长是学科教学质量的责任人,使教研组有更多精力钻研专业和教学,促进了教师专业发展。

梅斯菲尔德指出:“人的肉体是虚弱的,他们的智能也是不能令人信任的,但是人类的想象力能使人的智能变得极为显著。在几个世纪内,人类依靠自己的想象力,可以把客观存在的地球改变成为一个最引人注目的、能源丰富的宝库。”由想象力而创新,相信我们洛阳二中,在创新意识的推动下,明天会更美好!

纵观二中的创新,最突出的有两大特点:创新意识不断更新;创新主体人人有份。有关知识更新,联合国教科文组织曾经做过一项研究,在18世纪时,知识更新周期为80—90年,19世纪到20世纪初,缩短为30年,20世纪60—70年代,一般学科的知识更新周期为5~10年,而到了20世纪80—90年代,许多学科的知识更新周期缩短为5年,而进入21世纪后,许多学科的知识更新周期已缩短至2~3年。很显然,信息通信技术带来了人类知识更新速度的加快。创新,应该始终站在知识更新的潮头,才能使创新具有实际的意义。二中把反思作为创新的“问题源”,把研究作为创新的“突破口”,把培训作为创新的“动力源”。发现问题进行研究,研究之后把成果通过培训落实到工作中,在工作中进一步反思,进而再发现问题,如此循环往复,源源不断,使创新如奔驰的高铁,永不停歇地行驶在二中的发展道路上。

附　录

1. 学校获得的荣誉统计(见表 A1 至表 A9)

表 A1　2006 年洛阳二中集体荣誉统计表

时　　间	获奖内容	授奖单位
2006 年 1 月	2005 年学校体育卫生先进单位	洛阳市教育局
2006 年 5 月	洛阳市教育系统“四五”普法先进集体	洛阳市教育局
2006 年 12 月	河南省绿色学校	河南省教育厅、河南省环保厅

表 A2　2007 年洛阳二中集体荣誉统计表

时　　间	获奖内容	授奖单位
2007 年 3 月	洛阳市卫生先进单位	洛阳市爱卫会
2007 年 3 月	洛阳市体育卫生工作先进单位	洛阳市教育局
2007 年 6 月	洛阳市先进基层党组织	洛阳市教育局
2007 年 9 月	洛阳市文明单位	洛阳市人民政府
2007 年 9 月	全国中小学思想道德建设先进单位	中国教育学会、中央教育科学研究所
2007 年 9 月	洛阳市高考优胜单位	洛阳市教育局
2007 年 9 月	河南省教育系统先进家长学校	河南省教育厅
2007 年 10 月	洛阳市教育系统先进集体	洛阳市人民政府

表 A3　2008 年洛阳二中集体荣誉统计表

时　　间	获奖内容	授奖单位
2008 年 1 月	洛阳市高中毕业会考工作先进单位	洛阳市教育局

续表

时　　间	获奖内容	授奖单位
2008 年 5 月	洛阳市文明单位	中共洛阳市委、洛阳市人民政府
2008 年 6 月	全省“五好”基层党组织	中共河南省委组织部
2008 年 9 月	洛阳市高中教育目标管理先进单位	洛阳市教育局
2008 年 9 月	洛阳市高中教育目标管理特别奖	洛阳市教育局
2008 年 9 月	洛阳市高考优胜单位	洛阳市教育局
2008 年 12 月	中国教育专家委员会会员单位	中国教育专家委员会
2008 年 12 月	河南省依法治校示范校	河南省教育厅

表 A4　2009 年洛阳二中集体荣誉统计表

时　　间	获奖内容	授奖单位
2009 年 3 月	河南教育变革榜样学校	河南省教育变革榜样学校、教育时报社
2009 年 4 月	洛阳市红旗团委	共青团洛阳市委
2009 年 9 月	洛阳市高中教育教学管理先进单位	洛阳市教育局
2009 年 9 月	洛阳市高考优胜单位	洛阳市教育局
2009 年 9 月	河南省教育系统先进集体	河南省教育厅

表 A5　2010 年洛阳二中集体荣誉统计表

时　　间	获奖内容	授奖单位
2010 年 1 月	河南省学校行风建设先进单位	河南省纠风办
2010 年 3 月	洛阳市工会工作先进单位	洛阳市教科文卫体工会
2010 年 3 月	河南省廉政文化进学校行示范点	中共河南省委宣传部 河南省文化厅
2010 年 6 月	洛阳市教育系统先进基层党组织	洛阳市教育局
2010 年 9 月	洛阳市高中教育教学工作先进单位	洛阳市教育局
2010 年 9 月	洛阳市高考优胜单位	洛阳市教育局
2010 年 12 月	河南省卫生先进单位	河南省卫生厅

表 A6　2011 年洛阳二中集体荣誉统计表

时　　间	获奖内容	授奖单位
2011 年 1 月	洛阳市体卫艺工作先进单位	洛阳市教育局
2011 年 1 月	洛阳市工会先进单位	洛阳市教育工会
2011 年 1 月	河南省中小学师德师风建设先进学校	河南省教育厅
2011 年 7 月	洛阳市第一批创先争优流动红旗单位	洛阳市创先争优办公室
2011 年 9 月	洛阳市高中教育教学工作先进单位	洛阳市教育局
2011 年 9 月	2010—2011 学年洛阳市高考优胜单位	洛阳市教育局
2011 年 9 月	高中教育教学工作追求卓越奖	洛阳市教育局

表 A7　2012 年洛阳二中集体荣誉统计表

时　　间	获奖内容	授奖单位
2012 年 4 月	河南省文明标兵学校	河南省教育厅
2012 年 5 月	河南省五四红旗团委	共青团河南省委
2012 年 6 月	创先争优先进基层党组织	洛阳市教育局党组
2012 年 6 月	全国地理科普教育先进单位	中国地理学会
2012 年 9 月	洛阳市高中教育教学工作先进单位	洛阳市教育局
2012 年 9 月	洛阳市高考优胜单位	洛阳市教育局
2012 年 9 月	洛阳市高中管理优秀单位	洛阳市教育局
2012 年 12 月	河南省消防安全科普知识问卷调查活动优秀组织单位	河南省教育厅、 河南省科技厅

表 A8　2013 年洛阳二中集体荣誉统计表

时　　间	获奖内容	授奖单位
2013 年 1 月	洛阳市文明单位	洛阳市人民政府
2013 年 6 月	洛阳市创先争优先进基层党组织	洛阳市教育局
2013 年 9 月	洛阳市高中军训会操一等奖	洛阳市教育局
2013 年 9 月	洛阳市高中教育教学工作先进单位	洛阳市教育局
2013 年 9 月	洛阳市艺术体育教育先进单位	洛阳市教育局

表 A9　2014 年洛阳二中集体荣誉统计表

时　　间	获奖内容	授奖单位
2014 年 2 月	河南省文明单位	河南省人民政府
2014 年 3 月	2013 年度体育卫生艺术教育工作先进单位	洛阳市教育局
2014 年 7 月	洛阳市委市直机关先进基层党组织	洛阳市委市直机关工委
2014 年 9 月	洛阳市高中军训会操一等奖	洛阳市教育局
2014 年 10 月	洛阳市高中教育教学工作先进单位	洛阳市教育局
2014 年 10 月	洛阳市高考优胜单位	洛阳市教育局
2014 年 10 月	洛阳市艺术体育教育先进单位	洛阳市教育局

2. 教师个人荣誉统计(见表 B1 至表 B7)

表 B1　2008 年度教师综合奖励统计表

时　　间	姓　名	荣　　誉	授奖单位
2008 年 1 月	吕百灵	洛阳市文明班集体(班主任)	洛阳市教育局
2008 年 3 月	聂建萍	洛阳市“三八”红旗手	洛阳市妇女联合会
2008 年 3 月	吕百灵	洛阳市教育系统模范工作者	洛阳市教育局
2008 年 3 月	郭战利	洛阳市教育系统模范工作者	洛阳市教育局
2008 年 3 月	俞惠芳	洛阳市教育系统模范工作者	洛阳市教育局
2008 年 3 月	李保国	洛阳市教育系统模范工作者	洛阳市教育局
2008 年 4 月	翟贵顺	河南省文明教师	河南省教育厅
2008 年 5 月	杭行云	洛阳市先进班集体	洛阳市教育局
2008 年 6 月	孙中义	河南省学术技术带头人	河南省教育厅
2008 年 8 月	龙建荣	洛阳市教育系统师德标兵	洛阳市教育局
2008 年 8 月	梁金贵	河南省教学技能大赛一等奖	河南省教育厅
2008 年 8 月	孙来红	河南省工会先进工作者	河南省总工会
2008 年 8 月	俞惠芳	洛阳市优秀教师	洛阳市人民政府
2008 年 8 月	李　宁	洛阳市优秀教师	洛阳市人民政府
2008 年 9 月	李功明	洛阳市依法治教先进个人	洛阳市教育局
2008 年 11 月	别红梅	河南省中小学“十佳”班主任	河南省教育厅
2008 年 12 月	胡玉敏	洛阳市和谐建设“十佳人物”	洛阳市委宣传部

表 B2　2009 年度教师综合奖励统计表

时　间	姓　名	荣　誉	授奖单位
2009 年 5 月	胡玉敏	洛阳市劳动模范	洛阳市人民政府
2009 年 5 月	卢明国	洛阳市教育系统模范工作者	洛阳市教育局
2009 年 5 月	陈　敏	洛阳市教育系统模范工作者	洛阳市教育局
2009 年 5 月	杭行云	洛阳市教育系统模范工作者	洛阳市教育局
2009 年 5 月	张守明	洛阳市教育系统模范工作者	洛阳市教育局
2009 年 5 月	郭战利	洛阳市先进班集体(班主任)	洛阳市教育局
2009 年 7 月	胡玉敏	洛阳市“十佳”人物	洛阳市委宣传部
2009 年 7 月	胡玉敏	洛阳市依法治校先进个人	洛阳市教育局
2009 年 7 月	孙英伟	河南省骨干教师	河南省教育厅
2009 年 9 月	聂建萍	洛阳市优秀教师	洛阳市人民政府
2009 年 9 月	吕百灵	洛阳市优秀教师	洛阳市人民政府
2009 年 9 月	郭战利	河南省骨干教师	河南省教育厅
2009 年 10 月	郭战利	洛阳市教育系统业务标兵	洛阳市教育局
2009 年 10 月	李保国	洛阳市教育系统业务标兵	洛阳市教育局
2009 年 10 月	宁瑞芳	洛阳市优秀班主任	洛阳市教育局
2009 年 10 月	孙中义	洛阳市优秀班主任	洛阳市教育局
2009 年 11 月	李长营	全国教学技能大赛一等奖	河南省教育厅
2009 年 12 月	武　娟	洛阳市文明教师	洛阳市教育局
2009 年 12 月	孙英伟	河南省优质课大赛一等奖	河南省教育厅

表 B3　2010 年度教师综合奖励统计表

时　间	姓　名	荣　誉	授奖单位
2010 年 5 月	聂建萍	洛阳市教育系统模范工作者	洛阳市教育局
2010 年 5 月	张中立	洛阳市教育系统模范工作者	洛阳市教育局
2010 年 5 月	程　文	洛阳市教育系统模范工作者	洛阳市教育局
2010 年 5 月	龙建荣	洛阳市教育系统模范工作者	洛阳市教育局
2010 年 7 月	武　娟	洛阳市师德标兵	洛阳市教育局
2010 年 7 月	杭行云	洛阳市师德标兵	洛阳市教育局

续表

时　　间	姓　名	荣　　　誉	授奖单位
2010年8月	李建颖	洛阳市优秀班主任	洛阳市教育局
2010年8月	郭战利	洛阳市优秀班主任	洛阳市教育局
2010年9月	郭战利	洛阳市优秀教师	洛阳市人民政府
2010年9月	武　娟	洛阳市优秀教师	洛阳市人民政府
2010年10月	程　文	河南省特级教师	河南省教育厅

表B4　2011年度教师综合奖励统计表

时　　间	姓　名	荣　　　誉	授奖单位
2011年1月	张守明	洛阳市文明班集体	洛阳市教育局
2011年4月	聂建萍	河南省工会先进个人	河南省总工会
2011年5月	孙来红	洛阳市教育系统模范工作者	洛阳市教育局
2011年5月	李保国	洛阳市教育系统模范工作者	洛阳市教育局
2011年5月	郭战利	洛阳市教育系统模范工作者	洛阳市教育局
2011年5月	李建颖	洛阳市教育系统模范工作者	洛阳市教育局
2011年9月	李保国	洛阳市优秀教师	洛阳市人民政府
2011年9月	张中立	洛阳市教育系统业务标兵	洛阳市教育局
2011年9月	李长营	洛阳市教育系统业务标兵	洛阳市教育局
2011年9月	李　宁	洛阳市优秀班主任	洛阳市教育局

表B5　2012年度教师综合奖励统计表

时　　间	姓　名	荣　　　誉	授奖单位
2012年1月	程　文	洛阳市首届特级名师	中共洛阳市委、洛阳市人民政府
2012年1月	李功明	洛阳市首届优秀名师	中共洛阳市委、洛阳市人民政府
2012年1月	李保国	洛阳市首届优秀名师	中共洛阳市委、洛阳市人民政府
2012年1月	李长营	洛阳市首届名师	中共洛阳市委、洛阳市人民政府
2012年1月	胡玉敏	洛阳市首届名师	中共洛阳市委、洛阳市人民政府
2012年3月	聂建萍	河南省“三八”红旗手	河南省妇女联合会
2012年5月	梁金贵	洛阳市教育系统模范工作者	洛阳市教育局

续表

时　　间	姓　名	荣　　　誉	授奖单位
2012 年 5 月	魏建党	洛阳市教育系统模范工作者	洛阳市教育局
2012 年 5 月	徐　磊	洛阳市教育系统模范工作者	洛阳市教育局
2012 年 5 月	徐长锋	洛阳市教育系统模范工作者	洛阳市教育局
2012 年 5 月	魏建党	洛阳市先进班集体	洛阳市教育局
2012 年 8 月	徐　磊	洛阳市优秀班主任	洛阳市教育局
2012 年 9 月	程　文	河南省中小学幼儿园教师教育专家	河南省教育厅
2012 年 9 月	李功明	洛阳市中小学幼儿园教师教育专家	洛阳市教育局
2012 年 9 月	徐长锋	2010－2012 年师德标兵	洛阳市教育局
2012 年 9 月	李　宁	2010－2012 年师德标兵	洛阳市教育局
2012 年 9 月	孙中义	洛阳市优秀教师	洛阳市人民政府
2012 年 9 月	温久成	洛阳市优秀教师	洛阳市人民政府
2012 年 9 月	杭行云	河南省优秀教师	河南省人民政府
2012 年 12 月	孙来红	河南消防安全教育宣传先进个人	河南省教育厅
2012 年 12 月	李　凌	全国优质课一等奖	河南省教育厅

表 B6　2013 年度教师综合奖励统计表

时　　间	姓　名	荣　　　誉	授奖单位
2013 年 01 月	徐　磊	洛阳市依法治校先进个人	洛阳市教育局
2013 年 01 月	徐　磊	洛阳市中小学德育先进工作者	洛阳市教育局
2013 年 04 月	陈　敏	洛阳市教育系统模范工作者	洛阳市教育局
2013 年 04 月	胡玉敏	洛阳市教育系统模范工作者	洛阳市教育局
2013 年 04 月	李　宁	洛阳市教育系统模范工作者	洛阳市教育局
2013 年 04 月	董玉强	洛阳市教育系统模范工作者	洛阳市教育局
2013 年 05 月	徐长锋	洛阳市优秀班主任	洛阳市教育局
2013 年 05 月	杨启阳	洛阳市模范团干部	共青团洛阳市委
2013 年 05 月	张春玲	洛阳市先进班集体	洛阳市教育局
2013 年 06 月	魏利波	洛阳市教育系统教坛新秀	洛阳市教育局
2013 年 06 月	徐丽娜	洛阳市教育系统教坛新秀	洛阳市教育局

续表

时　　间	姓　名	荣　　　誉	授奖单位
2013 年 06 月	李　宁	洛阳市教育系统业务标兵	洛阳市教育局
2013 年 06 月	裴雪松	洛阳市教育系统业务标兵	洛阳市教育局
2013 年 09 月	董玉强	洛阳市优秀教师	洛阳市人民政府
2013 年 09 月	魏建党	洛阳市优秀教师	洛阳市人民政府

表 B7　2014 年度教师综合奖励统计表

时　　间	姓　名	荣　　　誉	授奖单位
2014 年 1 月	李　宁	河南省文明教师	河南省教育厅
2014 年 1 月	杨启松	洛阳市安全工作先进个人	洛阳市教育局
2014 年 3 月	高红玲	洛阳市教育系统模范工作者	洛阳市教育局
2014 年 3 月	李保国	洛阳市教育系统模范工作者	洛阳市教育局
2014 年 4 月	裴雪松	洛阳市教育系统模范工作者	洛阳市教育局
2014 年 4 月	王敏楠	洛阳市教育系统模范工作者	洛阳市教育局
2014 年 4 月	胡玉敏	河南省先进工作者	河南省人民政府
2014 年 5 月	陈　敏	洛阳市先进班集体	洛阳市教育局
2014 年 6 月	胡玉敏	河南省学术技术带头人	河南省教育厅
2004 年 7 月	裴雪松	洛阳市市直机关优秀共产党员	洛阳市市直工委
2014 年 8 月	胡玉敏	洛阳市第八批优秀专家	洛阳市委、洛阳市人民政府
2014 年 9 月	陈　敏	洛阳市优秀教师	洛阳市人民政府
2014 年 10 月	胡玉敏	河南省教育厅优秀管理专家	河南省教育厅
2014 年 10 月	牛益那	洛阳市师德标兵	洛阳市教育局
2014 年 10 月	殷传宏	洛阳市师德标兵	洛阳市教育局
2014 年 10 月	张会芹	洛阳市师德标兵	洛阳市教育局
2014 年 12 月	张中立	洛阳市骨干教师	洛阳市教育局
2014 年 12 月	胡玉敏	最美洛阳人·百星人物	洛阳市委宣传部

主要参考文献

[1]金孜红. 文化立校:学校管理新价值缔造[M]. 杭州:浙江大学出版社,2012.
[2]李亦菲,蔡绪银. 学校发展规划与校园文化建设[M]. 天津:天津教育出版社,2008.
[3]余清臣,卢元凯. 学校文化学[M]. 北京:北京师范大学出版社,2010.
[4]李伟胜. 学校文化建设新思路:主动生成[M]. 北京:北京师范大学出版社,2012.
[5]马健生,等. 学校赢在文化[M]. 北京:教育科学出版社,2013.
[6]周卫,刘建宾. 打造文化课堂:课堂观察与课例研究[M]. 北京:教育科学出版社,2013.
[7]杨畅,陈淑兰. 红英阳光密码[M]. 北京:教育科学出版社,2013.
[8]张鹏. 校园视觉文化环境设计[M]. 广州:岭南美术出版社,2005.
[9]岳春峰. 名校校园文化构建力[M]. 重庆:西南师范大学出版社,2009.
[10]克鲁斯 S D,路易斯 K S. 建构强大的学校文化:一种引领学校变革的指南[M]. 朱炜,刘琼,译. 北京:北京大学出版社,2013.
[11]黄河清. 家校合作导论[M]. 上海:华东师范大学出版社,2008.
[12]陈鹤琴. 家庭教育[M]. 上海:华东师范大学出版社,2013.
[13]殷飞. 班主任的家校沟通[M]. 上海:华东师范大学出版社,2013.
[14]吴重涵,王梅雾,张俊. 家校合作:理论、经验与行动[M]. 南昌:江西教育出版社,2013.
[15]李培明. 家校合作心理健康教育探索[M]. 杭州:浙江大学出版社,2007.
[16]李建辉,张国超. 现代家长教育学[M]. 广州:中山大学出版社,2012.

后记 足迹

人们总喜欢给刚出生的婴儿印一双足印，为的是留住这一刻的美好时光和留下永久的记忆。长大后，他再看到这双小小的足迹时，一定会感慨万千。

我们这本书，记录了洛阳二中这十年来走过的路程。这条路是大家共同走过的，我们都是故事中的主人公，因此每个人都能在这本书中找到自己的影子。书中的某个片段，会不经意地将你拉回到几年前的时光里。二中的这十年像一棵大树，上面结满了果实。每一颗果实里都饱含着二中人的辛勤汗水。所以，你、我、他都会特别地珍惜。因为，我们也正在品尝着这甜美的果实。

二中人的历史要靠二中人自己来书写。可以说，我们每个人都是本书的作者。参与编写的人员召开了无数次的座谈会，也走访了社区、学生家长、往届的毕业生、离退休老教师和兄弟学校的同行们。受访者来自方方面面，其视角是立体的，从多方位、多层次聚焦了二中这十年的发展历程，且每个人的看法会互相补充与修正，所以，它反映的东西是真实的。这是本书最大的一个特点。

有人说，二中这十年的发展可以称为“二中现象”，这是对我们的鼓励和鞭策。其实，我们离这个称号还相距甚远。局外人看二中，就会避开“不识庐山真面目，只缘身在此山中”的弊端。为了把这本书写得更加客观而全面，我们邀请了洛阳理工学院的李焕有教授，请他为本书进行策划并参与编写（总论和第七章）。他曾长期在中小学和中等师范学校工作，对基础教育有深刻的了解和研究。他是既有实践基础，又有理论高度的文化学者。他所带领的策划团队，有尤晓娟（负责第一章、第五章部分内容的组稿和编写）、姜伊昌（负责第二章的组稿和编写）、杨鲜霞（负责第三章、第五章的组稿和编写）、李曼（负责第四章、第六章的组稿和编写）等，他们充分发挥各自的专业优势，热情地参与了本书的编写，对本书作出了可贵的贡献。全体中层干部和部分老师参与了座谈，并提供了一些宝贵的资料。在此，对各位参编者一并致谢！

十年辛苦不寻常。十年来的这段路，每一段都布满了二中人不寻常的足迹。这一个个足迹，不会随着岁月的流逝而消失。它不仅留在这本书里，更会永远留在我们每个二中人的脑海里。

谨以此书，记载我们二中人的办学智慧，见证二中这十年的成长历程。同时献给一直关心着二中发展的人们。

主编　胡玉敏

二〇一五年三月三十一日